美丽中国视域下的特色小镇

特色小镇冷思考

谢俊 著

中共中央党校出版社

图书在版编目（CIP）数据

美丽中国视域下的特色小镇：特色小镇冷思考/谢俊著. --北京：中共中央党校出版社，2019.12

ISBN 978-7-5035-5972-3

Ⅰ.①美… Ⅱ.①谢… Ⅲ.①小城镇-城市建设-研究-中国 Ⅳ.①F299.21

中国版本图书馆 CIP 数据核字（2019）第 272893 号

美丽中国视域下的特色小镇——特色小镇冷思考

MEILI ZHONGGUO SHIYU XIA DE TESE XIAOZHEN

TESE XIAOZHEN LENG SIKAO

责任编辑 曾忆梦 席 鑫
版式设计 苏彩红
责任印制 陈梦楠
责任校对 李素英
出版发行 中共中央党校出版社
地　　址 北京市海淀区长春桥路 6 号
电　　话 （010）68929580（办公室） （010）68929899（发行部）
（010）68922815（总编室） （010）68929342（网络销售）
传　　真 （010）68922814
经　　销 全国新华书店
印　　刷 北京中石油彩色印刷有限责任公司
开　　本 700 毫米×1000 毫米 1/16
字　　数 304 千字
印　　张 18.75
版　　次 2020 年 3 月第 1 版 2020 年 3 月第 1 次印刷
定　　价 58.00 元

网　　址： www.dxcbs.net **邮　　箱：** zydxcbs2018@163.com
微 信 ID： 中共中央党校出版社 **新浪微博：** @党校出版社

序　　言

全国各地特色小镇建设热潮风起云涌，各行各业对特色小镇可谓青睐有加，无不将其看成一个创新突围的有效途径，一个新的产业突破点，希望借助政策优势积极参与其中，从而实现自身的产业转型和发展壮大。

这股风潮对特色小镇的建设来说有喜也有忧。喜的是，特色小镇拥有了如此广泛的民意互动和产业共鸣；忧的是，风风火火的大潮之中多了些冲动与跟风，少了些冷静与理性。我们通过实地调研，提出如下几点冷思考。

冷思考一：在国家鼓励政策带动下，全国多地创建特色小镇，有些地区出现了比拼数量、定位雷同的现象，在此过程中，如果缺乏理性规划和引导，可能会导致特色小镇建设出现重复和过剩，造成不必要的资源浪费。

冷思考二：目前，部分地区对“特色小镇”概念与定位认识深度不够，以老思路、老经验决策引导，对特色小镇建设有害无利。

“特色小镇”最早由浙江省政府提出，旨在搭建新型产业平台，培育特色小镇，促进新型城镇化建设和产业发展。特色小镇的概念特征可以总结为：相对独立于市区，区别于行政区化单元和产业园区，具有明确的产业定位、文化内涵、旅游和一定社区功能的发展空间平台，具有特色鲜明、产业发展、绿色生态、美丽宜居的特征。在此需要指出，特色小镇并不是农村的放大版，而是城市的缩小版。正如业内专家所说，特色小镇是地域文脉的彰显，是生态自然的凸显，是城乡一体化的节点，是新型城镇化的新模式。

与传统工业园区相比，特色小镇是一个融合产业和生活为一体的综合区，具有明确产业定位、文化内涵和旅游功能，是一个以产业为核心，以项目为载体，生产、生活、生态相融合的活生生的生命体。目前，部分地区仍以工业园区、产业集聚区的传统思维谋划特色小镇建设，对其产业、文化、社区等多种功能的融合考虑不够；有些地区创建特色小镇不深入挖掘传统产业特色和人文地理环境，寄希望于商贸综合体等新建或重新整合包装的载体。这些无疑会步入概念认知的误区，对特色小镇的建设有害而无利。

冷思考三：从本质上说特色小镇是生长出来的，而不是刻意打造出来的，更不是任意克隆出来的。特色小镇的发展靠的是“培育”，而非“打造”，每个特色小镇都是限量版的，是独一无二、不可复制的。

不得不说，特色小镇绝不是特色地产，它必须有自己的特色产业，否则就无从谈起。眼下，有些地方出现了不好的苗头，那就是本末倒置，舍弃自身特色，或简单模仿欧美小镇模式，或生搬硬套浙江特色小镇做法，不从本区域特点出发去做深度调研和挖掘。特色小镇其实一直都有，在提出“特色小镇”概念之前就一直存在，它们在自己的土壤中悄然生长，需要的只是发掘和培养，而不是“凭空捏造”和“空降奇兵”。最好的案例莫过于德清莫干山特色小镇。作为一个以民宿为特色产业的小镇，它的产业发展是自下而上的，是先有市，后有场，也就是说，是先有了自发的市场消费之后才有了政府相应的规划与管理，最后才有了享誉业界的莫干山特色小镇。这样一个独具特色小镇的出现，是偶然，也是必然，它无疑完美地印证了真正的特色小镇是自己“生长”出来的。

特色小镇首先特在产业——特色产业＋旅游产业；其次特在功能——产业＋文化＋旅游＋社区；再次特在形态——独特的小镇风貌＋错落的空间结构＋自然的生态环境；关键特在机制——以政策为引导，以政府为主导，以企业为主体的市场化开发运营机制。特色小镇的“特色”至少有两个维度，一个维度是特色的广度，即小镇拥有多少新奇别具的特色；另一个维度是特色的深度，即唯一性，指的是某个重要产业或者空间特色是具有本地区唯一性，还是具有全省、全国乃至全球唯一性。与莫干山特色小镇相比，不得不说，目前大部分的特色小镇缺乏特色产业支撑。特色小镇建设具有投资周期长、回报慢的特征，需要长时间和大规模的融资支持，没有支柱性的特色产业必定难以为继。那些靠简单复制、简单克隆、无中生有、空降奇兵而成的小镇有着先天造血功能不足的缺陷，如果跟风盲从而不注重深度引导和培育，其中大部分走不长远。

冷思考四：产业是特色小镇的核心，文化则是特色小镇的灵魂，而非遗是文化当中最核心的部分，是小镇发展特色旅游产业的根本所在。

文化是特色小镇的灵魂，也是未来小镇品牌输出的基础。文化与旅游是特色小镇的必备功能，产业＋旅游是特色小镇创新发展的重要途径。特色小镇要有旅游，但是绝不能以旅游为起点，可以是旅游终点，是小镇特色产业的辅助。旅游说到底是文化的比拼。特色小镇文化的挖掘，借助具有广泛共识的 IP（知识产权），能够具有更广泛的知名度和认可度。特色小镇要去做有情感的 IP，有故事的 IP，有深度的 IP，以此将自己的文化、情感和对生活的理念有效传递出去，赢得粉丝和人气。针对当下一些小镇的做法，我们提醒：从土地里生长出来的不是 IP 而是农产品。比如荷花小镇、龙虾小镇，对于这种类型的小镇来说，荷花不是 IP，龙虾也不是 IP，只有结合地域性文化对荷花、龙虾进行深度挖掘与衍生，才可能形成富有小镇鲜明特色的 IP，才能有助于形成小镇的特色旅游。

对于具有历史文化特色的小镇，我们建议采用业内“金缮”和“织补”的理念进行修复。所谓“金缮”，就像传统的瓷器修补一样，将那些破裂残缺的文化遗址、文化碎片修整成一个新的整体，尤其是老建筑、老街区等，从而具有新的文化功能。所谓“织补”，就是将新的、旧的文化有效衔接达成平衡，延续过去，立足现在，织补未来。这其中，文化不变，民俗当先，修旧如旧，新旧共生。不能像之前一些古镇开发，或一味仿古，或一味翻新，或异想天开。保留并改造历史建筑让其有机生长，是对记忆的尊重，对历史的传承。跨空间、跨时间的情感链接是最具人性与个性的“特色”，没有任何两个小镇的历史和文化完全相同。在这样的小镇里，自然与现代共存，小镇不再是一个产品而是一件作品，它充分体现独特的设计文化：根植传统文化，活用现代设计，将本色彰显到最大程度，呈现出让人向往的魅力。

冷思考五：特色小镇的规划与设计要去标准化、去程式化、去地产化，小镇的规划设计不能全部任由地产商和设计院主导，应该也必须有文化学者、民俗专家和艺术家的介入和参与。

基于这些冷思考，我们写作了本书，以期与业界和关心特色小镇，关心中国城镇化的读者进行交流，共同促进中国特色小镇的更好培育和更好发展。

目　录 CONTENTS

前　言

发展是每个时代共同的话题，对于目前还属于发展中国家的中国而言，发展更是追求国家强盛、人民幸福的头等大事。进入新世纪以来，中国的发展在各方面取得巨大成就的同时也带来了环境问题。日益严重的生态问题迫使人们开始反思过往的发展方式，绿色发展的路径和美丽中国的愿景应运而生。

“美丽中国”的含义包含了自然之美、发展之美和百姓之美，把生态文明建设与其他各项建设相融合，并将人的幸福生活作为最终的归宿。“美丽中国”的提出具有重要的理论和现实意义。从理论上回答了中国生态文明建设的美好蓝图，同时为中国生态文明建设指明了实践路径。绿色发展是在全球气候变暖和国内生态环境破坏的双重压力下出现的新型经济发展方式，是平衡人、自然和社会三者的可持续发展，将绿色增长作为积累绿色财富的手段，而从实现绿色福利的增加。绿色发展是提高可持续发展能力的有效手段，也是特色小镇建设的巨大引擎。

从“美丽中国”的视角出发，研究“美丽中国”和特色小镇发展之间的关系。“美丽中国”是特色小镇的目标，特色小镇是实现“美丽中国”的途径。而生态文明建设是“美丽中国”和特色小镇的共同主旨，两者均是对可持续发展观、科学发展观的再理解。

特色小镇与美丽乡村共同建设，推进中国乡村振兴进入地域空间重构和综合价值追求的新阶段。“特色小镇”与“美丽乡村”建设则是一个逐渐富裕的中国对农村地域空间综合价值追求的高标准规划和建设。在“特色小镇”与“美丽乡村”建设平台上，同时植入了“四化同步发展”“新型城镇化”“城乡一体化”“基本公共服务均等化”“看得见山、望得见水、记得住乡愁”“绿水青山就是金山银山”等多重梦想和愿景，农村地域空间综合价值追求，推动其空间结构“翻天覆地”似的重构。

迄今为止“美丽中国”视野下的特色小镇发展已取得了一定成就，但依然存在特色小镇发展中的绿色转变低下、绿色财富积累缓慢、绿色福利增加不足的问题。导致以上问题的原因主要有特色小镇发展观念薄弱、支持绿色发展的技术不足、保证绿色发展实施的法律和体制不全。针对以上问题，提出建设“美丽中国”视野下特色小镇发展的对策：推行绿色低碳消费、加大绿色技术研发、发展绿色循环经济、加快转变政府职能、完善绿色发展体制，完善公平的社会保障制度。

第一章　“美丽中国”和特色小镇发展概述

“美丽中国”和特色小镇发展都具有丰富的内涵，不仅描绘了中国未来发展的美好蓝图，同时也蕴含了一种不同于以往的新型发展理念与方式。“美丽中国”和特色小镇发展联系紧密，两者的提出是对目前经济发展和生态问题的思考，也体现了人们对于幸福生活的向往，具有深远的意义。深入而全面理解“美丽中国”和特色小镇发展的理论是研究“美丽中国”视野下特色小镇发展的基础。本章将针对“美丽中国”和特色小镇发展的相关理论进行概述。

第一节　“美丽中国”的思想内涵

“美丽中国”的提出，反映了人们在面对日益严重的生态问题时对于美好生活的强烈愿望。“美丽中国”包括了自然之美、发展之美和百姓之美，体现了人与自然、人与社会和谐相处的关系。“美丽中国”的提出是对经济发展和环境资源问题的反思，并且树立了中国未来发展的远大目标，对于生态文明建设具有重大的意义。

1. “美丽中国”的提出

两个多世纪以来，全球工业化和现代化进程都在持续的向前推进，作为发展中国家的中国同样面对着平衡经济发展和环境资源的难题。我国主要的生态问题：第一，水资源的匮乏和污染。包括海洋、湖泊和河流在内的很多水源被工业生产排放的有害物质污染，淡水资源浪费情况十分严重。第二，空气污染严重，工业粉尘、烟尘等有害物质排放量超标，各地出现的雾霾天气严重影响人们的生活。第三，水土流失、土地沙漠化严重。据最近统计数据，我国的水土流失面积占国土总面积近30%，直接经济损失超过亿元。最后，工厂排出的污染物和人们的生活垃圾不断增多且难以处理。

以上这一系列的污染使得原本就匮乏的水资源、土地资源等更为稀缺。除此之外，包括垃圾处理、自然灾害等在内的所有环境问题已经威胁到人们的生存，阻碍我国向前迈进的脚步。

随着中国经济的快速发展，人们的生活水平也发生了翻天覆地的变化。人们对生态环境、公平正义、文化娱乐、健康水平等的关注度越来越高，呈现出不同于只求温饱的多元化现象。现在的人们向往更高层次的生活水平和幸福感。与此同时，环境问题也在同一时间内开始逐渐暴露。人们对于环境问题和生态破坏的关注度逐年上升，与此同时一些地区却出现由环境问题引发的群体性事件，严重影响了社会的和谐发展，降低人们的生活质量。除此之外，人们对于美好生活的追求还体现在对于社会公平正义的追求，对于维护公民利益的社会保障的追求。

面对中国经济快速发展所带来的日益严重的环境资源问题，以及人民对于美好生活的向往和追求，“美丽中国”应运而生。党的十八大提出了“美丽中国”，这是“美丽中国”首次作为执政理念提出，也是中国建设“五位一体”格局形成的重要依据。“美丽中国”是在全球环境问题日益凸显的严峻局势下，深刻理解生态文明之后应运而生的概念，是马克思主义自然观在中国发展上的具体体现；“美丽中国”是充分将生态文明建设的“优节保建”与中国国情相结合的产物，是对中国发展目标的回答；“美丽中国”是对可持续发展和科学发展观的深刻理解和再次补充，充分体现出人民对于美好生活的向往；建设“美丽中国”突出生态文明、兼顾四个方面，使科学发展更为协调、理性和健康；“美丽中国”是中国走绿色发展道路的战略支撑，为绿色经济、绿色新政等的实施指明了方向，树立了目标。“美丽中国”的提出，在追求经济发展的同时考虑到人与自然的协调发展，尊重自然、保护环境，最终的目标是让人民的生活更加美好、幸福，实现中华民族永续发展。

2.“美丽中国”的含义

党的十八大报告中明确指出，建设生态文明，是关系人民福祉、关乎民族未来的长远大计。面对资源约束趋紧、环境污染严重、生态系统退化的严峻形势，必须树立尊重自然、顺应自然、保护自然的生态文明理念，把生态文明建设放在突出地位，融入经济建设、政治建设、文化建设、社会建设各方面和全过程，努力建设美丽中国，实现中华民族永续发展。“美丽中国”用通俗易懂的简单词语概括了中国政治、经济、文化、社会等方面在未来发展和建设的目标和实现途径。“美丽中国”是自然之美、发展之美、百姓之美的总和，蕴含了丰富的生态文明理念，也是实现环境良好、资源丰富、经济繁荣、政治和谐、人民幸福的重要理论依据。建设“美丽中国”主要包括了两个重点：首先，突出生态文明的建设。其次，是将生态文明与政治、经济、社会、文化建设相融合，形成“五位一体”的科学发展方式，在发展和建设的各个方面都要做到尊重自然、顺应自然、保护自然，正确处理人、自然、社会三者间的关系。

3. “美丽中国”的自然之美

自然之美体现了人与自然协调共处的和谐关系。自人类诞生以来，人与自然始终是相互依存又相互对立的两个方面：自然长期并稳定的存在是人类生存的必要前提和客观条件。同时人类也在以自身的实践改变着自然，决定着自然面貌的状况。如果人类的实践活动是合理的、有节制的，那么自然也会因为人类的改造而变得更美；反之，如果人类无止地向自然进行索取、过度地开发利用的话，自然就会因为人类的改造而变得丑陋和不堪一击，甚至是对人类的毁灭。从人与自然的关系来看，“美丽中国”的自然之美，是适合人民居住的环境之美：不仅是当代人能够看到的蓝天白云，而且还应该是后代人也能享受到的青山净水。通过保护环境和节约资源，从根源上扭转日益严重的生态问题。“美丽中国”的自然之美将社会和经济的发展和环保节能相结合，追求以保持和创造美好的自然环境为前提的理性长远的发展，这样才能够真正地为人类造福。

4. “美丽中国”的发展之美

“美丽中国”的内涵包含了一种符合当前发展需求的新型发展方式，体现党和国家领导人对于我国发展方式的反思。近年来，中国的发展方式大致可以分为三个时期。第一，中华人民共和国成立初期到改革开放前一段时期，这个时期将经济发展简单的定义为数字的增长，属于粗放型的发展模式。第二，改革开放以后的一段时期，这个时期的发展方式重视重工业和轻工业的共同发展。但是这个时期的经济发展并不平衡：在地区间的差距加大；资源的浪费和污染依然严重；人们日益多样化的精神、物质需求并没有得到满足。第三，20 世纪末至今的发展方式。这个时期提出了统筹多重利益、重视全面发展的科学发展观。科学发展观所引导的发展方式是对传统发展方式的创新。“美丽中国”的提出为实践科学发展观树立了远大的目标，将中国发展梳理成一个互相影响的整体，将生态文明的建设提高到总体布局的战略高度，使之融入各个领域的发展之中。“美丽中国”的发展之美，包括了经济发展的健康协调、政治发展的民主法治、文化发展的传承发扬，更是将生态文明建设融入各项建设当中，是一种全面、协调、可持续、环境友好型和资源节约型的发展状态。所以，“美丽中国”追求的发展之美是实现可持续发展的必然途径和最终归宿。

5. “美丽中国”的百姓之美

“美丽中国”不仅追求人与自然的相容、经济和自然的平衡，更重要的是人与人之间、人与社会之间的和谐关系。习近平总书记说，人民对美好生活的向往，就是我们的奋斗目标。由此可见，“美丽中国”的最终归宿就是以人为本，维护广大人民群众的根本利益，实现人的全面发展和幸福生活。百姓之美主要体现在社会建设的民生方面：社保、教育、就业、分配、稳定。第一，社保是人们生存和发展的保障和依靠，社保制度的完善使人民生活更有安全感，实现老有所养，病有所医，居有其屋，衣食无忧；第二，教育是人们获得更好生活的保障，也是国家强盛的根本。通过教育，能够培养出为社会创造科学知识和物质财富的人才，也是实现人类全面发展不可或缺的环节；第三，就业是人民得以生存的基本，就业尽可能满足更多自食其力的人通过就业保证生存和生活需求；第四，分配能够保证所有人都能享受到社会经济发展所带来的果实。合理的分配有利于调动全体劳动者的积极性，逐渐缩小贫富差距，也更能体现社会的公平；第五，就是稳定，稳定是人民追求幸福生活的重要保障。只有社会稳定，人们才会获得更多的安全感和幸福感。“美丽中国”将百姓之美理解成优良的生活环境、公平稳定的社会、自身的全面发展等，具有深远的含义。

6. “美丽中国”提出的意义

面对中国目前的发展状况，在先后提出了可持续发展、科学发展观、生态文明建设和绿色发展的执政方针后，党的十八大提出了“美丽中国”的建设目标。“美丽中国”并不仅仅是一个纯粹文学化的诗意表述，其中蕴含了我们党关于国家发展的理性认识和科学智慧。这一富有中国特色的新名词，也描绘了中国未来发展、人们幸福生活的美好蓝图。

“美丽中国”从理论上回答了中国生态文明建设的美好蓝图。如今，中国的经济发展正处于重要的转折时期，这个阶段的主要问题就是经济发展和生态保护两者怎样做到和谐共存。生态文明建设则是这一重要转型时期的工作重点，也为今后中国现代化建设指明了方向。生态文明建设从优化国土空间开发格局出发，将环境保护和资源节约作为发展中的重点，不断完善生态文明制度建设，从而保障经济持续健康的发展。生态文明建设是推动经济、社会的可持续发展和科学发展的重要手段，也是推动中国特色社会主义不断向前发展的动力。同时，生态文明建设是人们追求美好生活的保障。“美丽中国”的提出为中国生态文明建设描绘了一幅美好的蓝图，也从理论上回答了生态文明建设的远大目标，也为中国发展、实现中华民族的伟大复兴提供了坚实的理论基础。

7. “美丽中国”为中国生态文明建设指明了实践路径

“美丽中国”不仅包含了中国未来发展的远大目标，还包含了建设美丽中国的理念。“美丽中国”的提出，构建出中国未来发展战略，结合生态文明建设制定出政治、经济、文化、社会发展的宏观目标，并且整合成一个互相联系的系统。在政治方面，遵循节能环保的基本国策；在经济方面，同时重视经济的增长和质量，降低能耗和污染；在文化方面，提高居民的生态文明建设的支出比重，将环保节能和可持续发展等相关的知识作为重点普及内容；在社会方面，将提高人民生活质量和幸福指数作为工作重心，使更多的人、更公平的享受到发展的成果。美丽中国将百姓之美作为发展的归宿，突出以人为本的核心思想，这也是构建和谐社会不可缺少的部分。随着“美丽中国”评价指标体系的不断完善，全国各个地区包含生态文明建设也有更具体的标准。总之，“美丽中国”的提出为中国生态文明建设指明了实践路径。

第二节 特色小镇的多重内涵

一、特色小镇的内涵与特征

特色小镇作为介于城市和农村之间的缓冲地区，通过充分发挥其“亚核心”效应，集聚产业和资源，形成产业集聚，并逐步实现区位优势极化，从而有效推进新型城镇化建设和城乡一体化进程。特色小镇“非镇非区”，不是行政区划单元上的一个镇，也不是产业园区的一个区，而是按照创新、协调、绿色、开放、共享发展理念，结合自身特质，挖掘产业特色、人文底蕴和生态禀赋，融合产业、文化、旅游、社区功能的创新创业发展，形成“产、城、人、文”四位一体有机结合的重要功能平台。

党的十八大提出要坚持“四化”同步发展，其中新型城镇化作为载体，对于推动中国特色社会主义现代化建设十分重要。特色小镇的提出，是对于新型城镇化建设内容的细化和补充，是相对于大中小城市和农村建设而提出的，此外，还要求特色小镇具有文化内涵、旅游功能、社区功能以及需要有特色产业作为支撑。综合来说，特色小镇的内涵可以总结为：以某一特色产业为依托，具有一定的产业基础和清晰的产业定位，通过政府、企业等多方参与规划建设，使其具备独特的文化内涵、宜居宜游的环境、完善的基础设施以及灵活机制的一种新的区域发展模式。

（1）形态精美。与传统小镇相比，特色小镇的形态具有“精而美”的特点，特色小镇是在生态环境和景观较为优美的小城镇进行发展建设。“精而美”是要求特色小镇的发展应重质不重量，不需要盲目扩张小镇面积，追求“大而广”的建设形态，而是要进行集约集成化建设，追求精益求精，从建筑风格、生态特色及地形地貌等方面来多维度地展示特色小镇的美。

除此之外，更需要体现特色小镇的文化之美，深度挖掘小镇的传统文化，形成自身独特的文化标识，并充分将小镇的文化特色体现在各个方面，使其具有自身独特的文化内涵。

（2）产业“特、强、精”。特色小镇发展的最根本动力来源于产业，同时产业也是决定特色小镇未来发展的最主要影响因素，因此产业定位必须具有独特性，通过“找准特色—凸显特色—放大特色”来使小镇产业获得更大的竞争力。此外，发挥特色小镇作为产业的空间载体的功能作用，应以产业的发展规划为中心，以创新发展为驱动，集聚相关产业，做大做强特色产业，提高特色小镇发展的产业承载力。即便是发展同一产业，也要进行差异性定位、市场细分以及错位发展。

通过这几个方面提升特色小镇产业的区域竞争力，形成区位优势，从而推动特色小镇产业向“特、强、精”的方向发展。

（3）体制机制创新。特色小镇作为一种新的发展模式，在我国还处于探索阶段，因此在建设过程中必须通过实践来探索，不断地进行创新和完善，这就要求特色小镇的发展建设应当具有“活而新”的机制。特色小镇的发展不应当被其他发展模式的机制所束缚，出现“穿新衣，走老路”的情况，而是在发展的过程中注重发展理念、发展模式、发展制度的创新，同时根据各地区区位条件的差别，因地制宜地选择运营机制、主导产业以及创新相关政策制度，从而激发特色小镇发展的内生动力。

（4）功能融合。特色小镇虽是区域开发的一种全新模式，但与以往以经济或技术等方面为主要发展目标的开发区不同，是以全方法发展为要求，具有功能融合的特点。

特色小镇的发展不仅需要单一的空间规划，更是囊括了旅游、产业、社区及基础设施建设等方面的规划，通过优质的特色产业、独特的文化标识、完备的设施服务、优美的居住环境的有机结合，进一步推进特色小镇各方面功能的融合，使特色小镇宜居、宜业、宜游，促进特色小镇协调有序发展。

二、特色小镇的功能定位

特色小镇作为新型城镇化建设背景下的一种全新的发展模式，与传统小镇的发展方式和功能定位有很大的差别，空间上介于城市和农村之间，通过选取具有特色的城镇进行开发。根据特色小镇的特点描述可以总结出其主要功能体现在如下几个方面：第一，产业小镇。特色小镇的发展是以产业为支撑，特色产业的发展是特色小镇发展的内生动力，也是体现特色小镇的外在表现。第二，文化小镇。文化是一个地区最根本的竞争力，只有将地区文化全方位、深层次地融入小镇中，才能使特色小镇具有持久的生命力和竞争力。第三，社区功能。特色小镇发展最根本出发点在于人，因此特色小镇必须具备小镇的最基本要求，也就是社区功能。

在我国乡村发展的历史长河中，不同的历史背景下发展出不同乡村、小镇建设思想。热潮中两者不可千篇一律归为“乡镇发展”，应近年来大力发展两类区域时应有所区分，建设方式应适用于乡村特点、小镇特点，本着规划原则与发展建设，现代社会的乡村、小镇发展是过去百年来中国乡村建设运动在新的历史时期的一个延伸，打造其本身特点，不是其本质，在行政区域，人口数量，发展目标等方面进行分析并提出两者未来建设的模式与制度等。

近年来，特色小镇作为我国发展新型城镇化和新农村建设的创新性举措以及重要的招商引资平台，不仅受到中央政府高度重视和大力支持，各级政府也积极行动，大力推进特色小镇建设。各类文件中也明确指出我国特色小镇的发展目标：到 2020 年，培育 1000 个左右各具特色、富有活力的休闲旅游、商贸物流、现代制造、教育科技、传统文化、美丽宜居等特色小镇，引领带动全国小城镇建设，不断提高建设水平和发展质量。

三、“特色小镇”与“美丽乡村”协同发展

从城市规划原理上理解，乡与镇的最大不同在于产业区别，乡是农业人口聚集地，相对来说是集散人口，而镇是非农人口聚集，相当于小型“城市”，在英文“rural”与“urban”和景观层面的“country”和“city”也可看出区别。镇是一个最基本的经济区域，也是一个综合的经济单元。

我国的乡村建设兴起于 20 世纪初，先后经历了乡村自治阶段和乡村改造运动，发展最为兴盛时有 600 余个学术团体和教育机构参加，建立试验区多达 1000 多处。《1956 年到 1967 年全国农业发展纲要》是早期乡村建设思想和理论探索的成果。随着农村经济体制改革与农村经济活力的释放，农村积极发展物质文明与精神文明建设，构筑农村公共服务与社会保障体系。进入 21 世纪后，提出走中国特色新型城镇化道路，乡村建设被上升到国家战略，党的十八大提出了“美丽中国”，2013 年提出建设美丽乡村的奋斗目标，同年发布了《关于开展美丽乡村创建活动的意见》，确定全国创建 1000 个美丽乡村试点乡村，2016 年的《关于开展特色小镇培育工作的通知》提出在 4 年内培育 1000 个左右“特色小镇”的建设目标。我国乡村建设发展历程见图 1—1。

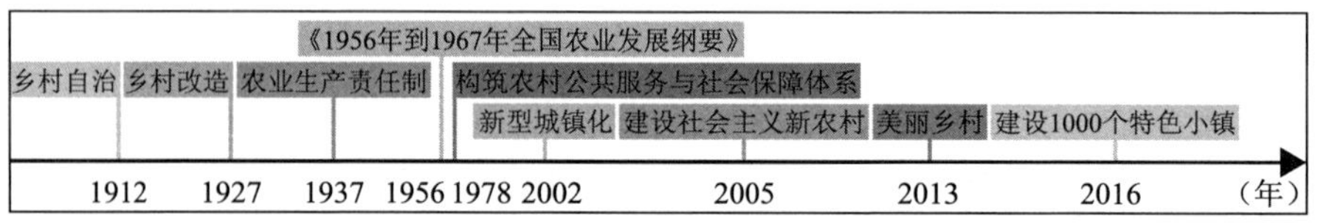

图 1—1　我国乡村发展大事记

乡村建设是时代发展潮流下为农民建设美好家园的民生工程。依托“美丽乡村”和特色小镇的政策契机，乡村建设的政府支持又得到了进一步的提升，建立和完善适合我国国情的乡村建设长效驱动机制。美丽乡村与特色小镇对比（见表1—1）。

表1—1 “美丽乡村”与“特色小镇”对比

类别分析	美丽乡村	特色小镇
概念特征	建设美丽中国的背景下，依托农村空间形态、坚持城乡一体发展、农民群众广泛参与、加强农村经济、政治、文化和生态建设的一个历史过程。新农村建设发展要求，一项民生工程	相对独立于市区，区别于行政区划单元和产业园区，具有明确产业定位、文化内涵、旅游和一定社区功能的发展空间平台。“非镇非区”的创新创业发展平台
产业定位	发展现代农业，实现一、二、三产业融合作为产业支撑。其性质为现代化特色农业、乡村旅游产业、生态工程产业等	“特色产业”，发展科技含量高、附加值高、生态环保的“特而强”新产业。信息经济、旅游、时尚、金融、高端装备制造新型产业，及茶叶、丝绸等历史经典产业
建设主体	政府、村民和企业充分发挥政府引导，村民为建设主体、企业积极参与，在村干部等协助下建立了长效管理机制	一个政府、市场、资本都参与的生态系统。以政府为先导，企业为建设主体并主导运营，市场化机制为动力
发展目标	生产发展、生活宽裕、乡风文明、村容整洁、管理民主的新农村，建设1000个左右试点乡村，民生发展为主	以新理念、新机制、新载体推进产业集聚、产业创新和产业升级，培育1000个左右特色小镇。特色产业发展为主
发展要求	生产、生活、生态和谐发展，强化农业基础、推进农业现代化的需要，优化公共资源配置、推动城乡发展一体化发展	规划面积一般控制在3平方千米左右，而建设面积一般控制在1平方千米左右，3年内要完成固定资产投资50亿元左右

美丽乡村与特色小镇双重内涵的注入为当代乡村建设带来新的发展契机。为当下的乡村建设注入新的活力和方向指引，乡村建设的发展趋势也变得更为明朗。根据两者趋异性从适宜的建设机制建立、基础服务设施的更新与完善，为乡建工作的长久发展打基础，建设主体角色清晰，激发文化创意产业的发展并带动多元化产业融合发展，促进了人才结构变化，伴随着乡村建设的不断发展，品牌塑造，适宜的运营模式积极探索，都是当

下乡村建设的积极发展趋势。

1. 美丽乡村和特色小镇的共性

首先，美丽乡村通过对乡村的资源整合，特色产业挖掘、人居及生态环境的提升、乡愁文化的展现等，积极推进人才及资金的流动，形成一种明信片，也是乡村建设的新模式。特色小镇是一种创新型的发展平台，新型产业的载体，在全国特色小镇发展的浪潮中，各式各样的发展模式层出不穷，日益成熟，也为当地旅游产业做出品牌效应。

其次，美丽乡村在当地产业上的挖掘，以农业为基础，发展本土特色，以自然景观为背景，打造乡村旅游产业，如：乡村四季游、舌尖上的乡村、乡村赏花游等，推进乡村的旅游产业，增加村民的产业支柱。特色小镇主要依靠相关政策，政府引导、企业为主，市场化运营，以产业的转型、创新、营造、升级为主要目的，发展新兴产业，如：云栖小镇、梦想小镇等。

再次，随着城乡一体化的推进，乡村已然不是老一辈人印象中的炊烟袅袅，灯火通明的景象，乡村的空心现象及老龄化日趋严重，只有老人和儿童。美丽乡村的建设让村庄内的空闲住宅利用起来，除打造村内的活动中心及其他服务设施以外，也租售于私人，如：写生基地、茶肆、咖啡馆、创意餐厅等。

2. 美丽乡村和特色小镇的协同性

特色小镇是美丽乡村的一个升级版，特色小镇在模式、体量、逻辑上跟美丽乡村还有很大的不同。特色小镇在传统的市镇体系里面，从城市到建制镇或者是乡镇，再往下就是乡村，特色小镇提出的背景下，依靠特色小镇这样的集散中心或者是这样的平台来辐射周边乡村的发展。

第一，乡村文化特征主要靠特色小镇表达。乡村文化传承在具有特殊的人文景观、传统文化的基础上，发展优秀的民俗文化及非物质文化的潜力，而现阶段乡村经济发展迅速，乡村文化不断受到城镇化的冲击，所以乡村文化也需要物质文化来表达，通过长期的生产生活而创造出来的有形文化产物，用最直接的方式展现乡村特色，如馆陶粮画小镇是全国十大美丽乡村之一，也是最具代表性的本土文化。粮食在每个村庄都存在，粮画小镇以粮画为主要载体，作为乡村的文化符号，形成一个小镇的主要产业特征，并利用这个载体发展相关产业，通过小镇的平台，把文化、生活展露其中，并利用粮画小镇来传播乡村文化。

第二，乡村旅游资源依托特色小镇延伸。乡村旅游是分散型的，需要对乡村旅游资源进行整合，这就体现出特色小镇的重要性，特色小镇可以针对乡村旅游的分散，将乡村周边地区旅游文化进行整合，形成一个辐射圈，特色小镇就作为旅游地区的一个集散功能，打造民宿、旅游发展等相关产业。如：西藏的鲁朗小镇、贵州遵义的传奇小镇。发展乡村旅游是建设美丽乡村和特色小镇的必然趋势，完善乡镇的基础设施建设并依托乡镇的旅游资源，采取多元化的乡村旅游模式，加大旅游开发和保护的力度，打造美丽乡村的独特魅力。

第三，乡村创业平台依托特色小镇发展。特色小镇最主要的就是解决了当地乡村农民返乡创业及就业问题，创建美丽乡村众创公社，为当地及有志青年搭建平台，施展才华，带动乡村经济更好发展，陕西茯茶小镇就以此为例，挖掘当地最具特色及代表性的文化，或植入一部分相关文化，形成一种文化资源，通过这些文化产品带动当地人的就业，并解决城镇化的问题。

第四，乡村传统农业再升级。进入 21 世纪以来，国家对经济结构调整的效果逐渐凸显，三次产业协同性增强，传统产业转型升级加快，城镇化水平不断提高及吸纳就业的能力不断增强，为农业现代化发展创造了良好的机遇和条件。目前乡村农业主要以传统农业为主，依托特色小镇打造田园文化，结合民宿体验，形成产业体系，如陕西的归园田居小镇，利用诗经文化为承载，形成聚水而居的格局，并结合民宿打造，农业功能在民宿内作为体验，形成产品，并打造众创空间。

总之，随着美丽乡村与特色小镇的崛起，既对乡村起到促进作用，又有效推动区域高速发展。将休闲农业、特色农业、文化旅游、特色民宿、健康养生及文创广告等整合起来，各个产业之间形成非常好的匹配，形成一个产业的生态。对于乡村地区特色小镇的建设以及基于休闲农业背景下的特色小镇，包括休闲农业、特色农业以及文化旅游等，都有很好的交集。而美丽乡村和特色小镇的建设对促进新型城镇化的发展起到巨大的推动作用，是解决目前乡镇传统产业和文化衰落的一剂良药。但是，不可忽视的是由于各地区实际的情况不同，美丽乡村与特色小镇的建设在协调发展的同时，需要因地制宜、因时制宜，依据各地的特色，有所侧重，发挥自身的独特优势，促进当地协调发展。

第三节　建设美丽中国从特色小镇开始

习近平总书记说，绿水青山就是金山银山。当前，我们从环境入手，正在打造美丽中国。而打造美丽中国，从着力建设发展美丽小镇开始，是一个正确的选择。作为落实“绿水青山就是金山银山”，加快新型城镇化建设的一个重要突破口，特色小镇在两年时间推出两批，这对美丽中国的建设，有着重要的意义。

特色小镇建设能够带动大城市的建设。众所周知，当下中国大城市的通病之一，是环境污染严重。大城市的形成历史时间长，百年以上的发展史使大城市五脏俱全，既有工业底子，又有小街小巷，改造起来很难。像北京、上海、广州、沈阳、哈尔滨、西安等这些已经存在数百年的大型、超大型城市，基础设施普遍落后，再加上“倒挂”型的外来人口，要想使它清洁、干净、安静起来很难。而小城镇就不同，人口少，自然环境好，有的又有历史底蕴，所以，住建部树一批特色小镇标杆，能够起到为大城市做榜样的作用。

特色小镇建设是促进旅游观光的发展，真正把绿水青山变成造福百姓的金山银山。由于经济发展收入增加，今日中国已经进入旅游时代，大城市有人文古迹，但大城市又人满为患，逢年过节以及小长假，大长假，大城市的人就愿意到郊野乡村寻找放松，而特色小镇与自然连为一体，就成为度假休闲的最佳选择。在浙江，特色小镇不是行政区划单元上的“镇”，也不同于产业园区、风景区的“区”，而是按照创新、协调、绿色、开放、共享发展理念，结合自身特质，找准产业定位，科学进行规划，挖掘产业特色、人文底蕴和生态禀赋，形成“产、城、人、文”四位一体有机结合功能平台。再比如第二批特色小镇排在首位的北京市怀柔区雁栖镇，在原有美丽自然风光的基础上，借助两次重要的国际会议，迅速成为京北郊区的一颗亮丽明珠，吸引了大批的旅游观光客。

各地目前都在积极建设发展特色小镇，但特色小镇的发展，也要注意扬长避短，忌贪大求洋，忌追求时尚而丢掉特色，把出发点和归宿紧紧扣在“特色”两个字上。这在我们的大城市发展上已经有深刻的教训，如本来是古都，却热衷于建设稀奇古怪的建筑，为外国设计师提供试验场；本来有历史传承的水系，却为了所谓的“发展”，把原有的护城河填埋后修成柏油路，致使古都特色减退。

培育和发展特色小镇作为国家城镇化快速发展的新战略，既是机遇，亦是挑战，一个群雄逐鹿的新沙场已经铺陈在面前。住建部和国家发改委、财政部提出，到2020年培育1000个左右各具特色、富有活力的休闲旅游、商贸物流、现代制造、教育科技、传统文化、美宜居等特色小镇。2016年，住建部、发改委、财政部发布通知，在全国开展特色小镇培育工作，提出了这样一个目标，还公布了第一批共127个中国特色小镇，又新添的特色小镇，两年公布两批共计403个特色小镇，基本涵盖各省、直辖市、自治区。计划“十三五”期间全国建成6000个左右美丽乡村，美丽乡村依然是未来几年国家建设重点。

特色小镇热潮始于浙江，继而在全国迅速发展，但特色小镇并非浙江原创，北京、天津、黑龙江、云南、江西南昌等地都曾提出建设特色（小）城镇并在持续培育专题发布会，浙江、贵州被视为特色小镇发展的典型地区，伴随中央的肯定与推广，特色小镇迅速推广，多地开花。

特色小镇是“美丽中国”生态梦的圆梦实践。在当今社会，随着经济文化的迅速发展，针对美丽乡村建设，首先应该根据当地乡村主要特征，还有根据民族生活特色、建筑风格还有当地的经济条件等因素，想要村景观特色的营造要提取这些乡村景观设计特质，以展现乡村浓厚的乡土气息，在自然之中融汇，这是城市无法涉及的一种美，也是乡村的唯美。创造全国新农村建设的个性化典范，力创新农村科学研究的示范性模式，起到了相当现实价值和开拓意义。

2017年，首次写入政府工作报告。而2016年7月，住建部、国家发改委、财政部联合发布《关于开展特色小镇培育工作的通知》。“小镇”并不是突然冒出来的，是中国在快速城镇化发展过程中间的一个环节。中国曾经经历了乡镇企业十分发达的阶段，几乎占到了工业总产值的近半壁江山，当时主要是粗放的加工工业，很容易形成“一村一品”的特色。随着工业化的推进以及更大力度的对外开放，外资进入，经济发展更偏向重化工业、房地产的时候，就形成了产业集群化，乡镇企业式微；再往后，物质生产接近饱和的时候，转向服务业、创新，这些更需要集中在大城市。特色小镇和“千企千镇工程”是当前中国城市群小城镇建设中的两大重要“抓手”。中国城镇化的转型，必须要立足于城乡融合的新阶段。

第二章　特色小镇是建设美丽中国道路的选择

城镇化问题成为国内理论界众多学者研究的重点和热点之一，研究涉及的内容非常广泛，包括城镇化的内涵、城镇化与工业化进程、第三产业发展及现代化的关系、城镇化的发展速度、质量和动力、城镇化与资源节约和环境保护、城镇化与人口流动、城乡就业政策调整、户籍制度改革、农村土地流转、城乡社会保障体系的完善与对接、进城农民工问题、农民市民化、城中村改造、城市发展规划与管理等，著述甚多，并取得了很多有重要价值的成果。但在一些重要问题上，无论是在理论研究还是实践推进上都存在一些不足，如在城镇化的战略上，如何认识大中小城市和小城镇的地位和功能定位？

如何正确处理不同等级城镇之间的关系，学术界就先后提出过多种不同观点和模式。再如，片面追求城市规模扩张而忽视了城市基础设施建设、就业空间的拓展、政策配套、功能的提高和生态环境的保护；长期制约城镇化的户籍障碍、就业歧视、城乡社会保障制度不衔接等问题至今未得到根本解决等问题的存在，说明我们还没有真正认识和驾驭城镇化的内在规律。

迫切需要对城镇化的规律进行专门研究，以此为认识工具，重新审视我们走过的城镇化道路，理清发展思路，推动我国城镇化快速健康发展。

第一节　中国特色城镇化道路探索与现实选择

城镇化是人类进步必然要经过的过程，经过了城镇化，标志着现代化目标的实现。目前，我国城镇化进程加快，已进入到高速城市化的起飞线上。“十二五”规划纲要中提出，要完善城镇化布局和形态，加强城镇化管理。因此，正确认识城镇化问题，依照可持续发展理论，积极稳妥地推进城镇化进程，是我国必须面对的一个重大课题。

一、中国城镇化和城市化理论辨析

目前，对“城市”和“城镇”大致包含以下几种理解：①狭义的城市只包含市不包含镇；②广义的城市既有市又有镇；③狭义的城镇含市和建制镇；④广义的城镇含市、建制镇且含集镇。由此看来，“城市”和“城镇”两个概念并无严格区分，对城市应作广义理解，我国1989年通过的《城市规划法》明确指出：“本法所指的城市，是指国家按行政建制设立的直辖市、市、镇”，把建制镇纳入城市范畴。对“城镇”一般作狭义理解，与对城市的广义理解完全相同，只包括建制镇不包含一般集镇。若在实际研究中涉及城镇体系的形成和发育过程，会延伸到一般集镇，这时可对城镇作广义理解。

两个词都来源于英文单词“urbanization”，只是在具体译文时，“城市化”“城镇化”“都市化”三种译法都有。译法上的不同造成了人们在理解和使用这两个词语时有了争端，中国城市与区域规划学界和地理学界于1982年在南京召开的“中国城镇化道路问题学术讨论会”上，明确指出城市化与城镇化为同义语。并建议以“城市化”替代“城镇化”，以避免误解。而1991年，辜胜阻先生在他的《非农化与城镇化研究》一书中广泛使用了“城镇化”的概念，并产生了广泛影响力，2001年国务院公布的《中华人民共和国国民经济和社会发展第十个五年计划纲要》中首次提出：“要不失时机地实施城镇化战略。”这是近50年来中国首次在最高官方文件中使用“城镇化”一词，为了与国家公布的正式文件的提法相一致，建议都使用“城镇化”。此后，“城镇化”一词得到普遍使用。

工业化是城镇化发展的动力，城镇化的推进反过来推动工业不断向更高层次发展。随着社会科技的进步，农村的土地边际收益率不断下降最终为零，农村产生大量富余劳动力，这些人口开始由农业地区流向城市的工业、服务业等非农产业，传统农业社会开始向现代工业社会转变，城镇人口规模不断扩大，工业化促进了城镇化的发展；随着城镇规模的扩大，城市的各项基础设施在不断完善，为吸引资金、人才和技术创新等提供了更好的环境，工业得到进一步的发展，城镇化反过来又推动了工业化的发展。

城镇化进程是与工业化紧密联系、相互适应、相互促进的过程。经过多年工业化发展，我国基本形成以省级区域为单元的东部、中部、西部、东北部的四大经济区域，以工业化发展的地域差异为基础也形成了城镇化发展的区域格局。当然我国复杂多样的地理环境和特殊的历史政治因素也造成了城镇化发展的不同，但主要还是受工业化发展的影响。一般来说，城镇化与工业化的关系要先后经历滞后于工业化、与工业化基本协调、快于工业化 3 个阶段。目前，我国大部分地区的城镇化速度处于与工业发展水平基本协调的状态。

我国面临复杂的城乡关系，我国的城镇化起步较晚，其工业化所需要的资金积累主要来自农业，农产品价格明显低于工业品价格，并且随着农村土地边际生产力的下降，大量乡村人口流入城市，呈现由不发达地区向发达地区转移，从西向东流动的趋势，不仅人口流动数量大，而且由西至东的空间跨度也相当大。如此规模和空间跨度的城镇化进程是人类历史上前所未有的。

二、城镇化进程的一般规律

尽管世界各国城镇化所走的道路、采取的模式千差万别，但认真总结分析，就会发现其中蕴含着以下一些普遍规律：

（1）人口城市化与城市二、三产业对劳动力的需求相适应的规律。这是一条贯穿城市化进程始终的最普遍、最根本的规律。首先是工业的发展产生了对劳动力等生产要素的需求，吸引农村人口流入工业区；人口的增加和工业的进一步发展又创造出更多的第三产业的就业空间，吸引农村劳动力进入第三产业。城市化进程遵循着工业发展（在初始阶段，第三产业对人口向城市的转移拉动作用不明显）——人口城市化——第二、三产业发展——人口城市化的轨迹运行。工业化是最早推动城市化发展的根本力量。

城市化进程与工业化发展相互促进，并与经济发展水平高度相关。著名经济学家钱纳里通过对 101 个国家的相关数据分析，认为在一定的人均 GNP 水平上总有一定的生产结构、劳动力配置结构和城市化水平相对应。把握城市化规律，客观上要求城市化发展要与工业化程度、经济发展水平相协调。第二产业和第三产业在城市化发展的不同阶段所发挥的作用是不同的。在城市化的低级和中级阶段，第二产业对农村人口向城市的转移形成巨大拉力；在城市化的高级阶段或成熟阶段上，第三产业的作用明显高于第二产业。

（2）城市化发展速度与城市化已达到的现实水平密切关联，使城市化进程呈现出明显的阶段性特征，整体趋势呈现为倒“S”平滑曲线英国学者范登和美国地理学家诺瑟姆根据对各国城市发展变化的实证研究得出结论：城市发展具有阶段性规律，整体趋势呈现为倒“S”平滑曲线。在初始阶段，农业经济占主导地位，城市化速度缓慢，当城市人口超过10%时，城市化水平逐步加快；当城市人口超过30%时，城市化进入加速阶段，工业规模迅速扩大，农业人口向城市快速聚集，这一趋势一直要延续到城市人口达到70%以后才逐步减缓；此时，城市化开始步入成熟阶段，农业人口经历大规模的迁移后，人口压力减小，而且农村经济和生活条件大为改善，城市就业市场日趋饱和，导致城市对农村的吸引力大大减弱，城乡间人口实现动态均衡。

（3）在一般情况下（除政府因政治和军事目的组织人口迁移外），人口城市化实质上是一个生产力要素在利益驱动下优化配置的过程，城市化健康发展的制度保证之一是人口迁徙自由城乡居民收入水平、生产和生活条件的巨大差距，是农村人口向城市迁移的内部驱力。这对于人口转移的方向和城市的发展规模影响巨大。“逆城市化”和“再城市化”都是这一规律的特殊表现。人口迁徙自由是城市化健康发展的户籍制度保证。

（4）良好的区位优势和企业投资环境是城市发展的重要条件。区位优势包括：具有适宜于人类生存居住的地理和气候条件、适宜于农业发展的肥沃土壤、适宜于工业发展的丰富的矿产资源、具有天然水陆运输之便等，具备这些条件的地区将会优先形成城市，并获得较快发展。这一点对于城市规划布局至关重要。

此外，城市政府管理成本和效率的高低，政策是否有利于企业投资后获得较其他地区更多的回报，都将影响企业的投资取向，并进而影响城市发展速度、规模和功能。

（5）城市化的发展是一个“聚集效应”和“扩散效应”辩证统一的过程，由不同等级的城镇产业分工明确、密切协作，功能互补，在空间上合理布局，形成强大的城市群，是城市化的主体形态和发展趋势城市与其周边区域存在各领域的联动关系，并与城市化的发展阶段紧密相关。在城市化的早期和快速发展阶段，呈现明显的“聚集效应”。城市凭借其在劳动技术、工艺、资金、交通、信息等各方面占据的优势，成为区域经济发展的增长极，在规模效应机制的作用下，周边地区的人口、信息和各种生产与生活资源源源不断地流向城市，并进一步推动城市规模迅速膨胀，实现更大程度上的集聚。当城市化步入相对稳定的成熟阶段后，城市更多是向周边地区释放其能量，以点带面，拉动整个区域的经济、文化和政治等全面提升，即由聚集走向扩散，形成“逆城市化”趋势，此时，“扩散效应”占据主导地位，由中心城市和周边卫星城市构成的城市群或城市带开始形成。事实上，在城市化发展过程中，聚集与扩散并无严格的边界区分，这两大机制始终在发挥功效，只是在特定阶段某一种效应相对另一种效应表现更为显著而已。从各国走过的城市化道路看，以中心城市带动周边次中心城市、小城镇协调发展，成长为各方面综合实力和功能都很强大的城市群是普遍趋势。

（6）在增长方式上，城市化的发展都经历了一个从粗放型增长到集约型增长的转变过程早期和中期的工业化、城市化是以对农地等资源的大量占用、能源的高消耗和对生态环境的严重破坏为代价的；进入高级阶段，开始向集约节约利用有限的资源，保护生态环境转变，以求人类的永续发展。

（7）从城乡关系来看，城市化的发展都经历了城乡分离、城乡对立甚至是城市剥削乡村到城乡统筹发展、城乡良性互动、城乡一体化、城乡差别逐渐缩小的过程上述基本规律反映了城市化进程中各相关系统、要素之间的内在的本质的必然的联系，凝聚了世界各国城市化的宝贵经验，为我国城镇化建设提供了有益的借鉴，我们在推进城镇化的进程中必须严格遵循这些客观规律。

纵观世界各国城镇化历程，都要经历发生、发展、成熟三个阶段，这三个阶段的基本变化趋势是：初期发生阶段城镇化进程缓慢，中期发展阶段变化速度加快，后期成熟阶段又开始减慢，并呈现出由缓慢——加速——缓慢，直至停滞不前的诺瑟姆“S”形曲线，我国的城镇化进程规律也不例外。

1975 年，美国城市学者诺瑟姆（Ray. M. Northam）发现并提出了“诺瑟姆曲线”，这个曲线表明：发达国家的城市化大体上都经历了类似正弦波曲线上升的过程。

城市化进程呈现一条被拉平的倒“S”形曲线，当城市化超过30%时，进入了快速提升阶段。城市化的发展在时间和空间两个维度展开，表现为阶段性和地区差异。

诺瑟姆形在总结欧美城市化发展历程的基础上，把城市化的轨迹概括为拉长的“S”形曲线。他把城市化进程分为三个阶段：第一是城市化起步阶段，城市化水平较低，发展速度也较慢，农业占据主导地位；第二是城市化加速阶段，人口向城市迅速聚集，城市化推进很快。随着人口和产业向城市集中，市区出现了劳动力过剩、交通拥挤、住房紧张、环境恶化等问题。小汽车普及后，许多人和企业开始迁往郊区，出现了郊区城市化现象；第三是城市化成熟阶段，城市化水平比较高，城市人口比重的增长趋缓甚至停滞。在有些地区，城市化地域不断向农村推进，一些大城市的人口和工商业迁往离城市更远的农村和小城镇，使整个大城市人口减少，出现逆城市化现象。

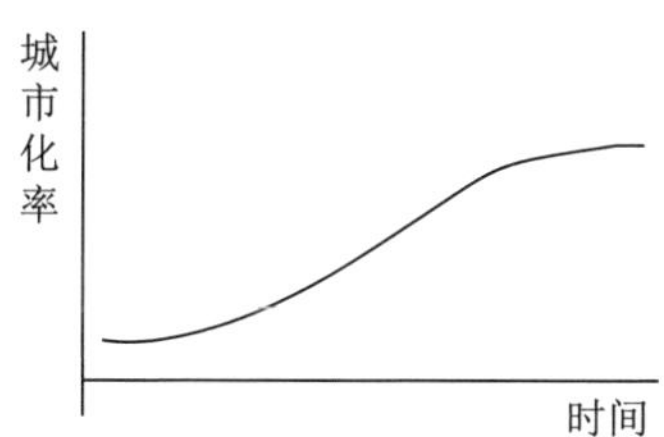

图 2—1　城市化进程中的标准“S”形曲线

初期缓慢发展阶段，处于这个时期的城镇人口占总人口的比重在10%以下，其特点是文明普及率低、城市化与城市经济发展联系较弱，并且初期阶段经历的时间相当长；进入中期加速发展时期，城镇人口占总人口比重为20%～30%，在这一阶段，城市文明普及率加速，城市数量迅速增加，出现大城市超先增长，如我国的上海、北京、广州等超大型城市的出现，城镇化与经济发展互相促进，由于城市规模的盲目扩张，“城市病”也会逐渐显现；到第三阶段为成熟阶段，城镇发展速度放缓，城镇人口达到70%以上，这一时期的特点是：城镇人口比重的增长日趋缓慢甚至停滞不前，城市文明全面普及、城乡差别近于消除，大城市超先增长停止、并出现郊区化和逆城镇化、都市圈和都市带。

由于我国各地区在自然地理、经济发展水平和区域文化方面存在差异显著，导致城镇体系的发展存在空间分化现象。东部沿海地区，由于经济发达，小城镇数量多，城镇体系较为完整；西部大部分地区经济相对落后，城镇化进程缓慢，地貌起伏多变，城镇化的发展建设受限。随着区域经济差异化的进一步扩大，这种空间分化现象还会持续下去。

特殊的制度因素也导致我国城镇化模式多种多样。不完全的市场经济体制将长期处于社会主义初级阶段的现状决定了我国在经济建设高速发展的同时各方面的配套工作还未完成，缺乏相应的保障机制，土地制度、户籍制度和地方政府政绩考核制度等制度的不完善都制约着城镇化健康发展。

三、中国城镇化发展回眸

革命发展相伴随，1750 年英国的城市化率为 20%，到 1950 年基本完成城市化，历时约 200 年；第二次浪潮是以美国为代表的北美洲的城市化，1860 年美国的城市化率为 20%，1950 年达到 71%；第三次浪潮发生在拉美及其他发展中国家，南美诸国在 1930 年的城市化率为 20%左右，到 2000 年也基本完成了城市化历程。

我国的城市化也经历了三次浪潮。与世界比较，我国城市化浪潮发生的时间更早，形成的规模更大。

第一次发生于春秋战国时期。周王室衰败，诸侯纷纷建立“我的地盘我做主”的“小国”，各自为政，大兴土木，开启了城市化运动的滥觞。一些城市的规模已经超大，在当时的世界上无出其右。据考证，面积在 6 平方公里之上的城市起码就有 15 座。搞得最好的是齐国首都临淄，面积达 19 平方公里，以苏秦对齐宣王的报告看有“七万户”，按平均每户 5 人计算，是一个拥有 35 万人口的超大型城市，而同一时期的西方，即使是在希腊城邦臻于极盛的伯里克利（约公元前 495—前 429 年）执政时期，雅典城的人口也才 15 万人，不到齐国首都的一半。根据学者的计算，整个春秋战国 35 个诸侯国建有城池 600 个，也有专家称有 800～900 个，春秋末期的人口总数为 3200 万人，而城市居民人数就多达 509 万人，城市化率达到了 15.9%。齐国有大小城池 81 座，以每城万户，每户五人计算，平均每城常住人口 5 万人，齐国城市化率已达到相当高的水平。

第二次发生于宋代。宋代是我国古代城市化发展的高峰期，南宋时期的城市化率达到了22%。当时，打破了唐代以来城坊制的旧格局，实行街巷制的新体制，并大力发展各类手工业、服务业、娱乐业、广告业，同时取消流传千年的宵禁，大兴夜市，而且，户籍制度也不像唐代那样严格（唐代户籍分为编户和非编户，编户称为良民，非编户称为贱民，贱民不得独立门户，须与良民共一个户口本），流动人口统称“浮客”，在城市居住一年即可落户，不少城市，浮客已多于主户。两宋时期，见于史载的市镇多达3600多个，其中一部分市镇，不论人口数量还是经济发达程度，都超过一般州县。北宋首都汴梁（今开封）和南宋首都临安（今杭州）的人口都超过100万，同时期的欧洲人简直无法想象这个数字。据罗兹曼的计算，一直到1500年前后，欧洲最大的4个城市是米兰、巴黎、威尼斯和那不勒斯，人口只有10万至15万。

第三次发生于改革开放以来。城市化率从1978年的17.9%到2014年的54.8%，赶上了世界的平均水平。特别是1998年以来，城市化发展速度呈井喷状态，年均增长近2个百分点。英国城市化水准从26%提高到70%用了90年时间，法国从25.5%提高到71.7%、美国从25.7%提高到75.2%，都用了120年。中国从1993年的28%提高到2013年的53%只用了20年时间，预计提高到70%也只需要40年时间。

改革开放以来，城镇化过程中农民向城市流动的40年中，也是改革的40年。从农村经营体制改革到城市经济体制改革，改革可以说是推动城镇化的最大动力之一。中国城镇化经历了三个阶段：

第一个阶段：农村改革开启城镇化大门（20世纪八九十年代）。改革开放前，通过严格的城乡户籍隔离制度，农民被束缚在土地上。“自由迁徙”受到严格限制，加上大量的城市知识青年下乡，出现了“逆城镇化”倾向。如果说30多年前的改革发端于农村，那么城镇化由停滞到快速发展的起点正是农村经营体制改革。随着家庭联产承包制度的实行，部分农民开始离开土地，虽然还得“自带干粮”进城，毕竟是迈出了城镇化的关键一步。与此同时，乡镇企业迅速发展，成为吸收农业剩余劳动力的重要力量，并带动了城镇的发展。这种背景下，政府提出了积极发展小城镇的基本战略。几乎与农村的改革同步，1980年《广东省经济特区条例》得到批准，深圳、珠海、汕头和厦门四个经济特区建立，成为改革开放后城镇化的前沿阵地。

随着东部沿海地区经济的快速发展，越来越多的农民从不发达地区进入发达地区，从农业部门转向非农业部门，从农村进入城市，演变成为持续至今、声势浩大的农民工进城潮。不过，由于当时改革刚刚起步，户籍制度、粮油供应制度、城市就业和社会福利制度的限制，都使得农村剩余劳动力大多数只能流入小城镇，城市的大门仍然没有完全打开。

这一阶段是中国内生型工业化和城镇化加速起步发展时期。小城镇经济为中国经济最为活跃的因素，随着内生型经济飞速发展，各地城镇化呈现相对有序发展状态，工业化与城镇化良性互动、同步发展，一些内生型企业不仅为所在小城镇提供城镇化原动力，而且小城镇与内生型企业相得益彰，小城镇因内生型企业而发展，内生型企业因小城镇良好的社会环境而壮大。

第二个阶段：经济体制改革推动城镇化（21 世纪初）。1992 年，邓小平南方谈话对社会主义市场经济体制的建立起到关键作用，党的十四大进一步明确提出要建立社会主义市场经济体制。随后至 90 年代中期的几年间，中国经济进入黄金发展期，涌进城镇的农民工规模急剧扩张，每年增加约 2000 万人。数以亿计的农民工成为“中国制造”的主力军，为中国经济创造了巨大“人口红利”。城镇化由此步入快速发展轨道，城镇化和工业化、现代化相互促进，城镇化率从 1990 年的 26.41％提升至 2000 年的 36.22％。有专家认为，20 世纪 90 年代的十年，经济体制改革带动了城镇化的进程，打造出“长三角”这样快速工业化、现代化、开放型的核心区域。虽然农民工为城市创造了巨大的财富，却遭遇地方政府和企业“要地不要人”“只要农民工的劳动力不要农民工的人”的困境。从 20 世纪 90 年代后半期到 21 世纪初，一系列以限制农民工流动为主的政策出台，为农民工进城设置门槛。当时农村劳动力向城市转移有各种费用，包括暂住费、流动人口管理费、计划生育管理费、城市增容费、劳动力调节费、外地务工经商人员管理服务费等，这些费用直到 2001 年才被有关部门宣布取消。

以大中城市为主的城镇化阶段。2001 年中国加入世界贸易组织后，进入了全方位开发开放阶段，中国城镇化重点转到了大中城市。一方面，大中城市通过各种开发区建设，获得了发展空间和行政资源，许多城市经由开发区发展为行政区，这使得城市空间越来越大；另一方面，土地招拍挂制度的实行，使得各级政府获得了在土地倒卖上的巨大收益，同时，土地级差地租的存在进一步推进了各级政府开发大中城市的积极性。由此，中国城镇化转到了以大中城市为核心的道路上来。

第三个阶段：改革新节点城镇化再出发（目前）。中国城镇化水平在过去40多年里大幅提升，但“重物轻人”的城镇化发展模式已经难以为继，中国经济也开始面临增长困局。城镇化和改革同时走到了新的路口。国务院总理李克强关于“改革”和“新型城镇化”的论述引人注目。李克强提出，把城镇化最大潜力和改革最大红利结合起来，形成叠加效应，中国经济就有长久持续的动力。未来10年，是中国转型发展具有历史性意义的关键时期。以人口城镇化为支撑，走向公平可持续，是中国现代化进程中二次转型与改革的战略目标。事实上，以人的城镇化为核心的新型城镇化，涉及一系列亟待突破的改革，包括土地制度改革、户籍制度改革、行政体制改革、财税体制改革等。其中，土地制度改革和户籍制度改革的呼声最为迫切，通过这两项改革，将进一步打破农村和城市、农民和市民之间的藩篱。

近年来，国务院同意建立由发展改革委牵头的经济体制改革工作部际联席会议制度，负责协调解决经济体制改革进程中的重大问题，研究论证重大改革方案等。在十八届三中全会之前成立这样一个联席会议制度，被看作是为了此后进一步改革作出准备。中国城镇化进入到以城市群为核心的城镇化阶段。小城镇建设已远离了孤立建设的发展时期，所以必须通过差异化定位谋求在城市群中的发展地位，避免走同质竞争发展的老路。

四、中国“三化同步”发展

农业现代化与工业化和城镇化相随同行、相互促进，这是各国现代化进程已经证明了的客观规律。因此，循求世界“三化同步”发展规律，科学判断中国“三化同步”发展是否同步，比较中国“三化”发展水平与世界先进国家存在的差距，借鉴和汲取经验教训，探讨中国“三化”发展的路径，对推进中国“三化同步”发展和实现经济现代化具有重要意义。

经济发展水平与“三化同步”发展的一般规律从世界发展历程看，经济发展水平影响着工业化、城镇化和农业现代化发展水平，从而决定着国家现代化进程。人均国内生产总值GDP（Gross Domestic Product）是判断一个国家或地区经济发展水平的最重要标准。从1960年以来，随着人均GDP的提高，世界大部分国家工产业结构和工业产值比重在发生变化；城镇化率不断提高；农业投入水平和农业生产效率也在不断提高，说明经济发展与三化之间有着密切的关系，存在一定的发展规律。人均GDP不但是衡量一个国家经济发展水平的重要指标，也是判断一个经济体工业化所处阶段最重要的标准。

一般而言，人均GDP水平与工业化程度呈正向关系，人均GDP水平越高，工业化程度就越高。美国经济学家H. 钱纳里根据人均GDP的增长情况，将经济发展划分为6个时期3个阶段，其中第二阶段是工业化阶段，工业化阶段被分为初期、中期和成熟期三个时期。按照发展经济学的理论，在人均GDP为400美元（以1970年价格）时，处在工业化初期，第一产业在国民收入中所占的比重持续下降，第二、三产业在国民收入中的份额持续上升；当人均GDP为1000美元时，工业化处于中期阶段，当人均GDP为2000美元时，工业产值比重上升到最高水平；随着经济的发展，当GDP为超过2000美元时，工业化处于后期阶段，第二产业在GDP中的份额也将逐渐下降，而以服务业为主的第三产业的地位将进一步提高，即在工业化后期，经济将开始步入“经济服务化”阶段。城市化是经济社会发展的必然趋势，是伴随工业化而产生的一种现象，城市化水平与经济发展进程紧密相关。城市化水平一般用城市人口占总人口的比例来衡量，当此比例在20%以下时，被认为是非城市化，当此比例超过50%时，被认为基本实现城市化，当此比例超过70%时，被称作高度城市化。

根据世界各国发展的历史经验，随着人均GDP水平的提高，产业结构和就业结构的发生变化，劳动力不断由第一产业向第二三产业转移，农村剩余劳动力逐渐向城市转移，非农就业比重逐渐提高，城市化进程不断加快。当人均GDP达到一定水平，城镇化进程大大加快，资金和人口快速向城镇集中，并呈加速趋势。当城市人口所占的比例超过70%以后，城市化才会趋于变慢或停止。

世界银行的研究表明，1980年人均国民生产总值GNP（Gross National Product）为260美元的低收入国家，城市化水平为17%；而人均GNP为1400美元的中等收入国家，城市化水平为45%；人均GNP为10320美元的高收入国家城市化水平为78%。农业现代化是世界农业发展的基本趋势。

农业现代化首先是在发达资本主义国家实行的。发达国家的经验证明，经济发展和工业化是农业现代化的前提，现代农业发展所需要的资金、技术、装备、农业劳动力转移都依赖二三产业发展和整个国民经济发展的支持。根据经典的发展经济学理论（如刘易斯提出二元经济结构理论等）和一些工业化国家发展的历程，在工业化初始阶段，农业支持工业、为工业提供积累是带有普遍性的趋向；但在工业化达到相当程度以后，工业反哺农业、城市支持农村，实现工业与农业、城市与农村协调发展，也是带有普遍性的趋向。日本在战前处于以农养工阶段，20 世纪 50 年代末 60 年代初开始转向工业反哺农业阶段。韩国在 20 世纪 60 年代中期以前还从农业部门抽取工业化资本，自 60 年代末开始转向保护农业。从欧美国家工业化进程和农村发展的过程来看，在工业化中期阶段，资本、技术、人才等现代生产要素加快投入农业和现代生产方式加快改造农业、推动传统农业加速向现代农业转变，进入工业反哺农业阶段。

经济发展规律和历史经验告诉我们：农业发展支撑工业化，工业化推动城镇化，城镇化带动农业现代化，而农业现代化又有效解决工业化和城镇化进程中带来的一系列问题。“三化”之间存在着密切的联系，如果“三化”能够同步或协调发展，经济发展就能顺利完成现代化进程，继续向前发展；反之，则会造成经济发展失衡，出现农业衰退、农村凋敝，城市人口过度膨胀，工业化难以为继等问题，阻碍现代化的顺利发展，影响现代化进程速度，甚至导致经济倒退、社会动乱。

纵观世界各国发展历程，在同一时期各国发展阶段不同，“三化”发展水平也不一致。长期以来，经济学家对一国或一个地区的发展历程做了大量的经验性研究，并形成了在不同发展阶段的工业化、城镇化和农业现代化的衡量的若干标准。但目前，关于“三化”同步的标准却很少，不过各国发展“三化”

实践方面，既有不少成功的经验，也有很多失败的教训。如美国在 1890 年即已处于工业化中期阶段，到 1930 年左右，美国工业产能急速扩张，而农业发展相对滞后，农村日益凋敝，农民愈加贫困，这就造成社会生产大循环难以顺利进行。当时罗斯福推行新政时就强调要通过政策的调整和财政补贴来重视发展农业，将工业化、城镇化和农业发展有机结合起来，有效地化解了社会矛盾，形成了三者协调推进的发展局面，并于 20 世纪 50 年代中期进入后工业化社会。日本和韩国在经济起飞时期，在工业化城镇化快速推进的阶段，也积极采取措施，努力改变农业发展相对滞后的局面，像日本着力提高农民的组织化程度和农业的科技含量，韩国则大力推进“新村运动”，日本与 20 世纪 60 年代末期完成工业化，韩国则于 1995 年进入工业化发达期。而一些拉美国家如巴西等国则没有处理好城乡、工农间的关系，过度城市化，农业发展滞后，造成了严重的社会问题，经济发展也一度陷入停滞，目前仍处在工业化中期。

通过对美、英、日三国城镇化路径的解析以及经验总结发现：英国是城镇化发展最早的国家，日本城镇化最著名的经验是以非大都市圈为主，日本 2011 年城镇化率达到 91.3%，居于世界前列（见表 2—1、表 2—2）。

表 2—1　美、英、日、中四国城镇化历程比较分析表

	美国	英国		日本	中国
城镇化何时开始	19 世纪初	16 世纪（最早）		19 世纪中后期	1949 年
城镇化率何时达到 50%	20 世纪 20 年代	19 世纪中期		20 世纪 50 年代	2011 年
历时年数	约 110 年	350 余年	70—80 年	60 余年	
城镇化率何时达到 70%	20 世纪 90 年代	19 世纪末	20 世纪 60 年代末期	—	
历时年数	180 年	约 400 年	约 100 年	—	

表 2—2　美、英、日三国城镇化经验总结对比表

	经验一	经验二	经验三	经验四	经验五
美国	重视小城镇发展	大中小城市交通便利	小城镇基础设施完善	重视教育和人才培养	城市功能定位显著
英国	发展乡村工业	重视法律规范作用	认识农业重要性	社会保障体系完善	—
日本	大都市圈为主，大中城市与中小城镇共同发展	注重农业与城镇化的同步协调发展	法律规范作用	政府引导支持作用	注重高新技术的发展与引进

基于以上分析，我们选择发达国家和日、韩这些已经完成现代化国家的“三化”指标作为“三化同步”的标准，发达国家大多数在 20 世纪早

期就实现了现代化，日、韩为后发展起来的现代化国家，且资源禀赋、文化等方面与中国有较多相似的地方，这些国家走过的工业化道路，值得中国比较、借鉴和参考。而新兴国家则是包括中国在内的正在步入工业化的国家，在经济发展水平等方面与中国有很多共性，也应该参照和对比，但不能作为“三化”同步标准。总之，中国城镇化发展缓慢影响经济协调发展和工业化进程速度。中国农业现代化落后与发达国家和日韩等国形成了差距。

五、传统城镇化发展中存在的问题

我国当前城镇化存在人口构成质量不高、资源承载力低、各地发展不均衡、过于依赖土地支持、忽略农民权益保障五个问题：

（1）人口构成质量不高，缺乏规划。从人口构成上看，统计的城镇人口中有许多属于农业户籍，缺乏与城镇居民同等社会权益。在建设和发展的规划上，缺乏系统性、延续性和科学性，导致雷同建设、不合理规划，城镇建设缺乏特色。由于缺乏因地制宜的专业性规划，城镇建设缺少地域特色和文化传承，出现“千城一面”的景象。如，我国西部的少数民族聚居地区，许多街道都开设千篇一律的铺面，商店小铺中经营商品种类、经营方式雷同。一些地区将城镇化简单理解为“让农民上楼”，在建设中大量拆除民族村落和古建筑，大建楼房，导致很多传承了千百年的地方特色景观和民俗文化风貌荡然无存。

城镇规划和建设不科学。小城镇由于土地使用成本较低，而旧城改造的费用较高，许多城镇建设就选择外延发展。新开发一块面积较大的新城区，忽视内涵挖潜，既导致土地的极大浪费，又无法将新旧城区有机结合起来，形成割裂、突兀的布局。

产业结构雷同。许多小城镇盲目模仿大城市的产业布局，在技术条件、人才素质、交通条件等方面却没有相应的配套支持，导致产业结构雷同、特色产业不明显、主导产业不突出，不具备长远发展的基础，迫切需要对产业结构进行重新规划和调整。

（2）追逐 GDP 的城镇化和工业化，资源承载力低。从资源承载力上看，城市能源资源缺乏，与经济、人口等不相适应。追逐 GDP 的城镇化和工业化，严重破坏生态环境，加大社会发展成本。以 GDP 为纲加上公共服务设施的不足，严重破坏生态环境。发达国家在近100多年中陆续出现的环境问题，我国在30多年的城镇化过程中就一并爆发出来。其中，大气污染、水污染（包括地上地下）、固体废弃物排放和噪音污染是主要污染源。以耕地所遭受的污染为例，据《粮食安全——世纪挑战与应对》中披露，截至2013年，我国受污染的耕地约有1.5亿亩，占总耕地面积的8.3%。环保部披露，国土面积超30%遭受侵蚀，现已达到2.95亿公顷。同样不容乐观的还有全国土壤污染总体状况：局部地区的土壤存在恶化趋势，耕地环境质量堪忧，遭受重度污染耕地已占1.1%。这些污染已对居民健康、食品安全带来严重问题，严重加大了社会成本。

（3）发展不均衡。从发展程度看，城镇化发展不均衡：大城市过度发展，中小城市吸纳力不足，小城镇发展盲目。片面地强调市场化主导，导致区域发展、产业布局极度不均衡。区域发展不均衡。城乡分割的体制和客观上地理环境的多样化，导致我国城乡和区域的发展不均衡。由于经济发展水平差异的影响，城镇的数量和规模在不同区域间也显现出明显的差异。截至2014年，我国共有20401个建制镇，主要分布在长三角、珠三角等东部沿海地区，西部地区城镇数量不足1/3，而人口达到10万以上的建制镇数量更是少之又少。西部地区与东部地区的城镇不仅在用地规模和人口规模上存在差异，在经济发展水平和产业结构上也极为不同。总体而言，欠发达地区的城镇，产业基础薄弱、经济结构单一，乡镇企业和第三产业不发达。

城镇规模结构不合理。我国城市化进程中，经济资源、政治资源和公共资源的过度集中，导致部分特大城市的发展过度膨胀，已出现严重的交通堵塞、住房拥挤、环境污染、水资源不足、人口过多等“大城市病”，使居民的生存压力加大、生活成本高企，人民幸福感下降。相比之下，小城镇的规模普遍偏小，发展空间和辐射区域不足，导致经济社会繁荣度较低，地方政府财力不足，基础设施和公共服务供给不足，对企业和人员的入驻缺乏吸引力，经济发展缺乏有效支撑。

产业布局不合理。目前，我国许多城镇产业布局不合理，过多依赖低端产业，资源利用率低，创新能力不足。特别是小城镇受地理环境和政策因素制约，第三产业主要集中在一些传统低水平的服务业上，如交通、餐饮、零售业，第二产业也多为初级加工产品，生产和经营的现代化程度不高，市场开拓和创新能力薄弱，且多具有高污染、高耗能的缺陷。部分行业如钢铁、水泥等由于过去一段时期的迅猛发展，已处在产能过剩状态，不仅发展空间严重不足，而且对资源环境造成了严重的破坏。

（4）过于依赖土地支持。从城镇化重心工作来看，许多地方干部对城镇化的理解出现偏差，以土地为取向，过于依赖土地支持。过度依赖土地城镇化，导致社会问题日益突出。人的城镇化不足。2015 年，我国城镇化率已达到 56.1%，然而户籍人口城镇化率仅为 39.9%，土地的城镇化快于产业的城镇化，由此引发了城镇就业、公共服务等方面的问题。由于城市的生活成本较高，限制了农民进城的期待。特别是由于地方财政有限、企业与个人收入较低等原因，小城镇居民所能够享受到的社会远不及大城市居民。因此，许多已入镇就业的劳动者想成为城镇居民的意愿不高。

（5）土地利用制度的不合理。现行的农村土地制度已越来越不适应城乡要素流动的需要，进城农民的农村承包地和宅基地的流转存在很大困难。与此同时，以“土地财政”“土地金融”为代表，扭曲工业、商、住用地的相对价格和城市土地利用结构而进行的。我国工业用地所占比重在 40%左右，而发展中国家工业用地一般只占新增用地 10%～15%，50%左右的新增建设用地用于居住。地方政府以廉价工业用地吸引企业，通过限量和抬高商业和住宅用地获取高额垄断收益。同时，农村土地闲置状况比较严重，农地质量下降，建设用地不足，土地使用效率十分低下。

（6）忽略农民权益保障。从城镇化对象来看，忽略了农民生活水平的提高和其他公共服务的保障，补偿标准过低，利益被弱化。

第二节　特色小镇是中国特色城镇道路的重要元素

21 世纪以来，我国进入战略调整的频繁阶段，数十年改革开放所累积的问题及国际社会的众多不确定性因素决定了我国城镇建设将长期处于“发展与转型并存”的状态。从 1999 年的以人为本理念、2002 年的小康与城乡统筹、2003 年的科学发展观、2004 年的和谐社会、2005 年的新农村建设、2006 年的农业多功能，到 2007 年的生态文明建设、2008 年的强调宏观调控和 2009 年的包容与可持续发展，中国 21 世纪战略体系得到不断优化与完善，成为新型城镇化的重要时代背景。

新型城镇化新在何处？笔者认为其主要新在城镇意识形态、空间拓展方式、人口规模化模式和产业发展路径四个方面。所谓新型城镇化，应是以民生、可持续发展和质量为内涵，通过区域统筹与协调一体、产业升级与低碳转型、生态文明和集约高效、制度改革和体制创新来实现平等城镇化、幸福城镇化、转型城镇化、绿色城镇化、健康城镇化和集约城镇化目标的新过程。新型城镇化战略调整涉及制度、经济、社会与空间领域，笔者将制度领域摆在首位是要提醒广大城乡规划学者，新型城镇化并不等同于新一轮的城乡建设开发，也不是国家单方面的宏观调整手段。

“城镇化”体现中国特色；城镇化是当今世界上规模最大的农村劳动力转移；推动中国城镇化要依靠两种力量：市场和政府；中国的城镇化要走以人为本的城市化道路；中国的城镇化要走资源节约型的城市化道路。

一、中国城镇化道路的变局

不管何种形式的城镇化道路，都需要解决三大问题：一是钱从哪里来问题。农民进入城镇，要有住房，要配套水、电、气、道路、排污等基础设施，还要享受教育、医疗、养老等基本公共服务和福利，因此，城镇化需要拿出巨额资金，不可能完全依靠政府财政来推动；二是人往哪里去问题。农民进入城镇后，必须要靠就业、创业来获得长期稳定的收入，中小企业和个体工商户将是解决城镇化后农民就业、创业的最重要途径；三是城镇化能否持续问题。主要包括城镇发展是否有稳定的产业基础，持续推动经济增长和提升农民容纳能力。是否能在城镇化中避免物质资源过度消耗和污染物排放大量增长，给城镇化带来的资源和环境压力。是否能真正以人为本，提高社会和谐程度和新城镇人口生活满意度。城镇化三大问题的存在意味着以大中城市为主的城镇化，终究属于土地型城镇化内容，不具有可复制和可持续发展特性。土地型城镇化道路是不可持续的，而以工业化、信息化、城镇化、农业现代化同步发展的、以城市群为主的城镇化才是当前中国应选的道路。

在以城市群为主的城镇化过程中，小城镇发展具有降低全社会城镇化成本、统筹城乡发展功能、实现“四化”（工业化、信息化、城镇化、农业现代化）同步发展功能。特色小镇既是城镇化过程中小城镇发展的一种类型，又属于城市群的一个重要组成部分。特色小镇只有纳入整个以城市群为主的城镇化体系，才能精准定位，找到差异化发展道路。

在国家的政策引导下，特色小镇的建设热潮在各个省市迅速高涨，纷纷出台了一系列有关特色小镇建设的发展政策，从发展目标、建设要求以及保障措施等方面提出了具体的指导意见，见表2—3。

表2—3 2015—2017年部分省市特色小镇建设相关政策

地区	时间	政策	主要内容
浙江	2015年4月	《浙江省人民政府关于加快特色小镇规划建设的指导意见》	重点培育和规划建设100个左右的特色小镇
贵州	2013年	《贵州省关于加快100个示范小城镇改革发展的十条意见》	打造100个特色小镇的升级版，并充分发挥其示范作用，带动全省1000多个小城镇的快速发展
北京	2016年7月	《北京市“十三五”时期城乡一体化发展规划》	以北京市的42个重点小城镇为建设基础，统筹规划建设一批具有功能性特色小城镇
上海	2016年6月	《关于金山区加快特色小镇建设的实施意见》	打造一批具有鲜明产业特色、浓厚人文气息、优美生态环境，同时兼备旅游与社区功能的特色小镇
广东	2016年5月	《关于加快特色小镇规划建设的实施意见》	创建30个市级特色小镇
河南	2015年8月	《河南省重点镇建设示范工程实施方案》	在全省选择68个建制镇作为特色小镇建设的第一批重点示范镇
江苏	2017年2月	《省政府关于培育创建江苏特色小镇的指导意见》	通过3—5年的努力，在全省范围内建设100个左右的“特色小镇”
山东	2016年9月	《山东省创建特色小镇实施方案》	到2020年，在全省建设100个左右的特色小镇
陕西	2016年	《关于进一步推进全省重点示范镇文化旅游名镇（街区）建设的通知》	为加快陕西省重点示范镇、文化旅游名镇的建设提供政策、资金和土地的支持
福建	2016年6月	《福建省人民政府关于开展特色小镇规划建设的指导意见》	为福建省特色小镇的建设提出了总体要求和指导意见，并为资金和人才等方面提供政策支持

续表

地区	时间	政策	主要内容
四川	2013 年	“百镇建设行动”	每年选取 100 个小城镇进行重点培养，打造特色小镇
甘肃	2016 年 12 月	《关于推进特色小镇建设的指导意见》	在三年内着力建设好 18 个特色小镇，并为其提供财政和金融方面的政策支持
辽宁	2016 年 8 月	《辽宁省人民政府关于推进特色乡镇建设的指导意见》	在“十三五”期间建设 50 个左右的特色小镇
湖南	2016 年 11 月	《湖南省住房和城乡建设事业第十三个五年规划纲要》	在“十三五”期间，培育 100 个左右的特色小镇
江西	2016 年 12 月	《江西省特色小镇建设工作方案》	争取在 2020 年之前，在全省范围内分两批培育 60 个左右的特色小镇
湖北	2017 年 1 月	《关于加快特色小（城）镇规划建设的指导意见》	在 3—5 年内，在全省范围内建设 50 个左右的国家和省级特色小镇
海南	2017 年 6 月	《海南省特色产业小镇建设三年行动计划》	到 2019 年底，基本完成 100 个特色产业小镇的建设
重庆	2017 年 4 月	《重庆市人民政府办公厅关于推进特色小（城）镇环境综合整治的实施意见》	到 2020 年，建设 30 个左右的特色小镇
云南	2017 年 4 月	《云南省人民政府关于加快特色小镇发展的意见》	到 2019 年，在全省建设 20 个左右的国家级特色小镇，80 个左右的省级特色小镇，并在 25 个世居少数民族各建成一个以上特色小镇
天津	2016 年 8 月	《天津市特色小镇规划建设工作推动方案》	到 2020 年，在全市建设 10 个市级实力小镇、20 个市级特色小镇
内蒙古	2016 年 9 月	《内蒙古自治区人民政府办公厅关于特色小镇建设工作的指导意见》	每年选择 8～12 个示范镇，各旗县（市、区）选择 1 个以上示范镇，进行特色小镇建设，到 2020 年，各特色小镇基本实现高水平发展
宁夏	2017 年 5 月	《关于加快特色小镇建设的若干意见》	到 2017 年，培育 10 个省级特色小镇
广西	2016 年 10 月	《广西百镇建设示范工程实施方案》	到 2020 年，培育 100 个特色小镇

从表2—3政策文件中可以看出，中国的大部分省份和直辖市地区都已经将发展特色小镇作为一项推动新型城镇化建设、助推供给侧改革以及促进经济转型升级的重要手段，而且还有大部分地区将特色小镇的建设纳入其“十三五”规划的任务中，不仅在政策文件中详细阐明了特色小镇建设目标，更是从创建标准、创建内容、创建程序、政策措施以及组织领导等方面提出了特色小镇全方位发展的指导意见，而从各个省份的横向对比可以看出：在建设目标方面，由于各地区的基础条件以及建设经验的参差不齐，因此各地区的特色小镇的培养数量会有所差别；在创建标准上，都是以特色定位、产业兴城、产城融合、宜居宜游、规模聚集、机制创新等为基本要求；在创建的内容方面，由于各地区资源禀赋的不同以及经济水平的差异，因此各地区鼓励发展的类型、布局的规划以及投资运营等方面都有所不同；在创建程序上，基本流程都是“申报—审核—评估—验收—命名”，各地区相差不大；在政策措施方面，各省市基本是从建设用地、财政、金融以及人才这几方面为其特色小镇的建设提供政策支持；在组织领导方面，从各地区制定的政策来看，基本要求为建立协调机制、推进责任落实、加强动态监测、实施重点扶持以及优化发展环境等。

总体来看，我国特色小镇建设的政策支持力度正不断加强，特色小镇建设持续升温。

二、城镇化的多元化发展

新型城镇化战略调整的制度领域，政府定位从领导集权向服务分权转变。战略调整下，新型城镇化制度领域的首要转变即政府的再定位。传统意义上，地方政府是推进城镇化的绝对主导力量，其在行政管理、决策审批、规划编制等诸多方面集中权力，一定程度上侵犯了基层单位的决策与知情权。新时期，政府定位向服务型、引导型转变成为必然诉求，社会也期待通过适度分权促进“权力在阳光下运行”。

改革模式从边缘窥探向核心切入。进入新时期，新型城镇化将从“被动擦边”模式向“主动出击”模式转变。这意味着制度改革正式进入“深水区”。制度模式是新型城镇化战略的核心与基础，改革创新过程中不可否认地将遇到与既得利益集团的矛盾甚至冲突，但其民生、可持续发展和质量诉求已决定新型城镇化必须走一条制度改革与体制创新之路。

实施层次从局部试点向全面创新。过渡新型城镇化是城乡规划学界早已熟识的概念，但长期以来，受到顶层设计不足、地区发展水平差距、城乡发展阶段等因素的影响，一直处于“局部试点”阶段。党的十八大之后，新型城镇化开始涉入经济社会发展的各个层面，实施层次也正由点向面推进。

农村城镇化类型多样，新型城镇化难以用统一的策略归纳概括。20 世纪八九十年代，出现在我国苏南、江浙、顺德等地区的农村城市化过程说明未来我国农村落后地区仍然存在多元并存的可能。需要加以警惕的是，农村的特色化经营和规模集中必须具有明确的动力来源和充分的市场基础，否则“处处特色”终将演化成“村村同质”。

“十三五”规划纲要提出，加快新型城镇化步伐，提高社会主义新农村建设水平，努力缩小城乡发展差距，推进城乡发展一体化。加快发展中小城市和特色镇。“因地制宜发展特色鲜明、产城融合、充满魅力的小城镇”。

2017 年“中央一号文件”《关于深入推进农业供给侧结构性改革、加快培育农业农村发展新动能的若干意见》提出，将大力培育宜居宜业特色村镇。围绕有基础、有特色、有潜力的产业，建设一批农业文化旅游“三位一体”、生产生活生态同步改善、一产二产三产深度融合的特色村镇。目前，特色小镇正受到越来越多的关注，并得到各个层面的重视。

2016 年 7 月，住建部、发改委、财政部联合发布《关于开展特色小镇培育工作的通知》，提出 2020 年前，将培育 1000 个各具特色、富有活力的特色小镇。同年 10 月，住建部公布了第一批特色小镇名单，进入这份名单的 127 个小镇由三部委共同认定。

2017 年 2 月，国家发改委和国开行联合发布了《关于开发性金融支持特色小（城）镇建设促进脱贫攻坚的意见》，强调发挥政府的主导和引导作用，充分利用开发性金融融资、融智优势，聚集各类资源，整合优势力量，激发市场主体活力，共同支持贫困地区特色小（城）镇建设。

“十三五”规划纲要明确提出，要发展特色县域经济，加快培育中小城市和特色小城镇。经过地方实践和政策引导，特色小镇建设已成为现阶段新型城镇化建设中最为突出的载体和呈现模式，是新一轮城镇化的“综合实验区”。特色小镇对于转换发展模式，推进新型城镇化和社会主义新农村建设、破解城乡二元结构、实现城乡一体化发展，具有重大意义。

特色小镇并不是过去那种行政意义上的城镇，特色小镇是产业转型升级的载体，主要是发展服务业和一部分先进制造业。特色小镇关键是要有特色。2016 年 2 月，《国务院关于深入推进新型城镇化建设的若干意见》发布，提出加快培育特色小城镇，发展具有特色优势的休闲旅游、商贸物流、信息产业、先进制造、民俗文化传承、科技教育等魅力小镇。随后发布的“十三五”规划，也明确提出加快发展中小城市和特色镇。

在特色小镇的发展模式方面，我国当前存在着三种主要的模式：第一，以企业为主体，政府发挥引导和服务作用。政府通过对特色小镇作出明确的发展规划，确定其产业定位、完成基础建设以及审批工作之后，再通过引进民营企业来完成特色小镇的建设；第二，政府和企业一起合作建设特色小镇，政府主要做好特色小镇的发展规划，然后联合企业一起培育小镇产业；第三，以政府为主体，建设特色小镇，然后根据市场需求及小镇产业定位进行招商引资，最终成立国资公司，来推动特色小镇的发展。随着我国特色小镇建设进程不断加深，不断涌现出新的类型，具体可以细分为十个类型（见表 2—4）。

表 2—4　特色小镇建设类型

类型	特点	建设原则	代表
历史文化型	具有清晰的历史脉络、特色鲜明的文化内涵	在小镇规划建设中尊重并延续历史传统	龙泉青瓷小镇、永年太极小镇、湖州丝绸小镇、平遥古城
城郊休闲型	小镇和城区两者相距不远、基础设施建设水平差距不大	充分依据城市群体的需求，以休闲度假为主	旧州美食小镇、临安颐养小镇、大路农耕文明小镇、丽水长寿小镇
新兴产业型	小镇所在区域经济发展水平较高、具备新兴产业基础	以科技和互联网等新兴产业为主，充分发挥集聚效应	西湖云栖小镇、余杭梦想小镇、秀洲智慧物流小镇、菁蓉创客小镇、太和电商小镇
特色产业型	小镇的产业具有新、奇、特的特点	小镇建设追求体量小、产业特而精	平阳宠物小镇、文港笔都工贸小镇、桐乡毛衫时尚小镇
交通区位型	小镇位于交通枢纽地区	旨在联动周边地区资源，对其进行合理配置	萧山空港小镇、博尚茶马古道小镇、千年敦煌月牙小镇

续表

类型	特点	建设原则	代表
资源禀赋型	具有突出的资源禀赋优势、市场前景较好	充分挖掘资源优势、培育特色产业	定海远洋渔业小镇、双阳梅花鹿小镇、仙居杨梅小镇
生态旅游型	具有良好的生态环境、产业绿色低碳可持续、宜居宜游	小镇建设以生态观光和健体休闲为主	武义温泉小镇、廊下田园小镇、联溪徒步小镇、仙居神仙氧吧小镇
高端制造型	小镇产业具有高、精、尖的特点	积极引入高素质人才突出“智造”	宁海智能汽车小镇、路桥沃尔沃小镇、新昌智能装备小镇
金融创新型	小镇位于区域经济发展迅速的核心区，具有广阔的市场和投融资空间	以科技金融为小镇发展的动力支撑	乌镇互联网小镇、房山基金小镇、万博基金小镇、富阳硅谷小镇
时尚创意型	小镇产业具有时尚、潮流的特点	紧抓文化建设、紧跟时尚潮流、促进产城融合	杨宋中影基地小镇、余杭艺尚小镇、兰亭书法文化创意小镇

2016年末我国常住人口城镇化率57.35%，按照世界城镇化发展规律，城镇化进入稳定状态，人口城镇化率要达到百分之七八十的水平。在以人为核心的城镇化进程中，特色小镇不仅仅是产业小镇，而是宜居又宜业的综合小镇。在实践中，每一个特色小镇，都坚持产业优先，围绕一个主导产业构建产业生态圈，坚持每一个产业小镇，都有一个特色产业。

改革开放40多年来，我国城镇化水平随着工业化的迅猛发展而大幅提高，2016年已达57.35%。迅速兴起的大大小小的城镇，在带动经济发展、促进生产要素集聚和推动产业升级等方面发挥了重要作用。但随着发展的不均衡，城乡二元结构矛盾越来越明显，同时“城市病”也开始蔓延。

2016年初，习近平总书记对深入推进新型城镇化建设作出重要指示强调，城镇化是现代化的必由之路。新型城镇化建设要坚持以创新、协调、绿色、开放、共享的发展理念为引领，以人的城镇化为核心，更加注重提高户籍人口城镇化率，更加注重城乡基本公共服务均等化，更加注重环境宜居和历史文脉传承，更加注重提升人民群众获得感和幸福感。要遵循科学规律，加强顶层设计，统筹推进相关配套改革，鼓励各地因地制宜、突出特色、大胆创新，积极引导社会资本参与，促进中国特色新型城镇化持续健康发展。

三、特色小镇是新时期中国特色城镇化道路的选择

当前，我国的城镇化发展进入后半程，经济发展也进入新常态。城镇化很难按照原有速度持续扩大市场规模，工业化也很难延续简单的规模扩张路径，旧的发展共识终结成为横亘在中国面前的巨大挑战。在这个关键时间点上，特色小镇的热潮实际上启示我们：一种新常态下的发展共识正在浮现——城镇化的结构与质量提升能够创造出与速度同样的增长预期，以科技和创意所驱动的产业转型升级能够带来更大规模的经济回报。因此，特色小镇并不能被简单地看作产业发展之举或城镇体系格局变化，而是关系到中国发展如何延续的重要探索和创新。这也是各地政府和众多资本方对之热衷的根源。

1. 新的城镇化模式

早在20世纪80年代，我国就提出了以小城镇为主体的城镇化战略构想。虽然产生了一批基于“一镇一品”的工业强镇，但普遍而言小城镇缺少发展动力，30多年的城镇化历程已经形成了以大城市为主要载体的特征。与“小城镇、大战略”相比，特色小镇具有鲜明的差异性，并可以总结为一种新的城镇化模式。

新的城镇化模式强调城乡要素之间的双向流动。我们看到，特色小镇普遍将吸引城市中的优质生产要素、高技能人才作为发展的核心。如杭州的梦想小镇、云栖小镇等一大批特色小镇已经成为高端人才和新经济的发展高地。这与传统城镇化思路将小城镇视为人口流动的拦水坝、蓄水池，以吸引乡村人口从事简单劳动，将城镇发展的优势建立于低成本的基础之上形成截然反差。当乡村人口进入城市学习新的技能和在复杂社会中生存的技巧，城市人口进入乡村并用资金、信息、技术、组织、市场等要素重塑乡村的发展机遇，我们将迎来一个真正城乡一体化——城乡文明的一体化。

新的城镇化模式强调全球城镇网络结构的定位。今天，虚拟空间逐步消除地理差异，任何一个城镇都有可能通过特色优势将其影响力输出到全世界。传统的城镇化模式下，大多数城镇通常被作为所在辖区的公共服务中心来建设，很少强调小城镇的大角色。与之相异，几乎每一个特色小镇都试图在专门领域获取绝对优势以占领更加广阔的市场空间。

新的城镇化模式强调对机会的主动掌握能力。从现有的特色小镇发展策略可以发现两种路径设计：一种是自身已具有鲜明的产业优势或资源优势，试图通过主动引入产业链的高端部分提升自我价值；另一种则是借助策划和招商网络目标明确地将某类产业资源强力植入当地，玉皇山基金小镇、云栖小镇、美妆小镇等都属此类。虽然两者的特色来源有差异，但是城镇化过程中的主动性特征十分突出。

新的城镇化模式突出高品质的人居环境和城镇空间特色。无论哪个特色小镇都不再以低成本为卖点，而是尽可能做好城市设计，将自然特色和人文特色融入城镇建设，创造令人愉悦的城镇空间，以之作为吸引高素质人口到小镇工作、生活和旅游的核心。

2. 特色小镇的前景

精准化、精细化的规划和运营是特色小镇发展的核心，也是新城镇化模式的重要特点。赋予小镇以特色定位意味着需要对符合这一定位的高端要素展开区域竞争，意味着选定一定空间距离作为市场范围，那么既有的区位关系、资源禀赋、运营能力是否与预期定位相匹配是决定成败的关键之所在。特色小镇的建设运营需要很高的操作技巧以聚合和盘活各类要素和资源。城镇物质空间建设相对容易，而高价值产业的植入、城镇氛围的营造、城镇归属感的形成都需要巨大的能力和耐心。

特色小镇的规划和建设应当尽可能融入城市网络集群以增强竞争力。今天的城市竞争越来越体现为城市集群之间的竞争，城市区域中的每个特色小镇都可能承担着重要的全球性或区域性角色，成为某一类市场的控制中心，某一类服务的供给中心。长三角、珠三角等城市区域有了大量的特色小镇支持，将会产生更大的竞争力。

如果说特色小镇探索的第一阶段是强调单个城镇点上的创新，那么第二阶段将可能是群体创新，彼此邻近的小镇之间可以借助各种有形或无形的关联网络塑造出特色小镇集群。例如在昆山，我们观察到沿淀山湖的水乡古镇正试图通过休闲网络和产业之间的协同构建这样的集群。

科技、创意和情怀将是特色小镇最终形成的最重要驱动力，也是中国发展奇迹继续成功的关键要素。这些要素的吸引依赖一系列复杂的硬环境和软环境支持，我们既需要改革的魄力、服务的手段，又需要专业的团队运营。

特色小镇必须形成高品质的生活环境与高效率的创新环境的发展正循环。每一个特色小镇应当代表未来城市发展方向，代表中国城市的探索，每一个特色小镇都应当是智慧小镇、绿色小镇。

最后，特色小镇是中国新型城镇化道路的重要探索，但不是唯一的模式。对于不具备相关能力的诸多小城镇来说，要坚决避免盲目模仿抄袭，用好现代技术要素对经济地理格局的重塑稳步提升自身发展能力，立足自身范围做好应用的公共服务，实现与中心城区的有机协调将是更加务实的选择。

表 2—5　部分省市建设特色小镇目标及首批特色小镇数目

省市	目标	首批目标
北京市	在平原地区打造一批大学镇、总部镇、高端产业镇；在西北部山区乡镇打造一批健康养老镇、休闲度假镇；还将规划建设雪上运动小镇、世园小镇、环球影城小镇、新机场服务小镇、科技信息小镇等功能性特色小镇，计划建设 42 个特色小镇	3 个
河北省	通过 3 至 5 年的努力，培育建设 100 个产业特色鲜明、人文气息浓厚、生态环境优美、多功能叠加融合、体制机制灵活的特色小镇	4 个
四川省	近 3 年来大力实施“百镇建设行动”，每年遴选 100 个小城镇重点培育，已推出 300 个试点示范小镇	7 个
山东省	2012 年起实施“百镇建设示范行动”	7 个
浙江省	将在全省重点培育和规划建设 100 个左右产业特色鲜明、体制机制灵活、人文气息浓厚、生态环境优美、多种功能叠加的特色小镇	8 个
天津市	到 2020 年，将创建 10 个市级实力小镇、20 个市级特色小镇	2 个
江苏省	到 2020 年全省形成 100 个左右富有活力的重点中心镇和 100 个左右地域特色鲜明的特色镇	7 个
	到“十三五”末期，全省培育 50 个特色旅游小镇	
广东省	到 2020 年将建成约 100 个省级特色小镇	6 个
甘肃省	用 3 年时间重点建设 18 个特色小镇，特色小镇均要建设成为 3A 级以上旅游景区，其中旅游产业类特色小镇要按 5A 级旅游景区标准建设	3 个
福建省	通过 3 年到 5 年的培育创建，建成一批产业特色鲜明、体制机制灵活、人文气息浓厚、创业创新活力迸发、生态环境优美、多种功能融合的特色小镇	5 个
贵州省	建设 100 个示范小城镇，建设一批旅游小镇、白酒小镇、茶叶小镇等各具特色的小城镇	5 个

第三节　特色小镇是城镇化进程中的重要战略选择

习近平总书记在讲话中反复强调，“城镇化建设中，让城市融入大自然，让居民望得见山、看得见水、记得住乡愁。”李铁理事长对《中国经济周刊》记者表示，“我们的城市发展过多地注重现代化，但是真正给我们留下记忆的不见得是大城市的核心地区，可能这些小城镇、特色镇，具有更丰富的文化特性和历史传承。”三部委下发的通知指出，特色小镇四大本质特征是特色产业鲜明、人文气息浓厚、生态环境优美、兼具旅游与社区功能，核心要素是创新，涵盖产业创新、空间形态创新、体制机制创新。

李铁理事长表示，中国特色小镇的提出，实际上是对当前城市化发展路径提出了一种新的战略性选择。大城市发展过快，城市病特别严重，交通拥堵问题、房价问题、雾霾问题以及各种基础设施的供给问题，使得我们对大城市的管理有点力不从心。所以特色小镇的提出，是我们在这 40 年城市化道路总结中，寻求的一种新型城市化道路。

有专家表示，创建特色小镇，有利于破解经济结构转化和动能转换的难题，是当前中国供给侧结构性改革的一项有效尝试，有利于促进大、中、小城市的协调发展，是实现产业扶贫的有效路径，更是推进经济转型升级的重大战略选择。在世界城市化规律中，城市发展的过程中先有市场、工业，最后是第三产业在城市中替代了工业，工业开始远离城市，实体经济向城外走，出现了城乡一体化的进程。由于城市发展过快，成本过高，城市承载人口面临的压力太重，特别是房价上涨趋势越来越明显，实体经济需要寻求成本洼地，寻求一种新的集聚效应。

由于城市成本过高，会使大量的创业人口流动到周边相对成本低的地方去寻求发展机会，因此成本洼地是产业聚集的一个非常重要的因素。“全世界的新兴产业的发展，在近几十年也不一定都是在特大城市中出现的，比如微软是在小镇，硅谷也不在城市中心区，这些小镇在创业的时候成本低，是一个非常重要的因素，甚至是决定因素。所以创业选择成本洼地，是特色小镇形成的一个很重要的基础。”李铁和《中国经济周刊》记者如是说。

按照市场规律，发现和引导这些特色小镇发展，为实体经济注入新的活力，这是我们城镇化的一种新的未来和格局，所以特色小镇的提出在中国城镇化发展进程中，具有非常重要的战略意义。

第四节　特色小镇见证美丽中国

党的十八大首次将生态文明建设纳入中国特色社会主义事业五位一体总体布局中。十九大报告也指出，要加快生态文明体制改革，建设美丽中国。改革开放 40 多年来，中国由农村向城市转移的进程，是中国由一个贫穷落后的国家向全球性经济大国转变的过程，而城市化进程所衍生出的大城市病又在困扰着城市。如何应对中国的大城市病？英国社会学家霍华德曾经提出的关于“田园城市”的城市规划设想作为一剂“药”，正在全国各地被采用、被实践。这剂药，在中国的名字叫特色小镇。

环境就是民生，青山就是美丽，蓝天也是幸福。中国人对小康生活已经有了更多美好的期待，期盼有更好的教育、更稳定的工作、更满意的收入、更可靠的社会保障、更高水平的医疗卫生服务、更舒适的居住条件，还有更优美的环境。蓝天常在，青山常在，绿水常在，让孩子们都生活在良好的生态环境当中，这也是中国梦的重要内容。

在过去的五年来，中央新一轮退耕还林投资累计超过 363 亿元；全国新造人工林 4.47 亿亩，比 5 年前增长了 21.3%；中国人工林总面积已达 10.4 亿亩，位居全球之首。在国土空间分类管治的新理念中，中国制订了三条红线：生态功能的保障基线、环境质量的安全底线、自然资源的利用上线。山水林田湖草作为生命共同体，终于不再被人为割裂开来。打造特色小镇必须具备一定的客观条件，不是所有乡镇都能打造特色小镇，既然是特色小镇，那么需要小镇有一定的特色资源，通过对国内一些特色鲜明的小镇类型进行分析，总结归纳出以下 10 大类型：

1. 历史文化型

莲都古堰画乡小镇、越城黄酒小镇、龙泉青瓷小镇、湖州丝绸小镇、上虞围棋小镇、南浔善琏湖笔小镇、朱家尖禅意小镇、奉化布龙小镇、天台山和合小镇、古北水镇、平遥古城、茅台酿酒小镇、馆陶粮画小镇、石鼻古民居小镇、湘西边城小镇、三都赛马小镇、永年太极小镇、新兴禅意小镇。

龙泉青瓷小镇

总体格局为“一核心、三组团”。核心区位于上垟镇，地处浙闽边境龙泉市西部，距市区 36 公里，龙浦高速、53 省道穿境而过。山水资源优越、瓷土资源丰富、民间制瓷盛行，历百年不衰。

上垟作为现代龙泉青瓷发祥地，见证着现代龙泉青瓷发展的历史。走进上垟镇，深山小镇的瓷风古韵，从旧屋翻新的大街小巷里飘溢出来。

曾经的上垟国营瓷厂办公大楼、青瓷研究所、专家宿舍、工业厂房、大烟囱、龙窑、倒焰窑等至今仍在，成为不可复制的青瓷文化历史。

“中国青瓷小镇开发项目”正式签约，总投资 30 亿元。分三期投入建设，以上垟镇龙泉瓷厂旧址为核心，整合周边资源，深入挖掘龙泉青瓷文化内涵，建设成为开放式、生态化的人文景区。

青瓷文化园是青瓷小镇项目的核心，保留原国营龙泉瓷厂风貌，设置青瓷传统技艺展示厅、青瓷名家馆、青瓷手工坊等各种青瓷主题的休闲体验区，为不可复制的青瓷文化历史增加了新的休闲体验。

中国青瓷小镇初见成效，目前已吸引了 89 家青瓷企业、青瓷传统手工技艺作坊入驻，带动了当地 4000 多名农民就业创业。

依托小镇浓厚的青瓷文化底蕴和依山傍水的秀丽风景，城镇建设风生水起，一个世界青瓷技艺传承地、青瓷文化创意集散地、青瓷文化交流汇集地为一体的世界级青瓷小镇已初具规模。

打造历史文化型小镇，一是要小镇历史脉络清晰可循；二是小镇文化内涵重点突出、特色鲜明；三是要小镇的规划建设延续历史文脉，尊重历史与传统。

2. 城郊休闲型

安吉天使小镇、丽水长寿小镇、太湖健康蜜月小镇、黄岩智能模具小镇、永嘉玩具智造小镇、下城跨贸小镇、临安颐养小镇、瓯海生命健康小镇、琼海博鳌小镇、旧州美食小镇、花桥物流小镇、小汤山温泉小镇、大路农耕文明小镇、龙溪谷健康小镇、钟落潭健康小镇。

旧州美食小镇

安顺旧州古镇，集神奇的山水风光、厚重的历史沉淀、绚烂的民族民俗、独特的饮食文化于一身。借力安顺大屯堡旅游圈战略，多措并举打造古镇旅游新业态，就是当前旧州旅游面临的第三轮机遇，为赢得丰硕成果，旧州变革拉开大幕。

在推进大屯堡旅游发展中，旧州立足明代民俗文化资源和独特的美食文化，着力打造乡愁美食小镇。旧州镇怎么打造乡愁美食小镇？答案是“旧州赶场、赶五个场”，以五个布局规划旧州的风景和业态。

古镇老街民俗场，从小吃类、匠坊类、土产类、演艺类、宗祠类、创客类七大功能板块予以谋划，系统呈现民俗文化、屯堡美食。

金街特色美食场，推出军帐宴、屯家宴等一批精品宴席，打造旧州鸡辣子、糟辣肉片等一批特色菜肴；同时囊括安顺特色美食和贵州美食，实现“赶旧州乡场·逛贵州食堂”。

文星田园风光场，依托邢江河湿地公园，突出“坐着小火车去赶场”这一亮点，打造旧州屯堡闲生活、慢生活的田园风光场。

浪塘美丽乡村，着力完善农村基础设施和公共配套服务，同时，整合屯堡传统饮食文化资源，推出屯堡菜系，布局特色民宿客栈等业态。

传统农耕体验场，推出传统农耕体验项目，开发观花、摘果、采茶、识药等一批乡村业态，让游客亲自体验到传统农耕文明和休闲农业、农家生活的欢乐。

打造城郊休闲型小镇，一是要小镇与城市距离较近，位于都市旅游圈之内，距城市车程最好在 2 小时以内；二是小镇要根据城市人群的需求进行针对性的开发，以休闲度假为主；三是小镇的基础设施建设与城市差距较小。

3. 新兴产业型

余杭梦想小镇、西湖云栖小镇、临安云制造小镇、江干东方电商小镇、上虞 e 游小镇、德清地理信息小镇、余杭传感小镇、秀洲智慧物流小镇、天子岭静脉小镇、枫泾科创小镇、新塘电商小镇、太和电商小镇、黄埔知识小镇、朱村科教小镇、福山互联网农业小镇、菁蓉创客小镇。

西湖云栖小镇

云栖小镇建设以云计算为核心，大数据和智能硬件产业为主导产业的特色小镇。云栖小镇努力建设成为浙江特色小镇建设的示范镇、中国创业创新第一镇，探索出一条产业、文化、旅游、社区功能融合发展，体制机制灵活的新型城镇化建设之路。云栖小镇计划以云计算为科技核心，以阿里云计算为龙头，通过 3—5 年时间的努力，打造一个富于科技人文特色的中国首个云计算产业生态小镇。

打造新兴产业型小镇，一是小镇位于经济发展程度较高的区域；二是小镇以科技智能等新兴产业为主，科技和互联网产业尤其突出；三是小镇有一定的新兴产业基础的积累，产业园区集聚效应突出。

4. 特色产业型

大唐袜艺小镇、吴兴美妆小镇、嘉善巧克力甜蜜小镇、桐乡毛衫时尚小镇、玉环生态互联网家居小镇、平阳宠物小镇、安吉椅业小镇、温岭泵业智造小镇、东莞石龙小镇、信阳家居小镇、文港笔都工贸小镇、亭林巧克力小镇、吕巷水果小镇、王庆坨自行车小镇、秀全珠宝小镇。

平阳宠物小镇

平阳宠物小镇定位为国内知名宠物主题小镇，打造成为温州宠物用品研发制造基地、温州宠物主题文化时尚中心、南雁景区休闲旅游特色门户和北港片区新兴产城融合板块等四大功能。分为三大功能区：一是结合游客接待中心、宠物文化博物馆、产业研发与公共服务中心和宠物产业总部经济园的建设打造小镇的核心区；二是宠物用品产业核心制造基地，包括科创园、电商园、生产示范园，以及宠物用品小微创业园；三是以旅游和居住为主的综合服务性功能区块，包括宠物时尚主题乐园、特色旅游村、宠物用品商业街和综合商住区。

打造特色产业型小镇，一是要小镇产业特点以新奇特等产业为主；二是小镇规模不宜过大，应是小而美、小而精、小而特。

5. 交通区位型

建德航空小镇、萧山空港小镇、西湖紫金众创小镇、新昌万丰航空小镇、九龙山航空运动小镇、安吉航空小镇、宁海滨海航空小镇、北京新机场服务小镇、人和航空小镇、千年敦煌月牙小镇、深沪海丝风情小镇、博尚茶马古道小镇、秦栏边界小镇。

萧山空港小镇

萧山空港小镇在距离萧山主城区15公里、杭州主城区20公里的地方，已成为萧山发展“互联网+”的高地，仅今年上半年，便实现网上销售额21.57亿元。

依托航空特色，集聚电商物流巨头，抓住跨境电商发展机遇，在国家“一带一路”和“互联网+”背景下，积极打造萧山产业转型升级的新样本。

小镇规划 3.2 平方公里，地处杭州空港新城核心地带，形成“一心、双轴、四区”总体布局架构，三小时车程能覆盖长三角主要中心城市。

通过三年左右时间建设，建立空运、航运、铁路、公路等多式联运智能化物流网络体系，并积极向电子商务、物流装备制造延伸，打造浙江唯一、国内领先、有影响力的空港特色小镇。萧山空港小镇构建的以智慧云、智能链、智通关、智生态（4I）为核心的“智慧物流”体系，使其完成了从无到有、从小到大，半年线上交易额超 20 亿元的迅速发展。实现了自身的产业转型升级，让小镇成为萧山企业转型升级的重要平台。

打造交通区位型小镇，一是要小镇交通区位条件良好，属于重要的交通枢纽或者中转地区，交通便利；二是小镇产业建设应该能够联动周边城市资源，成为该区域的网络节点，实现资源合理有效的利用。

6. 资源禀赋型

青田石雕小镇、定海远洋渔业小镇、开化根缘小镇、西湖龙坞茶小镇、桐庐妙笔小镇、磐安江南药镇、庆元香菇小镇、仙居杨梅小镇、桐乡桑蚕小镇、泾阳茯茶小镇、双阳梅花鹿小镇、陇南橄榄小镇、怀柔板栗小镇、通霄飞牛小镇、金山麻竹小镇、宝应莲藕小镇、花都珠宝小镇。

定海远洋渔业小镇

重点打造集科研、生产、综合物流于一体的海洋健康食品、新型海洋保健品、远洋生物医药等海洋健康产业，采用“海洋健康产业+”的创新发展模式。

促进健康产业与新经济模式的充分“嫁接、契合、互融”，积极推动创意、文化、旅游、电子商务等新兴业态发展。构建形成多链条、高融合的新型产业生态圈，积极打造成为浙江富有浓郁海岛渔文化气息的远洋渔业特色小镇。远洋渔业小镇总体布局为“一核五区”，包括核心区（远洋渔都风情湾区，即小镇客厅），以及远洋健康产品加工区、健康产品物流区、生活配套区、健康休闲体验区和综合保障区。通过创建“远洋渔业小镇”，不仅有利于更高品质地打造舟山国家远洋渔业基地，成为浙江海洋经济发展新的增长点；有利于完善浙江省健康产业体系建设，成为浙江健康产业发展示范区与产业基地；有利于海岛文化传承和高端要素集聚，成为浙江舟山群岛新区的形象展示窗口；更是有利于优化浙江舟山群岛新区城乡空间格局，成为浙江“产城融合”的典范区。

定海远洋渔业小镇具有五个方面的发展优势：一是舟山远洋渔业全国领先，具备发展远洋健康食品产业的坚实基础。二是远洋渔业前景广阔，舟山拥有全国唯一的国家远洋渔业基地。三是岸线腹地资源极佳，定海西码头区域远洋渔业基地建设初步成型。四是百年渔港历史传承，定海西码头渔港人文底蕴深厚。五是各级领导高度重视，省市政府全力支持远洋渔业基地建设。

定海远洋渔业小镇未来将大力发展以“海洋健康食品和海洋生物医药研发制造”为主的海洋健康制造业，积极培育远洋渔业的总部服务经济和文化休闲经济功能。围绕“海洋健康制造”主题积极引进战略运营商，不断改善和塑造远洋渔业小镇的软硬件环境，建成“一港、一湾、一基地”的目标愿景。按照“三年初见成效”的总体安排，定海将坚持政府引导、企业主体、市场化运作的原则，进一步强化规划引导、产业培育和要素保障，加快和督促特色小镇项目推进。积极打造一个产业特色明显、地方文化独特、生态环境优美、“产、城、人”三位一体的省内唯一的远洋渔业健康产业小镇，使之成为长三角地区乃至全国海洋健康产业的新样板、新典范。

打造资源禀赋型小镇，一是要小镇资源优势突出，处于领先地位；二是小镇市场前景广阔，发展潜力巨大；三是对小镇的优势资源深入挖掘，充分体现小镇资源特色。

7. 生态旅游型

仙居神仙氧吧小镇、武义温泉小镇、宁海森林温泉小镇、乐清雁荡山月光小镇、临安红叶小镇、青田欧洲小镇、景宁畲乡小镇、杭州湾花田小镇、万宁水乡小镇、龙江碧野小镇、廊下田园小镇、莲麻乡情小镇、锦洞桃花小镇、联溪徒步小镇、丽江玫瑰小镇。

丽江玫瑰小镇

丽江九色玫瑰小镇是美丽中国“双百”玫瑰园区（乡村）工程率先启动的项目，由云南丽江玫瑰小镇旅游开发公司投资开发，打造一个集旅游观光、生物加工、健康养老等多业态为一体的玫瑰生态全产业链项目。该项目将结合村内9个民族主题文化元素，开发面积约3.6平方公里，分六个板块，规划用5年时间，投资约5亿元，集玫瑰种植、玫瑰产品研发生产、旅游观光、电子商务销售为一体。建成“玫瑰爱情主题小镇旅游生态圈”“玫瑰全产业链生态圈”“婚庆全产业链生态圈”“金融资本对接经济圈”“村域＋区域联动经济圈”。

整个项目预计到2019年实施，最终目标是将“九色玫瑰小镇”打造成5A级玫瑰生态景区。九色玫瑰小镇位于丽江市古城区七河镇金龙村。九色玫瑰小镇的名字起源于金龙村422户居民，一共包含了纳西族、白族等9个生活在这里的少数民族，所以用了9种不同的颜色表示，村民们为自家的房子挑选颜色，艺术感十足。

打造生态旅游型小镇，一是要小镇生态环境良好，宜居宜游；二是产业特点以绿色低碳为主，可持续性较强；三是小镇以生态观光、康体休闲为主。

8. 高端制造型

萧山机器人小镇、宁海智能汽车小镇、长兴新能源小镇、江北动力小镇、秀洲光伏小镇、海盐核电小镇、江山光谷小镇、新昌智能装备小镇、南浔智能电梯小镇、城阳动车小镇、中北汽车小镇、路桥沃尔沃小镇、窦店高端制造小镇、爱飞客航空小镇。

宁海智能汽车小镇

宁海智能汽车小镇循着产城融合理念，推进小镇基础设施、绿化景观、文化展示馆、智慧城市建设。这里以新能源汽车产业为核心，以智能化为特色，加快建设工业参观廊道、汽车主题公园、科技文化中心、特色街区以及慢行系统等功能区块，增强新能源汽车的辐射和集聚功能。智能化是小镇的最大特点。在小镇创建过程中，始终突出和融合“智能化”与“汽车”两大元素，实现“产品、生产、产品管理、商业模式、小镇建设管理”五大智能化。

在小镇的管理上，借助物联感知、“互联网＋”、移动互联网的技术提供整体智慧化应用服务，建成集基础设施物联、智慧安防、智能工地、智慧旅游、便民生活于一体的智慧小镇服务平台。预计到2017年，智能汽车小镇的新能源汽车产值将超过100亿元，到2020年可望达到300亿元，集聚中高级人才5000人，带动1万人就业，成为宁波产业转型发展的一道强光。

打造高端制造型小镇，一是要小镇产业以高精尖为主，并始终遵循产城融合理念；二是注重高级人才资源的引进，为小镇持续发展增加动力；

三是突出小镇的智能化建设。

9. 金融创新型

上城玉皇山南基金小镇、梅山海洋金融小镇、富阳硅谷小镇、义乌丝路金融小镇、西溪谷互联网金融小镇、拱墅运河财富小镇、乌镇互联网小镇、房山基金小镇、南海千灯湖小镇、万博基金小镇、花东绿色金融小镇、新塘基金小镇。

上城玉皇山南基金小镇

杭州玉皇山南基金小镇正式揭牌，一个类似于美国对冲基金天堂——格林威治的基金小镇，在国内诞生了。基金小镇凭借金融业列入首批浙江省特色小镇创建名单。

玉皇山南基金小镇位于杭州市上城区玉皇山南，地处西湖世界文化遗产保护带的南端。车水马龙地，玉皇山脚下；背倚八卦田，南宋建筑群。

这片南宋皇城根下的产业园，三面环山，一面临江，是千年皇城脚下的城中村，西湖边上的原住地。玉皇山南基金小镇核心区规划总占地面积 2.5 平方公里，总建筑面积约 30 万平方米。

以美国格林威治基金小镇为标杆，运用国际先进理念和运作模式，结合浙江省和杭州市的发展条件和区域特质所打造的集基金、文创和旅游三大功能为一体的特色小镇。

基金小镇用“微城市”的理念打造园区，加快建设生活配套服务平台，在玉皇山南集聚区内，公共食堂、商务宾馆、停车场、配套超市等正在加快建设，有的已投入使用。

基金小镇还将提供一系列特色配套服务。比如引进由省金融业发展促进会组建和管理的“浙江省金融家俱乐部”，将创办成立“浙江金融博物馆”，成立对冲基金研究院，为小镇入驻私募机构提供专业化服务。根据规划，一期的山南国际创意产业园已建成，入驻企业以文创、私募（对冲）基金为主；二期甘水巷、海月水景公园、鱼塘北地块正在建设中，主要集聚私募基金龙头型企业；三期三角地仓库区块和四期白塔片机务段区块，引进为基金小镇提供配套金融服务的私募中介机构、初创型机构等。一次设计将碎片化的基金小镇整合入微小镇生活圈，描绘着线上线下、工作生活紧密关联的小镇蓝图。

打造金融创新型小镇，一是要小镇经济发展迅速的核心区域，具备得天独厚的区位优势、人才优势、资源优势、政策优势、创新优势；二是小镇有一定的财富积累，市场广阔，投融资空间巨大；三是科技金融是此类小镇发展的强大动力和重要支撑。

10. 时尚创意型

余杭艺尚小镇、滨江创意小镇、西湖艺创小镇、江干丁兰智慧小镇、大江东巧客小镇、安吉影视小镇、兰亭书法文化创意小镇、乐清蝴蝶文创小镇、杨宋中影基地小镇、宋庄艺术小镇、张家楼油画小镇、狮岭时尚产业小镇、增江街 1978 文化创意小镇。

余杭艺尚小镇

艺尚小镇位于临平新城核心区，规划面积 3 平方公里。作为未来的城市副中心，规划区成为临平要素集聚、交汇的链接区块。其建设对整合临平的区域资源、梳理城市空间结构、优化城市服务功能、提升城市生活品质有着至关重要的作用。

艺尚小镇以时尚产业为主导，把推进国际化、体现文化特色与加强互联网应用相结合作为小镇主要定位特色。规划形成“一心两轴两街”的基本格局，“一心”为小镇的形象之心、交通之心、功能之心，“两轴”为沿望梅快速路及其延伸段形成的山水文化轴和沿迎宾路形成的产城融合轴，“两街”即中国·艺尚中心项目形成的时尚艺术步行街和调整后的汀兰路时尚文化步行街。

艺尚小镇产业规划由时尚设计发布集聚区、时尚教育培训集聚区、时尚产业拓展集聚区、时尚旅游休闲集聚区、跨境电子商务集聚区和金融商务集聚区六部分组成。艺尚小镇产业定位于设计与研发、销售展示、旅游休闲以及教育与培训等，引进品牌服装企业 80 家左右。中法青年时尚设计人才交流计划基地已落户艺尚小镇；中国服装协会、中国服装设计师协会、法国时尚学院、中法时尚合作委员会已签署入驻协议。美国纽约大学时尚学院、英国圣马丁艺术学院和意大利马兰欧尼时尚学院三大国际知名时尚学院正在积极引进中，七匹狼、太平鸟等 40 余家国内知名品牌已签订入驻协议。

打造时尚创意型小镇。一是小镇以时尚产业为主导，并与国际接轨，引领国际时尚潮流；二是小镇应该以文化为深度，以时尚为广度，实现产业的融合发展；三是小镇应该打造一个时尚产业的平台，促进国内与国际的互动交流。

实践表明，培育特色小镇已成为推动新型城镇化建设的重要抓手。随着我国经济转型升级，绿色生态理念深入人心，特色小镇担负起了缓解大城市病、因地制宜发展新型城镇化的历史使命。通过培育建设特色小镇，以特取胜、集约用地、生态优先、融合创新，塑造新型城镇化的新动力，开拓新型城镇化的新空间，探索新型城镇化的新模式。特色小镇成为实现包容性城镇化和全面建成小康社会的创新性探索。特色小镇建设对我国新型城镇化的重要影响。

作为农村人口就地市民化的重要载体，助力城镇化健康发展

当前我国正处在城镇化快速发展阶段，新型城镇化提出以人为本的核心内涵，强调绿色、协调、可持续发展，这与特色小镇的主导思想相一致。小城镇作为连接城市与农村的纽带，把城市的各种生产要素传递到农村，同时把农村的各种生产要素通过小城镇引到城市里面，从而起到引力中心和辐射带动的作用。特色小镇具有产业支撑和就业吸引力，落户条件和生活成本低，生态环境相对大城市更加适宜，通过探索功能特色小镇兼并、转隶和直接转变为建制镇的路径，可以加快农村人口就地市民化，提高人口城镇化率，对于大量农村富余人口进大城市起到很好的分流作用。

形成推进新型城镇化建设的新主体

从完善我国城镇体系结构自上而下来看，城市群是国家经济发展的核心区域和参与全球竞争的重要载体，《国家新型城镇化规划（2014—2020年）》中提出了把城市群作为推进新型城镇化的空间主体。而小城镇，因其数量庞大，未来担负着重要的集聚人口和社会稳定器的功能，可以作为推进国家新型城镇化自下而上的另外一个主体，从而达到新型城镇化政策设计“自上而下”与“自下而上”的有机结合。因此，大力培育一批特色小镇作为国家城镇化格局中的特色活力点，逐渐影响更多数量的小城镇发展，进而形成以城市群为区域尺度引领，大中小城市与小城镇协调发展的格局，这对于完善我国“金字塔”形城镇体系具有重要的意义。

促进城乡一体化发展，推动美丽乡村建设

实现城乡一体化发展，需要把工业和农业、城市和乡村作为一个系统整体进行统筹谋划。而特色小镇作为城乡间的纽带，有利于加快城乡基本公共服务均等化，在规划制定、产业联动、市场流通、劳动力就业、社会保障、基本公共服务等方面促进城乡一体化发展，构建城乡统筹新平台。通过挖掘一些有潜力、有特色的小镇，以特色产业的发展带动小镇经济的增长，使进入小城镇的居民平等享受各项基本权益和公共服务。同时，特色小镇有利于进一步推动美丽乡村建设，部分已经建设成熟且具有集聚效应的美丽乡村可以进一步申报建设为特色小镇。特色小镇既能与都市经济融为一体，又能带动农村农业的发展，是新型城乡经济和消费发展的纽带。因此，特色小镇建设是破解城乡二元结构的重要抓手，是统筹城乡发展、美丽乡村建设的突破口。

提高城镇居民的生活质量，形成生态宜居的生活

环境特色小镇从一开始培育便注重营造和谐宜居的环境与特色传统文化的传承，这与以往的城镇化老路完全不同。特色小镇建设将生产空间、生活空间、生态空间进行有机融合，严守生态、水资源、土地资源红线，打造宜居、宜业、宜游的外部环境；完善配套教育、医疗、科技、文化等基本公共服务设施，提高城镇居民的生活质量；挖掘传承历史文化遗存，并与特色产业相结合。从而在小城镇这一空间尺度上杜绝“千城一面”，探索出中国新型城镇化的新路径。

激活城镇化建设的市场活力，推动体制机制创新

特色小镇建设上采用“政府引导、企业主体、市场化运作”的机制，其根本立足点在于市场化运作，各种资源在市场中得到有效配置。具体模式可以是政府和社会资本合作的 PPP 模式或特许经营权等形式，将小镇的建设全面委托民营企业，由政府负责小镇的整体规划设计定位，企业开展小镇的建设招商运营。从而充分发挥市场的力量完成人口、土地与产业的城镇化过程。此外，特色小镇本身便是政策的创新。政府在其中主要扮演引导和管控的角色，并提供最基本的公共服务基础设施。因此城镇化进程中特色小镇的政府职能具有很大的创新空间，包括土地流转机制创新、人力资本引进机制创新、投融资机制创新、农村集体经济组织架构创新和管理服务思维创新等。这些创新一旦在首批特色小镇实验成功，可陆续在全国范围推广，有力推动在小城镇尺度上的城镇化进程。

因地制宜建设特色小城镇，形成区域特色的城镇化模式

我国幅员辽阔，区域差异显著，东中西部的城镇化处于不同发展阶段，特色小镇的建设可形成我国不同区域的、特色化的城镇化模式。特色小镇在东部沿海地区可依托于产业基础好、资金来源充裕、基础设施完善的乡镇，甚至依托于资源禀赋先富起来的部分乡村，形成云计算小镇、梦想小镇、基金小镇、电商小镇等；而在广大中西部内陆地区，发展阶段与发展禀赋均落后于东部地区，特色小镇大部分需要依托县域经济来发展，充分依托本地特色优势，发展生态旅游小镇、生态农业小镇、民族特色小镇、手工艺小镇等。相信随着“一带一路”倡议的深入推进，西部地区尤其是西北、西南地区是中国融入世界交通、能源体系的关键节点区域，城镇化发展空间格局会逐渐均衡。通过合理布局西部地区拥有政策优惠、资源丰富、产业鲜明等优势的特色小镇，有效促进人口集聚，加速城镇化进程，创新西部地区特色发展路径。总的来看，特色小镇发展模式、类型呈现多元化，对于突出特色小镇的文化、产业、定位等特色起到了积极作用，有助于更高质量地推进新型城镇化进程，带动地方经济进步。

第三章　国外特色小镇建设的经验与启示

国外诸多特色小镇产生和延续是经过数十年甚至上百年的积累和演变过程，并不是偶然的现象。这些特色小镇在当地都有很多有利条件，吸引着人才汇集，支撑着产业基础。国外特色小镇的成功，过程迥异而实质相通：卓越的自然生活环境，丰富的历史文化底蕴，产业支撑之下的产品创新等优势，保证了小镇能够吸引、留住产业和人才，从而促进当地经济发展，研究国外特色小镇发展的经验，对我国特色小镇建设具有重要的借鉴意义。

第一节　西方生态思想是建设“美丽乡村”和“特色小镇”的国际元素

以肯尼斯·博尔丁“宇宙飞船地球经济”思想、赫尔曼·戴利“稳态经济”理论和戴维·W. 皮尔斯“循环经济”模型为代表，成为我国发展循环经济的理论根基。“宇宙飞船地球经济”思想从经济学角度探索环境和经济协调发展问题，与现代经济遵循的“模糊的资源—生产—丢掉的垃圾”式的“牛仔经济”不同，主张建立“源头（资源）—生产—纳污”的经济模式；其敲响了生态经济的大门，开辟了将现代经济系统纳入生态系统的研究视角。“稳态经济”理论是对“宇宙飞船地球经济”思想的继承和发展，提出了经济系统应在自然环境系统条件限制下适度发展问题，倡导在尽可能保持存量不减少的情况下发展经济的思想。“循环经济模型”将生态系统与经济系统联系起来，形成一个具有内在循环关系的“生态—经济”大系统，在模型建构上提出两个原则，一是对人类经济活动中产生的垃圾要尽可能做到重新利用，对不能再利用的直接进入到生态环境的垃圾的处理，也要低于环境的自净能力；二是要尽可能减少对不可再生资源的利用。

1. 西方马克思主义的生态伦理思想

在如何处理人与自然的道德关系问题上，西方马克思主义通过对资本主义制度、技术理性、消费主义以及建立在疯狂消遣活动上的幸福观念四者的批判，阐述了很多有价值的思想，为我国的生态文明建设提供了有利的理论参考。西方马克思主义深刻的生态伦理思想从批判技术理性开始，提出要辩证地看待科学技术在处理人与自然关系中所起的作用。卢卡奇认为，首先，自然界的发展状况是由社会的发展状况所决定的，资本主义无节制的追求利益最大化的本质使人的劳动异化为机械化操作性的活动，导致人陷入被物所支配的异化状态，人的异化活动进而必将导致在人类活动影响下的自然产生异化，生态问题也就产生了。其次，资本主义制度的本质导致了理性异化为技术理性，而“人类中心主义”的传统哲学认为人正是凭借科学技术来征服自然，成为宇宙的主宰者。西方马克思主义认为，正是技术理性的盛行导致了人与自然关系的紧张。因此，在哲学世界观上，应该用辩证理性取代技术理性；在现实社会中，应该打破资本主义制度。

2. 马克思主义和生态社会主义的生态文明思想

生态学马克思主义与马克思主义联系紧密。其代表人物有美国学者詹姆斯·奥康纳和约翰·贝拉米·福斯特等人。生态学马克思主义在解决生态危机问题方面，将批判过度夸大技术作用和批判资本主义制度有机结合，通过建立生态伦理价值观，明确自然的主动性和人的活动限度，实现人与自然的统一发展。生态社会主义也称为生态马克思主义，提倡构建以维护生态平衡为基础的，自然与人和谐发展的社会发展模式，认为只有社会生产关系发生变革才能真正解决生态危机问题。在这种“人—自然—社会”和谐发展的绿色的社会发展模式下，人与自然和社会将全面和谐发展。

生态社会主义与生态学马克思主义都是对马克思主义生态观的继承发展，生态社会主义与生态学马克思主义区别在于分析生态危机产生的根源方面，生态学马克思主义不要求改变资本主义社会制度，只是对资本主义生产关系进行部分改良。生态社会主义直接要求改变资本主义生产关系。生态社会主义观点从另一层面再次证明了社会主义制度的优越性。

3. 从国家战略角度提出的生态文明思想——生态现代化

生态现代化理论产生于德国、荷兰、英国等少数几个西欧国家，其研究目标是如何在现代工业化社会环境下解决生态危机问题，是环境社会学的一个主要理论，体现了一种新的经济社会发展理念。代表人物是德国学者胡贝尔。胡贝尔认为可以通过发挥生态优势，实现环境保护和经济发展双赢，继而推进人类现代化进程。生态现代化建设，必须把生态建设看成是经济社会发展中的题中应有之义，必须走人类可持续发展之路，要求人类不能以牺牲环境换取暂时的经济社会发展。生态现代化理论认为保持经济社会发展需要全社会的参与，要求提升专家学者和非政府组织在生态环境政策制定中的作用，强调加强全民的生态文明道德观和环保意识，亟须提升全民的生态现代化意识和观念。生态现代化理论构建了政府、非政府组织、专家学者和全民共同作用的生态重建合作框架。

第二节　以发展小城镇为主的发达国家城镇化路径

一、美国的小城镇发展道路

美国发展小城镇使其实现了从人口聚集向分散的转型，缓解了城市病等问题，但由于过度分散也带来了一些负面影响。比如城市化面积肆意扩张，导致土地资源的粗放利用，效率低下，成本高昂，并引发了生态环境的破坏及贫富差距的拉大等。美国政府等开始意识到这一危害，强调集中利用土地，鼓励采用绿色环保的交通工具出行等措施。

美国城镇化历经 110 余年，相较于英国短，其城镇化主要经历了以下四个阶段。

城镇化的起步阶段（1810—1860 年），美国城镇化率从 7.3%增加至 19.8%，平均增长率为 2%。这一阶段经济发展主要依靠丰富的自然资源和外来移民的涌入，使得机器制造业发展迅猛，同时钢铁工业、交通航运等技术革新方面取得了较为突出的成就，推动了西部地区的发展。

城镇化快速发展阶段（1860—1920 年），到 1920 年美国城镇化率已超过 50%。19 世纪 60 年代联邦政府和北方工业资本主义在美国南北战争取得了最终胜利，在工业资本主义体制的良好背景下，美国石油等新兴工业迅速发展起来，并大力推动了城镇化发展。

美国高度城镇化阶段（1920—1960 年），这一阶段美国经历了工业化的迅速发展、经济危机、二战后五六十年代的后繁荣时期，此时尤其是西部和南部经济迅速发展起来，西部和南部与东部地区的经济差距逐渐缩小，城镇化也于 20 世纪五六十年代达到第二个高峰，城镇人口趋于饱和，农业人口下降到最低点。

城镇化缓慢发展阶段（1960 年至今）。随着城镇化在上一阶段达到较高水平，该阶段人口转移出现了逆城镇化现象，大量人口从大城市向中小城市和农村地区回流。随着 80 年代后全球化及信息化的发展，美国基础设施建设的逐步完善，城市边缘逐渐发展起来，因此城市郊区界线开始变得模糊。大城市周围的边缘城市开始增加，随着科学技术和信息科技的发展，逐步实现了中心城市、边缘城市以及新兴城市的同步发展，并逐步实现全球化。城镇化又出现了新一轮的较快发展，1996 年美国城镇化率增至 77.62%，目前美国的城镇化率已超过 80%。由此可以看出，美国城镇化其实是经历了一个“农业及外来人口转移—城市聚集—人口逆转回流—发展小城镇—实现城乡一体化”的过程。

美国城镇化经验，以 20 世纪 60 年代为界美国城镇化发展经历了从聚集型城镇化向分散型城镇化的转变，也就是从高度城镇化发展阶段向城镇化缓慢发展阶段转变（即第三阶段向第四阶段跨越）。20 世纪 60 年代以前，美国城市随着工业经济的发展与带动，实现了城市集聚。工业化早期，由于东北部地区是工业化最先开始的区域，人口也主要聚集于东北部地区，在工业经济和交通运输业的带动下，并在西部开发政策的推动下，大量人口开始从东北部地区向中西部地区转移，有效地从集中于东北部区域到现在分散于全国各地区，通过发展小城镇，完善小城镇基础设施和公共服务，有效分散了大城市人口，实现从聚集型城镇化向分散型城镇化转变对我国城镇化均衡协调发展具有重要启示作用。

小城镇是介于大中城市和农村之间发展起来的具有城市基本功能的行政单位，在发展中国家对吸引农村新转移人口及缓冲就业方面具有重要作用。在已经实现了高度城镇化和农业现代化的美国，小城镇化得到了持续性发展。其在美国城镇化发展历程中一直扮演着重要角色，特别是工业化后期出现郊区城镇化和逆城镇化以来，小城镇在城镇化发展过程中的作用更加显著。20 世纪 60 年代美国实施“示范城市”计划以来，小城镇在美国迅速发展起来。小城镇围绕大中城市周围发展，有效衔接了大中城市与农村之间的空白地带，且将各城市有效衔接起来，形成了较为密集的城市群带和错落有致的城镇体系。

美国小城镇得以发展成熟的原因主要有：（1）美国政府重视，在发展规划中给予小城镇重要地位。（2）美国交通发达，无论是航空还是陆上交通都四通八达，从小城镇到其他小城镇及大中城市均有高速公路连接，有的小城镇甚至还有机场。（3）小城镇其他基础设施和公共服务发达。通过完善的供水、供电、通信、供气及环卫等均等化的基础设施和公共服务有效分散了城市人口。（4）美国政府重视教育和人才培养。美国公立学校从小学到高中全部实行义务教育，学杂费全免，而且还经常免费发放学习用品。（5）美国的城市功能定位十分显著。比如华盛顿是以政治文化为核心的行政中心，绿化较好，广场较多，工业企业和商场较少。旧金山都市区以高新技术工业著称。

二、发展乡村工业带动的英国城镇化道路

英国城镇化较早，历时 350 余年，英国起初是通过强制性的圈地运动使农业人口向非农业人口转移实现城镇化，由于没有农业基础，英国城镇化进程较慢。直到 18 世纪，英国的工业革命使工业化和城镇化得到了良好性互动，成为了欧洲各国城镇化和城镇人口迅速增长的强大动力。英国城镇化进程主要经历了以下三个阶段。

英国 16 世纪开始海外掠夺，18 世纪中叶成为世界上最大的殖民抢夺国家（工业革命前），这一时期是英国城镇化的起步阶段，英国手工业和城镇化进程通过海外市场的不断开拓得以不断发展，至 1750 年城镇化率达 25％左右。

18 世纪下半叶至 19 世纪中叶是英国工业革命时期城镇化快速发展阶段，至 1851 年城镇化率达到 50.2％，成为世界上第一个高度城镇化的国家。19 世纪下半叶至今是英国高度城镇化阶段，19 世纪末英国城镇化率已经达到 70％，成为高度城镇化国家。之后城镇化进程明显放缓，现在英国城镇化率已经达到 90％，但是随着城镇化的不断发展，环境污染、交通拥堵等“城市病”不断出现，开始了城镇化的调整阶段。主要体现在率先推行城市郊区化，分散中心城市人口及经济社会功能，建立城乡要素结合的“田园城市”模式。发展乡村工业带动的英国城镇化经验总结英国城镇化主要得益于以下几个方面：

首先，乡村工业的发展。工业化是城镇化的重要支撑，英国在城镇化与工业化协调发展方面则是采取了离土不离乡的乡村工业发展模式。通过农业加工业依托乡村发展工业，促进农民就地转移同时也同步推进了国家工业化与城镇化协调发展。一方面推动了国家工业化的发展，加快了农村城镇化的进程，另一方面也有效地将农村转变为宜居的中小城镇，缓解了大城市的沉重压力。英国诸多城市在乡村工业的带动下迅速发展起来，如约克郡西南部“哈兰姆郡”制铁工业区带动下发展起来的谢菲尔德等。

其次，英国非常注重法律对城镇化发展的规范作用。早在 1866 年英国就通过了《环境卫生法》，为城市环境卫生的治理提供了法律规范。此后，英国制定了一系列与城镇化发展相关的法律规范，1909 年世界上第一部城市规划法——《住宅、城镇规划条例》在英国颁布以来，先后颁布 40 余部关于城市的法规。如 1947 年的《英国城镇和乡村规划法》和《综合发展地区开发规划法》，将城乡统筹发展作为城镇化发展的重要内容。截至当前，英国已经形成了包括中央、地区和地方各级政府规划制定管理体系。2004 年新修订的《城乡规划法》，将原来指导性的地区性规划上升为立法性规范，强化了地方政府在城镇发展中的作用，为政府宏观调控城镇发展起到了良好的法律支撑作用。

再次，较早认识到农业作为基础产业对城镇化及工业化的重要性。这一重要性的认识主要通过制定相关法律法规予以保障，1935 年，由伦敦郡通过了《绿带开发限制法案》，积极引导城市正确开发建设，不以破坏乡村环境为代价。1948 年《城乡规划法案》实施，对农业主体地位及农地控制具有严格规定，这一法案对农业的稳步发展及城乡统筹发展起到了保障作用。

最后，完善社会保障，促进新转移人口的生活城镇化。作为世界上第一个建立城市社会保障体系的国家，英国制定了一系列社会保障的宏观调控政策和公共政策，实施“福利国家制度”，对新转移居民的生活城镇化给予充分保障英国社会保障制度主要包括国民保险、国民医疗保障服务、社会救济及社会福利。

三、大都市圈为主、大中城市与中小城镇共同发展的日本城镇化经验

日本在工业化的强劲推动下城镇化得以顺利推进，因此其城镇化进程

与工业化进程基本一致。1945 年之前，日本工业化在经历了 19 纪中后期的初始工业化阶段之后，进入了一战到二战之间的快速发展与畸形发展同时兼具的阶段，加上二战时期国民经济遭受到重创，工业化发展有限。二战后到 20 世纪 80 年代中期，日本工业化迅速发展并最终完成。其中 1946—1955 年为工业经济的战后恢复时期，1956 年开始，日本经济进入高速增长阶段，工业化与城镇化都进入了快速发展时期。与此相对应，日本城镇化发展主要经历了以下三个阶段。

明治维新到二战结束是日本城镇化初始阶段。从 19 世纪后半叶开始，日本开始了明治维新，注重工业经济的发展，但工业化仍处于起步阶段，明治维新以前是一个以农业经济为主的国家，城镇化率不足 10%。加上二战时期国民经济遭受到重创，主要城市基础设施几乎都被毁坏，这一时期的城镇化发展缓慢，1945 年城镇化率仅为 28%。

1946 年至 20 世纪 70 年代末是日本城镇化快速发展阶段。这一阶段城镇化率以年均 1.5 个百分点的速度增长，至 1977 年达到 76%。战后日本经济进入了恢复和快速发展的阶段，同时日本政府充分利用国内外资金技术对各城市电力及交通运输等基础设施领域进行了 10 多年的集中投资，为城镇化的快速发展奠定了坚实基础。

20 世纪 70 年代末至今是日本城镇化高度发展阶段。日本从 20 世纪 70 年代末开始进入城镇化高度发展阶段。城镇化率从 1977 年的 76%上升至 2000 年的 78.7%，20 余年间仅增长 2.7 个百分点。2000 年之后，日本城镇化率呈现逐年小幅上升态势，城镇化率从 2000 年的 78.7%上升至 2010 年的 91.3%，年均增长 1.26 个百分点，2011 年城镇化率已达 91.3%，现在日本城镇化发展程度已经居于世界前列，城镇发展已经从数量增长阶段向质量提升阶段转变。

日本城镇化经验是“都市圈”和“城市带”空间模式，是日本城镇化的一大典型特征，在世界中心城市的空间地域结构中具有典型意义，成为国内外相关专家研究的重点领域。另外，日本在城镇化进程中重视农、工业与城镇化的协同发展、法律规范作用、政府的引导支持以及信息技术的引进与发展等也是其城镇化发展的重要经验。

（1）大都市圈为主，大中城市与中小城镇共同发展。受国家地理地形特征及历史发展特点等诸多因素的影响，日本城镇化形成以东京都市圈、大阪都市圈和名古屋都市圈为主导模式。20世纪50—70年代，日本城镇化加速发展，迁入大都市圈的人口呈逐年增加趋势。虽然三大都市圈国土面积占全国比重仅15%左右，但是截至当前其人口占全国比重已经达到50%。日本三大都市圈的发展在充分发挥中心城市和城市群的综合功能，顺利实现产业结构的转移及推进城乡和大中小城市之间的协调发展方面起到了重要作用，且对大城市及其周围地区在国际国内经济社会中作用与地位的提高起到了重要作用。日本在积极推进都市圈发展的同时也非常注重中小城镇的建设。日本政府为刺激中小城镇与大城市的共同发展将小城镇纳入大都市圈整备计划，利用小城镇各方面优势条件建立工业及高新技术产业园区，利用都市圈的区域带动作用促进中小城镇经济发展。通过实施地方都市圈规划和全国综合开发规划等努力缩小城市间的经济差距，防止大城市规模过大导致小城镇和中小城市的差距拉大，促进全国实现均衡发展。

（2）日本在城镇化发展过程中，注重农、工业发展与城镇化协调发展。日本的农业属于典型的资源贫乏型，日本人均土地面积仅为0.6亩，低于中国1.7亩的平均水平，更是低于世界平均水平。20世纪50—70年代，日本政府针对这一现状提出逐渐实现农业机械化。60年代初日本工业化迅速发展，吸收了农村大量的剩余劳动力就业。因此农村大量人口随之向城市转移并形成了东京等都市圈，城镇化发展加速。另外日本的中小企业很多，进一步加速了城镇化发展，而高技术密集型的重工业则支撑了城镇化高速发展。70年代后期，政府部门重视农村基础设施的建设，并不断完善，使得城镇化进一步加速发展。日本城镇化发展进程中，始终保持城镇化与农业、工业的同步协调发展。

（3）法律在促进城乡一体化和推动农村经济发展中起到了重要作用。《基础教育法和学校教育法》于1947年颁布，对农村教育发展起到了积极的促进作用。在该法律的促进下，到20世纪80年代全国农村学生能够进入大学深造的比率达到40%以上。一方面提高了全国整体的国民素质，另一方面也起到了加快城镇化进程的作用；以农民为主体的农业协同组织的成立，提高了农业协同组织的专业化水平，为农民在金融、医疗、保险服务业及整个生产链提供了有效保护，起到缩小城乡差距的作用；1955年制定《町村合并促进法》，对全国村镇进行合并，城市数量激增，从214个增加到 641 个，町村数则由 10411 个缩减至 3257 个，推动了城镇化进程的发展；1961 年颁布的《农业基本法》对农业提供包括价格保护、农业补贴、限制进口、调整农产品结构等一系列的保护措施，并努力将农民的生活水平提高至非农业从业人员的生活水平。在该项法律的作用下农村人均纯收入增加迅速。

（4）政府在城镇化建设中具有引导作用。尽管市场机制在日本城镇化发展中处于主导地位，但是政府起着重要的引导作用。在人口城镇化进程中，日本政府不断完善关于保护农村权益的法律法规制度，为农村劳动力提供职业技能培训，不断完善农村劳动力转移体系，注重建立统筹管理体制。在资源合理配置方面，日本政府在充分尊重市场配置资源的主导作用的同时，也进行适当干预以防止市场失灵，促进工业化和城镇化发展的顺利推进。

（5）注重高新信息技术的发展和引进。日本的信息科学技术在世界闻名，日本的汽车工业以及半导体集成电路产品的开发和生产也都处于世界领先地位。另外日本高度发达的防灾信息系统，智能交通系统，高度物流信息系统推动了农业机械化、工业自动化和城市智能化的发展。

第三节　国外特色小镇建设的实践及案例

西方发达国家的特色小镇建设与本国的城镇化和工业化进程相当，大体经历了四个阶段：快速发展、缓慢发展、复兴发展及功能提升。目前，西方国家的特色小镇建设基本处于最高阶段，并形成了众多特色鲜明且具有全世界知名度的小镇，我们将通过对国外特色小镇的样本进行研究。

一、英国特色小镇

英国特别重视小城镇的综合规划和建设发展，贯彻了霍华德的田园小城镇建设理念，重视保护景观资源，将英国特有的传统景观文化与时俱进地融入小城镇的可持续规划建设中。在英格兰，鼓励发展集镇（Market Town），以便为离开土地的农民提供就业机会。每个集镇有 2000～20000 人不等。它们的共同特点是，工业成为集镇的重心，具有继续发展工业的潜力，不对周围环境具有潜在的威胁。另外一种称为“新城”（New

Town）的小城镇在伦敦郊区就有大约20个。它们并不是完全新建的城镇，而是在经过挑选的旧城镇的基础上加以扩大的工业发展中心，公共交通枢纽和就业中心，政府鼓励人们迁入这类新城。

案例：艾坪小镇

艾坪是埃塞克斯郡一座普通的城镇。早在半个多世纪前，还是地地道道的农村，现如今，艾坪早已跻身英国中等城镇之列，“艾坪由农村到城镇的演变轨迹，是英国城镇化的一个缩影”。

（1）艾坪在城镇化的进程中，充分尊重自然，顺应自然，没有乱砍树、乱拆房，既融入现代元素，过上城镇生活，又要不忘过去，让文明历史脉络贯通，这是城镇化的一个重大课题。为此，英国采取了一些行之有效的措施，其中立法是一个利器。英国媒体相关统计称，自1909年颁布第一部《住宅、城镇规划条例》以来，英国先后颁布了40多部与城镇化建设有关的法律和法规，它们串起了英国城镇化建设的一个个成功秘诀。

（2）创造离土不离乡的发展模式。以乡村为依托，重点发展以农业为加工对象的乡村工业。乡村工业发展的逐步集中，推动了农业与工业的分工，实现了农民的就地转化，同时又为农业的规模化经营提供了保障。它一方面把农村改造成为宜居的小城镇，导致了新工商业城市的出现和成长，促进了城市和乡村的融合，加快了农村的城市化过程；另一方面缓解了大城市沉重的压力。

（3）注重历史文化保护和特色城市打造。一是制定专项法律规范历史文化遗存和地域文化特色资源的保护。1953年，英国颁布了《历史建筑和古老纪念物保护法》等法律，以规范和引导城市（镇）改造和更新行为，至今列入官方名单的保护建筑有7.5万个。按照规定，建筑历史达到50年以上，一般不允许再拆除；无人继承的则由国家历史文物保护机构收管经营。二是1967年开始划定特别保护区，从最初的200个到今天已有9000个列入名单。三是因地制宜，强化特色，根据当地的自然、历史和产业发展特点进行差异性规划，充分发挥城镇文化对城镇化建设的支撑作用，将城镇文化塑造与突出地域性文化结合。

（4）建立和完善社会保障体系。英国在世界上第一个建立了城市社会保障体系，通过政府强有力的社会保障公共政策和宏观调控政策，推行“福利国家制度”，来消弭自由放任城镇化模式所造成的一系列社会发展断裂。一是消除贫困，缩小阶层贫富差距。二是加强公共卫生设施建设，着力解决公共卫生设施匮乏问题。三是建立完善的社会保障制度。英国的社会保障制度向公民提供从“摇篮到坟墓”的全面社会保障，主要包括：向居民提供基本生活保障；提供医疗服务；提供符合体面生活的住房；提供教育服务，解决移民的教育问题。

二、美国特色小城镇

美国建设小城镇不能随意而为，需要编制详规，而且政府很重视基础设施建设。美国小城镇建设资金由联邦政府、地方政府和开发商共同承担，联邦政府负责投资建设连接城镇间的高速公路，而小城镇的供水厂、污水处理厂、垃圾处理厂等是由州和小城镇政府负责筹资建设。开发商则负责小城镇社区内的交通、水电、通信等生活配套设施的建设资金。

政府特别重视环境建设。在美国，环境建设是城镇建设的主要内容之一，给小城镇提供了一个可持续发展的社会经济环境。政府在规划时，重视城镇特色，追求个性，无论走到哪里，都能看到不同面貌和特色的小城镇，那种千城一面、万镇雷同的现象是见不到的。小城镇建好后，仍然重视建设管理，所谓“三分建设，七分管理”。美国的城市建设管理经验主要有两点：一是拥有健全完善的规章制度；二是依法办事，违法必究。

案例：格林威治小镇

美国格林威治镇是康涅狄格州西南部的一座城镇，位于长岛海峡上，距纽约40公里，总人口约5.9万。这个面积仅174平方公里的地方，是大约380多家对冲基金总部所在地，管理的资产总额超过1500亿美元。全球350多个管理着10亿美元以上资产的对冲基金，有半数公司把总部设在这里，被喻为“对冲基金大本营”。格林威治成为全球领先的对冲基金中心之一的地位，不仅归功于优越的环境、明信片般的美景、丰富的停车场和游艇泊位、大量的设计师商店，还包括康涅狄格州有利的个人所得税税率、毗邻纽约市的区位优势、与日俱增的对冲基金配套工作人员。由于毗邻纽约金融市场，对冲基金行政管理人员、技术提供者、大宗经纪商以及其他配套职能，都相继在此开设业务。据统计，格林威治所在的康涅狄格州，就业人数从1990年至今增长了两倍。而在2万多个投资类岗位中，近半数来自对冲基金和私人股本公司。

三、西欧的小城镇发展

西欧的城镇化发展过程中，与城镇化相关的人口、土地、资本等经济要素能够自由流动和配置，市场机制发挥了主导作用。同时，各国政府强调对市场竞争和社会保障进行必要的国家干预，通过健全法制、制定和实施国家城镇化战略和公共政策，开发建设区域基础设施，改善城市环境，提供公共服务设施，引导城镇化与市场化、工业化互动发展，积极推进区域结构调整，正确应对快速发展的城镇化进程。在此过程中，通过体制机制的不断完善，针对各个特定阶段出现的问题及时调整政府政策，用行政、财税、规划等手段来弥补市场机制的不足。

案例：意大利波托菲诺小镇

意大利西北著名旅游海港小镇。在意大利语中，波托菲诺的本意是边界小港口，这个位于意大利里格连海岸东面的小镇是闻名遐迩的旅游胜地。背靠群山绿荫繁密，面临大海碧波浩渺。20世纪20年代，波托菲诺得到迅猛发展。许多欧洲贵族喜欢这里小镇的气候和环境，怀着寻找独特而原始的宁静来到波托菲诺。他们建造了堂皇的村庄，定居于此，使波托菲诺闻名于世。之后，陆续有更多的名人来到这里，包括意大利和世界各地著名的艺术家、金融家和政治家。小镇竖向上沿山势呈阶梯状布局，水平向沿碧绿的海湾海岸线带状分布，建筑都朝向大海，保证每一户人家有一扇窗户可以眺望海景。三到五层的坡屋顶小楼，有塔楼，形成高低错落的轮廓感。建筑全部用红、黄、褚、粉等鲜艳的颜色装饰着外墙，倒映在澄碧的海水中显得格外美丽。

在商业方面，小镇充分利用海景资源，咖啡馆面包店就近将餐桌摆在碧蓝的海水边，从桌椅、装饰品等细节上营造具有艺术感的商业场所。空间方面，丰富的公共空间是小镇悠闲生活氛围的来源，三四米的小街显得亲切，蜿蜒的形式适合散步。围绕塔楼布置半围合的鹅卵石铺地滨海广场。发达国家特色小镇虽然形式各异，但总体概括起来主要有以下特点。

1. 历史悠久，特色鲜明

国外特色小镇的建设不是一朝一夕形成的，而是具有很长的发展历程，往往有着多年的工艺传承和产业积累，在历史发展的进程中，逐渐形成了自己的特色，产生了巨大的影响力。如海克·梅尔的《中小城市中心在瑞士国土开发中的作用》指出，拥有蓝拓纺织品公司和阿曼集团总部所在地的朗根塔尔小镇在公元 5 世纪至 16 世纪时在发展贸易、亚麻生产等领域就异常出名。法国格拉斯小镇从 16 世纪起就从事花卉种植及香水制造，是现代香水的发端之地，拥有大量世代从事该项产业的技师和其他相关产业基础。香水产业的发展离不开传统手工业的延续与改良。

1730 年，格拉斯小镇诞生了法国第一家香精香料生产公司，香水制造业的落地生根使格拉斯小镇名气大振。薇姿疗养小镇是温泉泉眼集中地，具有千年的历史，悠久的疗养历史使得小镇产生了特有的“四手疗法”传统技艺。特色小镇特有的自然与人文资源是小镇特色的基础。新西兰的皇后小镇，四季分明，山地与湖泊众多，多数地区自然原貌保存完好，这些自然资源特色非常有利于开展登山、漂流、垂钓、高尔夫等户外运动，形成了自己的特色。法国普罗旺斯地区盛产薰衣草，是戛纳电影节的举办地和法国早期文艺复兴的著名画派普罗旺斯画派的起源地，该地区有 12 世纪时的骑士爱情文化、中世纪的建筑文化。

悠久的历史使普罗旺斯地区形成了丰富而浓郁的特色文化。如小鲁伯隆山区因小说《山居岁月》的故事场景发生地而成名；《基督山恩仇记》中基督山伯爵被关押的伊福岛也是因故事发生地而出名；普罗旺斯的名花薰衣草最佳观赏地施米雅那山区则是得益于独特的风景。该地区小镇众多，各具特色，共同构成了“世界浪漫之都”的特色之城。

2. 设施完善，服务规范

完善特色小镇功能，加快基础设施建设，不仅为产业发展、企业生产搭建良好的发展平台，同时也使小镇具有生活、休憩和旅游等功能。国外特色小镇的基础设施与配套服务相对完善，综合性功能很强，这主要得益于对公共服务领域投资的重视。德国为保证地方政府在发展和运营公共服务中能够得到相应的支持，专门设立地方公共管理机构，完善各级公共服务中心的属性，实施公共设施等级配给制度等；新西兰皇后小镇、法国比亚里茨冲浪运动小镇、瑞士达沃斯小镇等均靠近火车站和机场。类型不同的小镇，其主导功能也会大相径庭，如康体旅游类、文化创意类小镇旅游休憩功能比重较高，而生产制造类小镇通常以生产功能为主，二者呈现的风貌特色也会有差异。例如，好时小镇为美国负有盛名的巧克力主题旅游城市，集生产与旅游为一体。小镇从一家原始的巧克力工厂开始，发展到现在的三家现代化巧克力工厂，为适应生产规模的扩张，小镇的服务水平日益增强，社区功能也渐趋完善，建有好时饭店、好时银行、百货公司、学校、教堂和俱乐部等，配套设施一应俱全。同时，小镇的旅游功能也相当齐全，拥有好时乐园、巧克力世界博物馆和演示作坊等现代化游乐设施。

欧洲特色小镇不仅公共服务设施完备，还富有人性化特点，充分考虑和满足居民的实际需求，重点考虑教育、医疗、文化等其他基础设施的配套问题，处处体现了基础先行、设施完善和提高服务规范的理念。

3. 产业引领，经济发达

产业特色是特色小镇之“特”的主要体现，一个小镇的发展壮大，必须有与众不同的具有很强竞争力的产业，增加吸引力和持续发展的动力，奠定发展的基础。从国际经验来看，工业生产制造是多数特色小镇初期形成的基础，随着生产规模的增大，企业的发展壮大，人员的不断聚集，需求的增加，不仅围绕企业主题产品的产业链逐渐拓展，而且与需求相关的配套功能也日益完善。反过来，小镇的特色日益增强，又会吸引更多的单位和个人来参观学习，购买产品，为满足这一部分人的需要，旅游业又会随之发展壮大，从而进一步优化小镇的产业结构，实现小镇的长足发展。

欧洲国家特色小镇建设特别注重特色小镇的产业培育，产业政策均以中小城市和特色小镇为重点，包括产业发展重点政策、促进产业技术进步政策、维护产业市场秩序政策、产业补贴与税收等财政政策等。奥地利瓦腾斯水晶小镇是三家全球体育用品企业阿迪达斯、彪马、舍弗勒的总部所在地，共为当地经济带来 1.67 万个就业岗位（2011 年），小镇约 87%的居民是其内部员工或从事着与之相关的服务行业。据统计，具有全球影响力的体育用品商阿迪达斯，在全球共拥有 4.7 万名雇员，每年营业额为 145 亿欧元，是小镇里最大的公司。

美国典型的高新技术特色小镇——硅谷，人口不到全国人口的 1%，却创造了美国 5%的 GDP，“硅谷”的风险投资占全美总额的 1/3，聚集了约 1500 家计算机公司，带动了当地经济的飞跃式发展。

第四节 国外特色小镇发展的多种路径

特色小镇的建设机制总体上遵循小城镇的两大动力机制，即外推型和内生型。外推型指依靠某种外部力量推动建设而成的小镇，包括城市辐射、外资注入及引进科技推动。内生型则指依靠自身发展成长起来的小城镇。每个小镇具体的形成契机与发展路径又极具个性，存在一定的不确定性。笔者通过对相关案例的梳理，归纳总结为以下六种主要路径。

一、能人的返乡创业

这类特色小镇的成功在于具有企业家精神的本地能人返乡创业，建设家乡的行为。小镇作为他们的故乡而被选择，类似于中国传统文化中的“衣锦还乡”。有些是企业壮大后，企业家为小镇建设基础设施及公共设施，以企业集团支撑着小镇经济发展与社会服务，即公司镇模式。如好时小镇（Hershey）的创始人米尔顿·好时（Milton Hershey）先生，先后在兰开斯特（Lancaster）、费城（Philadelphia）从事过焦糖生意，1900 年决定在家乡德利郡买下一个农场，创办巧克力工厂，并为小镇建设相关配套设施，并于 1906 年将其命名为 Hershey（好时镇）。有些则是通过带动众人创业建设家乡。如海伊旧书小镇（Hay）的创办人理查德·布斯（Richard Booth）先生，牛津大学毕业后回乡率先开起二手书店，并对随他开设的各家书店严格制定经营特色，避免同质化竞争。在布斯先生的带领下，小镇陆续出现近 40 家旧书店，成为全球最大的二手书市场，形成以旧书为主题的特色小镇。

二、家族/传统的延续

一些特色小镇因家族秘密工艺、地域传统特色的传承与发扬而形成，由于技艺与传统的独创性，奠定了小镇在全球产业链的中心地位。如瓦滕斯水晶小镇（Wattens）的发展在于施华洛世奇家族（Swarovski）。施华洛世奇企业至今仍保持着家族经营方式，并把水晶制作工艺作为商业秘密代代相传。施华洛世奇第五代传人马可斯（Markus）说：“一百多年来，瓦腾斯的水土成就了施华洛世奇这个品牌，我们只会在瓦腾斯的土地上续写这个神话。”格拉斯香水小镇（Grasse），其香水产业的发展离不开传统手工业的延续与改良。

16 世纪时期，小镇传统手工业使用橄榄油熟皮技术制作手套，会产生难闻的气味，皮匠开始制造香精加入其中，遂产生了香精制作工艺。1730 年，法国第一家香精香料生产公司诞生于格拉斯小镇。从此，香水业正式在格拉斯落地生根。薇姿疗养小镇（Vichy）是具有千年历史的温泉泉眼集中地，以拥有 15 座温泉而闻名于世，悠久的疗养历史产生了小镇特有的“四手疗法”传统技艺。

三、名人/文化的催生

名人/文化催生型特色小镇与当地名人、地域文化密切相关，是历史建筑、地域信仰、生活方式、传统工艺、文化名人等各种有形、无形的文化资源催生的结果，小镇的旅游业往往较为发达。例如法国普罗旺斯地区，正是英国作家彼得·梅尔的《山居岁月》一书将其推向了巅峰。历史上不少知名作家、艺术家择居于此，有塞尚、梵·高、莫奈、毕加索、夏卡尔等大画家，美国作家费兹杰罗、英国作家 D. H. 劳伦斯、法国作家赫胥黎、德国诗人尼采等文豪。这里文化丰富而浓郁，有 12 世纪时的骑士爱情文化、中世纪的建筑文化，盛产薰衣草，也是法国早期文艺复兴的著名画派普罗旺斯画派起源地及戛纳电影节的举办地。普罗旺斯地区小镇众多，各具特色，共同构成了“世界浪漫之都”，有些因小说故事场景发生地而成名，如小鲁伯隆山区是《山居岁月》的故事发生地，伊福岛是《基督山恩仇记》中基督山伯爵被关押的地方；有些得益于独特的风景，如施米雅那山区是普罗旺斯的名花薰衣草最佳观赏地，胡西昂小镇是有着“红村”之称的 Mini 小镇，莱博镇则是一座中世纪山城。

四、大事件的把握

大事件的把握是指依托于某个大事件的发生，经营城镇的一种方式，往往具有偶然性。最典型的代表为达沃斯小镇，1987 年召开的世界经济论坛（we F）成就了达沃斯小镇，而会址选择于此，只是因为论坛创始人施瓦布先生酷爱滑雪。小镇海拔高（是阿尔卑斯山系最高的小镇），四面环山，空气干爽清新，对保健有极大帮助，因此 19 世纪末，铁路开通后，达沃斯逐渐以疗养胜地闻名于欧洲，并建设了众多的医院等医疗设施。如今，作为 we F 年会会址，在会展业的回顾效应、前向效应及旁侧效应的作用下，商务服务设施需求增加，产业链逐渐完善，小镇也发展成为阿尔卑斯山区最大的度假胜地、体育和会议中心。

五、企业总部的引领

通过企业总部引领形成的特色小镇，往往是全球化推进、总部经济发展的结果。作为某一行业的企业总部所在地，奠定了小镇的行业地位，决定了其产业的顶层性与高价值性。例如全球纺织品企业总部中心的朗根塔尔小镇，全球体育用品公司总部的赫若拉赫小镇（Herzogenaurach）。

这些企业拥有全球化的分支机构和供应商网络，总部的入驻有效带动了小镇乃至周边地区的经济发展和产业结构的调整，形成特色小镇。首先，可以促进相关商业服务业的发展。企业总部是一个企业经济控制、活动协调、技术创新的部门，握着高端资源，处于价值链高端环节，附加值高。总部的功能属性决定了其需要所在地提供诸如金融、法律、广告等高端商业服务；其次，带来无形的品牌效应。总部的入驻可以有效提升当地知名度，吸引专业人士，吸引某一行业的集聚，形成小镇的主导产业。第三，可以为当地创造就业机会。如赫若拉赫小镇（Herzogenaurach）就为当地经济带来 1.67 万个就业岗位（2011 年）。

六、新型产业契机的把握

这类小镇通过紧抓新型产业发展机遇，占据发展先机，从而形成特色，往往是金融、科技、信息等新经济产业。代表小镇有美国硅谷及格林威治基金小镇。硅谷曾是人烟稀少的农牧区，依托斯坦福大学打造成世界上第一个科技园区，并掀起全球科技园区的建设热潮。

1938 年，斯坦福大学毕业生比尔·休利特（Bill Hewlett）和戴维·帕卡德（David Packard）创立惠普公司，拉开硅谷创业的序幕，1947 年斯坦福大学提出高科技工业园区的构想，并于 1951 年创立了斯坦福研究园区，逐渐成为世界著名的高技术设计和制造中心。1971 年《微电子新闻》根据半导体中的主要成分硅正式命名此地。格林威治小镇，被誉为对冲基金的“硅谷”，华尔街传奇投资家巴顿·比格斯在冲基金这类新经济产业发展机遇下，依托小镇得天独厚的区位优势及政府的相关政策红利，在此创立第一家对冲基金企业，逐渐集中了约 380 家对冲基金总部，小镇也由住宅卫星城镇转变为对冲基金产业集中地。

第五节 国外特色小镇对中国特色小镇建设的启示

通过对国外特色小镇特征、发展路径及发展的持续动力等方面的剖析，笔者认为在中国小镇建设中应注意以下几个问题。

一、长期与短期：特色小镇是城镇化发展到特定阶段的特殊产物

国外特色小镇的建设不是一蹴而就的，是经过长时间的积累，经济发展到一定阶段的产物。家族、传统的延续造就的特色小镇最具代表性，瓦滕斯水晶小镇（Wattens）起源于 1895 年，随着施华洛世奇家族的成长而成长，人们消费观念的转变催生了名人、文化型特色小镇，全球化、区域化的不断推进产生了企业总部引领型特色小镇，新型产业的出现产生了新经济型的特色小镇等。

各地提出的培育创建地方特色小镇，加快发展县（省内相对经济落后的县）可放宽至 5 年。因此，在政策对小镇建设短周期的要求下，特色小镇建设要注意产业升级、文化培育、旅游发展引发的长期性要求，其建设内容、规划内容、实施成效应与城市长远发展相结合，避免出现追求短期效应的现象。

二、政府与市场：特色小镇的形成是以市场竞争为主，辅以政府推动的结果

国外特色小镇的形成一方面是市场自由选择的结果，另一方面也离不开政府的扶持推动。市场经济的基本原则是利益最大化，政府若通过税收、配套等相关政策的扶持，降低企业成本，自然有利于企业的集聚，形成特色小镇。如格林威治基金小镇（Greenwich），具有满足基金产业发展的资源条件，对冲基金企业自发选择在此落户，同时政府提供的税收、配套政策优惠进一步鼓励了基金产业的集聚，同样 20 世纪 80 年代日本的对冲基

金产业强大，但由于政府苛刻的税收制度，最后对冲基金都转移到新加坡等地区。浙江特色小镇建设的行政推动色彩较为浓重，在“宽进严定”“创建制”“追惩制”“年度考核、三年验收”“培育一批、创建一批、验收一批”等政策设计下，特色小镇建设应发挥市场配置资源的核心作用，辅之以政府政策扶持，防范失败与减少损失、代价。

三、个性与普适：特色小镇资源各异，极具个性，可复制性小

对国外特色小镇的建设路径分析发现，小镇资源禀赋各异，形成路径也不尽相同。特色小镇的形成可以说是各种特定资源在时间与空间上耦合的结果，一些决定性要素有时是可遇不可求的，存在一定的偶然性。如能人返乡创业型的特色小镇，离不开具有建设家乡情怀的企业家；家族、传统延续型和名人、文化催生型的特色小镇更是离不开地域、家族深厚的历史积淀；大事件机遇、新型产业契机、企业总部的入驻则更是具有不确定性。因此，在特色小镇建设热潮下，要研究特色小镇具有生成发育的特殊性，可能具有的非普适性和非复制性，避免生搬硬套大规模复制已有模式，处理好小镇的个性与普适性。

四、数量与特色：特色小镇应具有全国乃至全球范围内的影响力

对国外著名特色小镇主要特征分析发现，其产业地位往往是以国家、全球为参照系的，这类特色小镇的影响力也是全国乃至全球的。当前，我国特色小镇建设工作按照国家级、省级及市级特色小镇分级推进。因此，如何处理好特色小镇建设中的数量与特色问题尤为重要，应明确特色小镇的重点在于特色产业的发展及小镇对区域的带动作用，应避免各级政府发力创建小镇所带来的连带效应，而可能形成的新一轮造镇运动，使得小镇的数量成为追求的目标，防止迷失了建设特色小镇的初衷，平衡好小镇的数量与特色。

五、动力与平台：特色小镇应更注意企业的创新

作为产业升级平台，国外特色小镇不仅空间特色明显、文化浓郁，更关键在于构建了具有强主题性的产业体系。经济转型与产业升级的根本动

力来自企业、行业内生的创新驱动，如格拉斯香水小镇的形成在于对传统手工业的改良，薇姿小镇的发展在于薇姿品牌的不断创新。因此，特色小镇建设应不仅是外部物质环境优化的平台建设，今后更要关注的是促进企业创新发展的政策设计和宽松公平竞争的市场环境优化。

第四章 “美丽中国”视野下特色小镇建设的理论与实践创新

特色小镇建设理念自浙江萌芽，已成为新时期新型城镇化建设的重要内容。特色小镇不是一般行政意义上的城镇，它在空间上相对独立发展，区别于行政区划单元和产业园区，是具有特色产业定位、文化旅游和居住生活功能的项目综合体。特色小镇也并不等同于“旅游小镇”，虽然特色小镇一般具有旅游的功能，但是更具有特定的自然、人文、历史、经济因素，使其具有不可复制性。世界上著名的特色小镇：美国硅谷、瑞士达沃斯小镇、意大利威尼斯的穆拉诺玻璃之城等，这些小镇以特色产业为核心，带动整个区域的繁荣发展。近年来，国内许多省市纷纷利用本地资源，开展特色小镇建设工作，其中浙江省特色小镇的发展势头最为迅猛，成为浙江省经济转型升级的新亮点。另外，2016 年住建部公布了中国首批特色小镇名单（127 个），山西省有三个镇入选。其中，汾阳市杏花村镇以打造酒文化旅游基地著称，对周边区域起着产业集聚和辐射的重要作用。

特色小镇在全国各地如火如荼地建设中，究竟什么样的小镇具有特色培养的潜质，以哪类产业为主导切入，都是特色小镇在开发运营中避免“一窝蜂”“同质化”的关键因素。特色小镇培育作为新鲜事物，虽然有地方的实践经验在，但是对比全国有其地方的特殊性和差异性，各地在建设过程中应该结合自己的情况，抓住特色小镇发展的本质，才可能在申报和实施两个层面同时取得成绩，因此，抓住特色小镇培育与建设理论的“牛鼻子”很重要。

第一节 特色小镇发展的理论渊源及世界“反边地中心”经验

不同科学科技发展水平的民族和国家会选择不同的城市化模式与发展

道路。传统农业社会的城乡对立，因整个国家和社会以农业立国，城市人口一般在10%左右。从中世纪以来，工业化肇起，不同发展水平的国家城乡分野和城市化水平成为社会现代化尺度。城市化过程有一个比较明显的规律就是“S形”曲线。

法国学者布罗代尔通过研究历史得出结论：“城市的跌宕起伏显现着世界的命运。”美国学者塞缪尔·亨廷顿也曾说过：“在很大程度上，城市的发展是衡量现代化的尺度。城市成为新型经济活动、新兴阶级、新式文化和教育的场所，这一切使城市和锁在传统桎梏里的乡村有本质的区别。”

事实上，无论是以大城市发展为主体的国家，还是以中小城镇为发展方式的国家，小城镇和特色小城镇一直存在和发展着。如美国的水码头（Waterford）小镇，其历史可以追溯到1753年华盛顿在此的一些活动。以美国为例，小镇生活方式和小镇文化成为美国日常生活的主体。美国“travel&leisure”网站曾邀请读者海选最喜爱的美国小镇，然后在55类744个小镇中投票，候选者所属类别包括农贸市场、博物馆、冒险旅行和家庭旅馆等。最终桂冠被科罗拉多州阿斯彭小镇摘得。阿斯彭以其诱人的乡村风情、啤酒和维多利亚时代的街道而获得高分。

从这段记述中可见，美国特色小镇已经成为社会发展方式的一种表达，仅一个投票活动就已经把小镇分解到55个类别，显见小镇特色“被分类化”对生活和生产有着特殊的创造性意义。从学理上讲，“分类的作用是使我们掌握能与那些本身不能提供分类标准的观察联系起来的标准。但是这样一来，分类就不能按照所有个体的全部特征进行，而必须根据从中仔细选择出来的少数特征进行。在这样的情况下，分类就不仅使我们能把已有的全部知识初步条理化，而且还有助于我们形成新的知识。它将给观察者以指导，使其在观察事物时省去许多步骤。”分类表达为一种特色，特色本身的另类表达就是“分离”“突出”“显性”“差异”和“创新”。特色本身就蕴含着某种创新！

在美国，很多类型化的特色小镇，一方面喻示着一种居住方式，另一方面也显现着一种工作方式，同时也隐喻着一种消费方式，更告诉我们小镇的日常生活、交通方式、交往方式及社会关系结构，进而也清楚地表达了特色小镇作为一种空间要素的再生产与集聚方式。并且，在历史与文化、家庭与个体的文化传承中，形成了典型的、独有的“小镇生活方式”“小镇生活价值观”和小镇经济体系。如佛罗里达州斯普鲁斯溪航空小镇，镇上有居民 5000 人，1500 座住宅，700 个飞机库存。“而在全美国，像 Spruce Creek 这样航空小镇目前大概有几百个。”

由此可以管中窥豹，见其一斑了。西方发达国家特色小镇多种多样，其中以高端产业为主体的小镇也是特色鲜明。如沃韦（Vevey）为雀巢总部所在地，人口不到 2 万人。梅尔斯堡小镇只有 5500 人。全新的特色小镇类型，还包括底特律城市中的以社区为表现的“技术小镇”等。美国很多世界 500 强企业总部就设在小镇上，甚至本身就创造了一个特色小镇。如 IBM 总部在阿蒙克市的“一个小村庄上”，2000 年人口普查有 3461 人。沃尔玛总部所在地本顿维，人口 19730 人。很显然，特色小镇的形成是与社会整体的经济发展水平呈正相关的，是一种以社会现代化和后现代社会为背景的社会发展方式，也是城市生活方式和“城市文明普及率”的结晶。大家熟悉的达沃斯，只有 1 万多，小木屋式家庭旅馆为其特色之一。一年一度的“世界经济论坛”创造了一个小镇的特色产业链。这个小镇的特色博物馆独树一帜，有基尔西纳美术馆、偶和玩具博物馆、冬季体育运动博物馆及有地方记忆的乡土博物馆，还有一个小型的博彩中心。达沃斯论坛及以瑞士滑雪胜地的价值赢得世界的关注。当然中国在这方面也有成功的经验，博鳌在 2001 年之前只是一个海滨小镇。2002 年 4 月 12 日博鳌亚洲论坛首届年会在此举行，从此，“博鳌”成为“亚洲论坛”的代名词，随着博鳌会议经济的发展，带动了房地产、餐饮业、交通业、商贸业、休闲业等相关产业的发展，促进了博鳌经济的腾飞发展。

事实上，发达国家早在 20 世纪 20 年代以来，特色小镇就已经发挥了产业集聚、高新技术集聚和高端人才集聚的功能。而我们应该理解的是：在不同地区应该选择不同的特色小镇建设发展方式。中国人口众多，需要走大城市和中小城市及小城镇多元并举的发展道路。但是，特别应该注意的是：在中国不是所有的地区都适合特色小镇的发展模式，而应该因地制宜，走分类指导，多元化、多类型、多层次发展的道路。

近代工业化以来，“工业中心主义”曾是所有国家经历的祛魅和发展阶段。在中国改革开放的经济发展中也没有摆脱这一窠臼，工业化长期主导着中国的城镇化建设，因此衍生出城镇资源枯竭、产业同质、土地浪费、人口膨胀、交通拥挤、空气雾霾和就业不充分等一系列社会问题。如何精准地治理和破解当前存在的社会问题，突破城镇化建设“只见数字不见质量”的旧制，寻求中国城镇化和城市现代化的健康发展，一直是各界努力的方向。事实上，特色小镇的建设在全球城市化的发展中，相关理论不仅很成熟，而且很早就形成一整套建设方案，其功能与意义已经远远超出了传统行政意义上“镇”和“区”的概念，如在美国硅谷和芝加哥，在英、法、德等国家的一些城市，其相关经验是：特色小城镇更像是一个新的地域生产力结构创新空间，在有限的空间内优化生产力布局，破解高端要素聚集不充分的结构性局限，探索创业创新生态进化规律，具有“产城融合”“区域发展均好性”“福民富民”“产业结构优化”、传承历史和推动社会可持续发展以及经济社会转型升级的深刻意义和价值。但是，从本质上说，特色小镇的成长是需要特定的空间和文化土壤的。

随着全球城市化的展开和信息网络经济的高速发展，资本和劳动力形成了全球性流动的增值效应，网络和智能技术为全球产业分工和竞争提供了新的竞争场域，使得各种经济要素可以不依赖传统区位空间而形成全球意义上的“特色文化中心”，这也是特色文化城市和特色小镇广泛崛起的现实理论基础和土壤。有关资料显示，全球城市面积占地球面积的比例不到1%，人口却占了世界总人口的50%以上。这个“城市时代”的核心意义是全球全景式的“世界城市图景”，包括小镇作为城市的一种类型。有资料统计，全世界大约有50万个不同类型的小镇，发达国家的有特色的小镇占60%左右，而中国尚不足20%。从这一点来看，特色小镇的建设在发达国家不仅有成功的历史经验，而且在发展上仍然处在不断的创新当中，并成为现代化和后现代社会建构的生长基地和创新平台。创造“特色小镇”在本质上是创造可持续“文化动力因”，而不以城市规模、人口数量和综合竞争力排名为主要标准，这既表现为一个区域发展的现代化结构优化的价值，也表现为城市化普及的现代性价值。同时，也说明在全球城市化的前提下，以特色小镇的方式参与全球分工是一种发展的新路径。其理论溯源可以这样理解。

1. 特色小镇与“田园城市理论”

早在1898年霍华德提出的“花园城市理论”就已经明确地说明了类似特色小镇的结构与空间模式。“田园城市”（Garden cities）也称为花园城市、田园都市，是埃比尼泽·霍华德爵士于1898年在《明日的田园城市》

书中提出的。第二年即 1899 年“花园城市协会”成立，于 1903 年和 1920 年分别建立了两个试验性质的花园城市：列曲沃斯花园城市和威尔温花园城市。两个城市虽然没有完全体现霍华德最初的设计思想，但是直到今天两个城市都仍然是健康和持续发展的社区。霍华德描述的田园城市：规模不宜过大，能够为人们提供丰富的社会生活就已足够，由一委员会受托掌管；小镇城区占地 4.05 平方公里，居住 32000 人，其中 30000 人在城市，2000 人在乡间。这种规划理念虽然具有典型的理想主义色彩，但是，这一“理想类型”被越来越多的学者所接受。总结“花园城市”的特征是：一是小规模小尺度小城镇；二是自给自足的城市功能和慢节奏生活；三是可持续的生态环境、田园式组团布局、便捷的交通网络、公平的社会服务、城乡一体化发展。

芒福德曾经这样评价霍华德的田园城市理论：“20 世纪我们见到了人类社会的两大成就：一是人类得以离开地面展翅翱翔于天空；二是当人们返回地面以后得以居住在最为美好的地方（田园城市）”。

2. 特色小镇与“城市区域核心理论”

特色小镇往往构成有个体理想追求的生活与工作一体化生活圈，不仅有 10 分钟生活圈，还有独立的创业空间和一整套的生活价值的表达系统，如就业、创业和娱乐等。这一内涵是在一定的“城市区域核”范围内创造完整的就业与生活体系。1977 年美国社会学家万斯提出城市“区域核理论”。其主要内涵是：（1）远离城市形成独立“核”。人口向郊区迁移，远郊出现城市核，城市与郊区的相互作用强度降低。（2）郊外城市核出现，郊区加强了城市“自我维系能力”，并最终脱离对城市中心商业区依赖，重现城市功能。（3）一个空间发展较为良性的城市，都有多个分离的“城市区域核”。（4）区域核形成以就业为核心的生活方式：创业、就业、生产、流通、分配、消费、娱乐一体化。万斯说：“大部分城市的居民越来越不会使用整城市辖区，除非有特殊需要；相反，他们在一个足够相对有效地发挥自己作用的城市空间内生活和工作。”

3. 特色小镇与“技术小区——技术中心”理论

在城市群结构内部的各城市之间，伴随地域经济要素的市场化整合，必然形成城市间的互动对流，因而就会产生新的“增长点”和经济要素“结点”，进而转化为新的城市区位空间。这种现象在学理上有很多特殊的名称，如城市“外层城镇”“外围城镇”“微型城镇”“技术小区”等。有学者说：“这些都是联系松散、很大程度上自立自足的郊区王国，那里成千成万的居民的活动围绕着新的就业、零售及服务中心。”美国学者卡尔·艾博特的研究说明：“从丹佛的‘技术中心’到奥兰治县的‘就业中心’，再到奥兰东北部围绕沃尔纳特克里克的‘反边地中心’（contra Costopolis），都是这样新的中心。”如果我们仔细观察硅谷的发展空间，可以看到不同要素集聚构成的特色小城节点。

另外，文化历史、建筑风格、特色产品、风土人情等都可以为特色小镇成长的“文化动力因”。如有很多地方，以建筑风格所形成的特有空间形式来表现的特色小镇的经济与文化价值。布宁认为：“新风格（在西方叫功能主义，而在苏联叫构成主义）的产生原因和发展阶段直到现在还是研究不够的。但早在20年代末它在许多欧洲国家就成了建筑思维的支配体系。同积累新建筑物一起，功能风格概念甚至在早已形成的大城市环境中开始感觉到了，而在二三十年代建成的小城镇里新风格已普遍地流行了。”

事实上，特色小镇建设是适合人类可持续发展的一种选择，并能够在较合理的空间内，体现后现代主义的人文志向。特色小镇的发展也符合“循环社会型城市”的发展理念，“循环社会型城市”是以人为核心的整体社会进化的过程，既是人类在经历农业革命、工业革命和知识经济革命后，对地球与人的关系的一种新的认识，也是社会良性化运行的一种新模式。其核心元素见表4—1。

表4—1　特色小镇构成核心元素

形成点、线、面的循环生态的人居一体生活关系，一种传统的家园式城市生活体系	塑造以亲情结构空间为主体的宜居关系，创造生活艺术和艺术生活的创新体系
构建有完全意义上社区价值：社区等于“居艺感知＋功能主义＋空间想象＋生活本位＋小镇象征＋创新＋创新”	推广“城市照顾的理念”，让城市社会的平等生活和人际关爱成为小镇的一种特有功能
创造中国本土化城市形态与“中国式城市文艺复兴”的文化体系，小镇的地点精神和集体记忆	“无界城市生活”：小镇生活空间的十原则：“开、敞、透、幽、静、清、洁、香、绿、安”
城市在地域空间展开中创造“区域核”体系，形成充分创业与就业空间	城市现代生活体系与“原生态自然体系”共生共存

续表

创造现代都市景观与城市田园风光共存的情境。“后都市主义”的文化场域	在生产和消费领域有完整的循环经济的法规体系
实现“数字化人居”的科技智能城市	塑造具有地域性文化特色小镇的市民精神
“循环社会型城市”对于特色小镇的诉求是：城市科学技术研发和创新能力，在创新的意义上形成新动力和特色竞争力	

第二节　特色小镇研究中应厘清的几个理论问题

随着特色小镇建设的热起，特色小镇的研究也从 2015 年开始迅速升温，在两年多的时间里对特色小镇的内涵、特征、规划、建设等均有不少研究，形成了“产城人文”一体、“三生”融合、产业“特而强”、功能“聚而合”、形态“精而美”、制度“活而新”等共识。但由于“特色小镇培育尚处于起步阶段”，相关研究也是刚刚起步，因而不可避免地存在一些薄弱环节，面临一些亟须澄清的问题，如特色产业与特色文化的生成关系、区域版本特色小镇与国家版本的区别、都市嵌入型与乡村嵌入型的区分等。

一、先有特色文化，还是先有特色产业

产业是特色小镇的支撑与生命，文化是特色小镇的灵魂，它们与优良宜居的生态环境一起，构成特色小镇必不可少的要素。对于两者的重要性，在当前的研究与实践中有着普遍的共识与高度重视，接下来需要厘清的是产业与文化之间的关系，尤其是产业与文化之间的生成关系。究竟是先有产业，再由产业孕育出独特的文化，还是先有特色文化，再将其转化为产业？对于这一无法回避且有重大实践意义的课题，当前本来就不多的研究中主要是落脚于由产业而文化这一视点。这是因为国内外有名的特色小镇不少都是先有产业，再从产业中孕生出文化。

如浙江杭州的云栖小镇，首先打造的是以云计算为代表的信息产业，而其文化显然还在孕育中。再如杭州玉皇山南基金小镇、嘉善巧克力甜蜜小镇等都是产业在先。在特色小镇先行者的发达国家，类似的案例就更多，美国的好时小镇（Hershey）由生产巧克力而衍生出独特的文化，并通过这

种文化的作坊演示、博物馆陈列、游客制作体验等方式催生了旅游业，使之成为著名的巧克力主题旅游小镇；其他的如美国格林威治（Greenwich）基金小镇、美国硅谷、瑞士格拉斯香水小镇（Grasse）、瓦滕斯（Wattens）水晶小镇等均是如此。诸如此类的众多明星小镇光芒四射，极易将人们的视线引向由产业而文化的思路，再加上打造新兴产业可立竿见影、迅速彰显成效，适合急于求成的心理，因而实践中更受欢迎。

此外，国内“特色小镇”的首次提出之地是云栖小镇，这也使云栖小镇及其产业路径更受关注。现阶段处在起步阶段的特色小镇研究及建设，更多地关注由产业而文化的生成关系。然而像浙江的云栖小镇、玉皇山南基金小镇这样的产业基础几乎是从零开始而迅速成功打造的模式，对全国绝大多数地方来说是不可复制的。这是因为，这些小镇都在大都市圈内，可以依托都市雄厚的资本、金融、人才、技术等高端要素，且这些高端要素在这样的小镇集聚的成本也低，优势明显。但像杭州这样的都市毕竟是少数，全国多数地区没有发达的都市圈可依托，但在悠久的历史进程中，却因迥异的气候、地理、生活方式等，不少地方形成了个性鲜明的特色文化。这些特色文化在过去大搞工业园区及土地城市化时未受到重视，更未作为经济资源善加利用。

现在国家提出了新型城镇化战略，又进入了特色小镇建设时期，各地保存较好的特色文化理应加倍珍惜，并努力将其转化为产品产业。故而有学者指出，对于浙江的模式“不能单纯模仿，而应根据自身的经济社会结构与文化传统整合、创新、再造”这样由文化资源转化为产业的课题就提上了议事日程。特色文化“是当地人民群众所共有、共享的包括宗教信仰、风俗习惯、历史遗迹、建筑饮食、工艺美术、生态文明以及民族文化在内的一系列文化、艺术表现形式的总和。”它具有地域性、传统性、民俗性、唯一性、不可复制性等特点，不仅特色鲜明、内涵丰富，而且有着相当高的潜在经济价值，是一种具有较强差异性且具备“溢价性增殖”的独有资本；只是这种文化资源通常处在“野生、沉睡和散漫状态”，尚是天然矿产式的，需要进行“挖掘、梳理、集聚、展示、创意、设计、宣传和运营”，并借助现代科技，以市场为导向进行“重建、重构、重缀和重拾”，将之转化为具有多样审美属性、多重意蕴的文化产品和服务，形成地方色彩浓郁的特色文化产业。

现实中，由特色文化生成特色产业的成功案例时有所闻。云南丽江的旅游业就是由特色文化打造而成的。丽江古城的布局、建筑样式有着鲜明的特色，具有别处所无的独特风格；丽江的纳西古乐、东巴文字、茶马古道、多民族交融而成的民俗风情、节庆活动等更是独一无二，令人耳目一新；此外还有玉龙雪山等为代表的优美风光，一起构成了丽江的特色文化。1995 年 6 月丽江正式向联合国教科文组织申报世界文化遗产，丽江特色文化资源的保护、开发、转化开始进入一个新时期，但时隔不久，1996 年 2 月丽江发生强烈地震，给文化、经济的发展造成重挫。

丽江人没有因此泄气，而是转“危”为“机”，借震后的恢复重建，进一步强化地方特色文化的保护与开发，学者、政府、社会联动，将特色文化挖掘弘扬与旅游业发展融为一体，当地的旅游业及文化产业“从这一年开始进入快速发展时期”，宣科纳西古乐文化有限责任公司、大型旅游民族歌舞晚会《丽水金沙》、大型实景演出《印象丽江》、束河古镇影视基地等旅游文化品牌陆续诞生。

丽江因此拥有世界文化遗产、世界自然遗产、世界记忆遗产桂冠，享有“中国最令人向往的 10 个小城市”和“地球上最值得去的 100 个城市”之一的殊荣。

其他的如周庄古镇、和顺古镇、版纳勐罕镇、安顺旧州镇等文旅产业的兴旺，走的也是由文化而产业的路径。包括古建筑、宗教文化、名人遗迹、重大历史事件遗迹、饮食、手工艺、独特自然景观、地域生活方式及其他历史文化在内的地方文化，在全国各地都能找到一些留存集聚度高、特色鲜明、潜在价值大的地域，形成了由特色文化而发展旅游及其他产业的重要节点。

这样的特色文化不仅不可能都在都市圈内，相反大多分布在远离都市圈的县域。就浙江来说，尽管杭州市的特色小镇在全省占比最高，达 24.5%，但 60%以上的旅游类特色小镇还是分布县（市），相反金融类及信息经济类小镇则多在杭州等城市圈内。这就说明了旅游业依托的特色文化及生态景观大多在远离都市的地方，城市化率高的浙江如此，全国的其他省就更是如此。

住建部公布的全国第一批特色小镇，半数以上为旅游类小镇的事实，也对此做了证明。因此，有文章指出存在两种类型的特色小镇，一是地处大都市圈内的；二是处在远离都市、相对偏远的传统乡镇乡村地区。这两种不同地域的特色小镇，除了上述的文化与产业的生成关系不同外，还有种种其他的差异需要认识。而这种认识可以从浙江版本的特色小镇与国家版本的特色小镇的比较分析得到揭橥。

二、国家版本特色小镇与浙江版本的区别

我国的特色小镇建设率先在浙江取得成功，得到习近平、李克强等国家领导人的肯定，在住建部、发改委等深入考察后，将其经验做法向全国推广。虽然如此，但国家发展特色小镇的政策并没有完全照搬浙江的模式，而是在吸取其经验的基础上有着相当程度的变通。由于浙江的城市化率高，常住人口城市化率在 2016 年达 65.8%，比全国平均高 10 多个百分点，已进入了城乡协调发展时期，城乡差距并不显著，因而更多地将特色小镇定位于城市体系的一部分，以之作为打造现代化都市区的一种手段，建设更多类似杭州、宁波这样的大都市，提升全省经济在国内国际的竞争力。正如浙江本土学者所指出的：“特色小镇是‘强县战略’转入‘都市圈战略’后浙江生产力空间布局的一次优化，升华丰富了都市圈战略”“在全省层面上延续和推进了都市圈战略……使都市圈城市群的产业版图更加清晰，小镇是高端要素的集聚地，也是都市圈产业关系的纽结点”“是城市高端要素扩散并重新组合而成的新空间，是城市体系的一部分”。

在特色小镇的发展上，浙江没有过多考虑城乡间或各地间的数量平衡，而是择优而选，哪里有优势就往哪里发展，因而浙江的第一、二批特色小镇，大多处在城市中心区或邻近城市中心区域，并以杭州、宁波等中心城市为多。但就全国来说，不仅城市化率低，而且多数地方城乡差距较大，二元结构显著，城乡统筹、一体化发展仍是艰巨任务和重中之重，因而无论是新型城镇化发展方略，还是“十三五”规划，促进城乡协调发展始终是首要的考虑因素。

特色小镇也因此更多地作为协调城乡发展的方式之一，在制度设计、政策制定上必然会更多地关注欠发达地区的发展。以浙江为例，其着眼点与落脚点就与浙江在大同之下有所差异。首先，在相关文字的表述上，2015 年浙江省人民政府《关于加快特色小镇规划建设的指导意见》这一重

要文件中，有关城乡协调的文字只出现了一次，那就是开头一段中的“城乡统筹发展大局”几个字；2016 年的浙江省人民政府办公厅《关于高质量加快推进特色小镇建设的通知》，则通篇没有城乡协调的字眼；而住房城乡建设部、国家发展改革委、财政部《关于开展特色小镇培育工作的通知》，虽是惜墨如金，却多处出现了“推动新型城镇化和新农村建设”“现代农业等发展良好”“小镇吸纳周边农村剩余劳动力就业的能力明显增强，带动农村发展效果明显”“美丽乡村建设成效突出”“教育、医疗、文化、商业等服务覆盖农村地区”“镇村融合发展有创新”等突出城乡协调发展的内容；几个月后国家发改委出台的《关于加快美丽特色小（城）镇建设的指导意见》，则又进了一步。

这一文件共分 10 个部分，除了各部分都有大量文字述及城乡协调外，还有第九部分题为“城乡联动，拓展要素配置新通道”，专门阐述城乡统筹的政策要求。

通读这一文件，可以明显地感觉到城乡协调发展是其主要内容。另外，在国家的认定标准上，对产业除要求“特而强”外，还要求有相当的带动作用，而这带动作用划定在“农村劳动力带动、农业带动、农民收入带动三个方面”。其次，由于浙江是将特色小镇作为城市体系的一部分，而城市的基础设施通常是比较好的，故而浙江的文件中强调基础设施建设的文字极少，只是在《浙江省特色小镇创建导则》中提到“积极应用现代信息传输技术、网络技术和信息集成技术，实现公共 Wifi 和数字化管理全覆盖”，这显然是超越了路、水、电等设施之上的更高要求。而国家文件则从全国乡镇基础设施尚不完善的实情出发，强化了相关要求，有专门的条款谈及，如“基础设施完善，自来水符合卫生标准，生活污水全面收集并达标排放，垃圾无害化处理，道路交通停车设施完善便捷，绿化覆盖率较高，防洪、排涝、消防等各类防灾设施符合标准。”“加强小城镇道路、供水、供电、通信、污水垃圾处理、物流等基础设施建设。建设高速通畅、质优价廉、服务便捷的宽带网络基础设施和服务设施……加强小城镇信息基础设施建设，加速光纤入户进程，建设智慧小镇……加强步行和自行车等慢行交通设施建设……强化城镇与交通干线、交通枢纽城市的连接，提高公路技术等级和通行能力……推进公共停车场建设……”

再次，浙江将特色小镇定义为“非镇非区”，既非行政建制上的镇，也非产业园区、风景区，按照浙江权威人士的说法，特色小镇的着眼点及其核心是产业，它是产业转型升级的载体，只是这个载体要有名称，一时找不到就借用了“小镇”这一名称，其实借用别的名号也是可以的。因而“特色小镇不是一个小城镇的概念”“与特色小城镇没有多大的关系”。

浙江特色小镇生发的背景是：在经济新常态下，浙江的产业投资下降，为了扭转这种颓势，在云栖小镇、基金小镇的启发下，推出了特色小镇这一理念，目的是通过一定空间范围内的某一产业集聚，“推动各地积极谋划项目，扩大有效投资”，并促进产业的转型升级。正因为是专注于产业，是产业发展的一个空间载体，所以浙江要求“每个重点行业都有标杆性小镇”，其实质是凡发展得好的产业均应建设特色小镇。

比如台州的沃尔沃汽车公司，原有一千亩地，因汽车的生产、销售比较好，省里主动提出再给该公司一千亩地，让其发展集观赏、体验等为一体的工业旅游，延长产业链，形成产业、文化、旅游功能叠加的空间载体，打造特色小镇。而国家政策中的特色小镇则除了特色产业外，还较多地关注到了新型城镇化的建设，要求“特色小镇原则上为建制镇（县城关镇除外），优先选择全国重点镇。”大概是为了照顾到浙江的已有做法，由国家发展改革委制定的《关于加快美丽特色小（城）镇建设的指导意见》，则明确区分了特色小镇与特色小城镇，两者的主要区别是一为“非镇非区”，一为建制镇。在浙江将特色小镇定位于“产业发展的载体”时，国家发改委的这一文件将特色小（城）镇定为“创新创业发展平台和新型城镇化有效载体”。此外，浙江特别强调特色小镇的高端要素集聚功能，要求有较强的吸纳资本、人才、技术等高端要素的能力；而国家版本只是说“产业、投资、人才、服务等要素集聚度较高”有条件的小城镇特别是中心城市和都市圈周边的小城镇，要积极吸引高端要素集聚，指的是有条件的地方形成高端要素积聚。此外，在弱化高端要素集聚的同时，国家版本却强调了“小镇吸纳周边农村剩余劳动力就业的能力明显增强”，同时鼓励农民工返乡创业。这显然与一味强调吸纳高端要素的做法极不相同。同时，国家版本还有专业特色镇与综合性小城镇的区别。“远离中心城市的小城镇，要完善基础设施和公共服务，发展成为服务农村、带动周边的综合性小城镇。”

三、特色小镇与旅游的关系

国家版本特色小镇与浙江版本之间还有一个重大区别，就是在特色小镇与旅游的关系上，两者有着迥然不同的定位。

特色小镇与旅游的关系，本来应该是简单明晰的，但由于浙江要求所有的特色小镇都应具备3A级以上景区功能，使得这一问题变得有些混乱复杂。为了厘清这一关系，首先还得从浙江的做法说起。“所有特色小镇要建设成为3A级以上景区，旅游产业类特色小镇要按5A级景区标准建设”，“产业、文化、旅游‘三位一体’”，这是浙江省政府关于特色小镇建设文件中的原话，显然，旅游功能是必不可少的标配。这一做法自然有其合理性，首先是国外的绝大多数特色小镇，均有旅游功能，而且“特而强”的产业均衍生出了自己的特色文化和旅游产业，不仅延长了产业链，而且拓展了小镇的功能。这在前文有涉及，不赘述。其次，是吸引高端人才的需要。3A级以上的景区，自然是环境优美、生态优良的地方，少了城市中心的嘈杂喧闹，却多了与自然山水相融的景观与幽静，而其基础设施与公共服务却毫不逊色，因而可以留住海归人士、企业高管、科技人员创业者等人才，并借此形成完善的社区功能。再次，“要求把小镇建设成为A级景区，根本的目的不仅仅在于强调发展旅游产业，更重要的是借助于这种方式打破传统产业之间的隔阂，形成资本、文化、人才、产业等要素的重新组合，并在这种重新组合中不断创造出新的机会、激发出新的动能。”这既是对传统的城市化及工业园区建设不注重生态环境的反思，也是出于对经济、文化、生态等各类要素优化配置的需要。循此思路，已有的研究做了不少概括总结，如特色小镇是特色旅游和特色产业并驾齐驱的“双特”产业，特色小镇必须具备产业、文化、旅游、社区四大功能，而这些功能都是源自产业，即从产业的转型升级中延伸、衍生出文化、旅游功能，进而完善好社区功能，表现为“产业园＋风景区＋博物馆”的大拼盘，“既是特色小镇，就具备发展旅游服务业的潜质”，宜居、宜业、宜游、宜养，等等。

诸如此类的说法很多，给人的理解就是特色小镇必然有旅游，旅游是特色小镇必不可少的因素。把本来只是浙江省的做法，使人误以为是普遍的要求。其实，国家层面并没有做这样的要求。三部委2016年发布的文件只是把“休闲旅游”作为与“商贸物流、现代制造、教育科技、传统文化、美丽宜居”并列的特色小镇的类型之一，同年国家发改委的相关文件，也只是“鼓励有条件的小城镇按照不低于3A级景区的标准规划建设特色旅游景区”，并未做硬性要求。国家层面对浙江做法的这种修改，显然有着多方面的考虑。这里不妨作些推测，首先是全国各地的经济社会发展水平不均衡，有的地方虽有丰富的特色资源，却难以达到3A级景区的水平，故而只是鼓励有条件的地方去做。其次是浙江的这一做法受到一些专家的批评，认为没有必要做这样“一刀切”的统一要求。这些批评的合理成分或许为国家政策制定者所吸收。

针对浙江做法所进行的批评，以王兴斌为典型，其观点为：“旅游和产业发展更多的是存在冲突而不是融合”。何以如此？一是离开城市中心到小镇生活的高端人才，是冲着小镇的宁静而来，故而不喜欢小镇被如织的游人弄得闹哄哄的，更不会喜欢自己的住房或办公楼天天被陌生的游客拍照。

同时高端人才对安全性要求比较高，还有些高科技项目也有较高的安全保密性，因而不适宜陌生人进入。二是宜居与宜游的基础设施及公共产品是不同的，宜游需要较好的酒店、民宿；宜居则需要较好的公寓、学校、医院，故而宜居的地方不一定适合旅游，宜游的地方不一定适合居住。这一说法有一定的道理，但所说的产业与旅游的冲突是可以克服的，比如通过旅游线路的安排，避开安全保密区及生产工作区，宜居要求的公寓、学校等，本来就在特色小镇的社区功能的要求中；此外，从基础设施及公共产品方面来说宜居与宜游完全可以兼顾，可以并举。

综合上文及第一部分的内容，可以将特色小镇与旅游的关系简括如下：第一，休闲旅游类小镇是特色小镇的类型之一，且在全国第一批特色小镇中占比达一半以上，是远离都市的偏远地区建设特色小镇、发展经济的较好选项。第二，国家层面没有把3A级以上景区的旅游功能作为特色小镇的标配，只是鼓励有条件的地方做这样的功能叠加；做了这样硬性要求的只是浙江等少数几个省市，其目的除了延长产业链外，更多地是为了打造优良的生态环境吸引高端人才。第三，宜居与宜游通过旅游线路的安排，是可以融合的。

此外，已有研究表明，人们对居住地周边游的需求明显大于对黄山、华山等著名旅游胜地的需求，因而各地应大力发展旅游类特色小镇吸引周边游客。两三个小时车程的距离是最佳选择，易于吸引周末短时的，却是频度较高的旅游度假消费。在当代发达的交通条件下，两三个小时的车程一般都至少在中等城市圈内，因而消费人口、消费能力都是可观的，这也决定了特色旅游小镇可加速发展。当然，最为关键的是要有吸引人的特色旅游项目，以及让人感到舒适愉悦的基础设施与服务。

第三节　基于新结构经济学的特色小镇理论框架的构建

距离首次提及仅仅三年，特色小镇依然是一个处于发展萌芽时期的概念，但随着该领域实践在全国不断的涌现，特色小镇相关理论研究也将会迅速成熟起来。在目前经济、社会发展的崭新时期，特色小镇建设在新型城镇化战略实施、国家经济转型升级、供给侧结构性改革、城乡统筹发展、国家城市群构建等领域将发挥日益重要的作用。如何更好服务于国家供给侧结构性改革，如何评价特色小镇的建设成效，如何实现特色小镇建设进程中公众意志的表达，如何构建科学合理的特色小镇发展模式，如何在小镇建设中实现信息化和智能化技术等议题，势必将在未来一段时期得到充分的讨论与解答。通过对这一段特色小镇蓬勃兴起时期相关理论研究成果的粗浅整理归纳，对下一步的深入理论探讨和实践经验总结起到一定的参考作用。

特色小镇最早发源于杭州、绍兴等地。2014 年 10 月，时任浙江省长的李强参观云栖小镇时首次公开提及特色小镇。2015 年 1 月 21 日，浙江省人民政府 2015 年《政府工作报告》提出，浙江省要在全省范围内建设一批特色小镇。2015 年 4 月，浙江出台《关于加快特色小镇规划建设的指导意见》。2015 年 6 月，浙江公布第一批列入省级创建名单的 37 个特色小镇。特色小镇从开始创建培育至今，已逐步成为高新产业入驻发展、创新因子活跃生根、传统文化焕发活力的新平台和新载体。

从浙江经验不难看出，规划建设一批符合我国国情的特色小镇，以小空间实施大战略，促进生产、生活、生态有机结合，有利于集聚各方要素资源，进一步迸发社会创新创业活力，从供给侧培育发展新产业、新业态、新模式，对于引领国家新型城镇化战略和特色社区发展，加快实现三大产业融合发展，推进产业提质增效和区域经济转型升级，打造新的经济增长点具有重要的现实意义。由于我国特色小镇建设实践尚处于起步阶段，因此已有文献更多集中于特色小镇的政策解读，以及特色小镇建设实践的相关问题，如生产力空间布局、平台运营创新属性、特色小镇的规划设计策略、区域开发模式转变、特色小镇规划建设的统计指标体系设计及建构路径。针对当前较少涉及特色小镇理论解释的现状，笔者尝试引入新结构经济学原理，通过构建特色小镇的理论体系，回答特色小镇培育过程中政府和市场的地位、作用。

一、特色小镇的相关概念辨析

特色小镇所涉及的概念在设置依据、空间范围方面存在明显差异。鉴于官方概念的正式性和指导性，这里主要对浙江省政府和国家发展改革委有关特色小镇的官方表述做了一下比较（前者简称“浙江概念”，后者简称“国家概念”）。见表 4—2 所示。

表 4—2　特色小镇概念及其关联概念

概念	内容	设置依据	空间范围
特色小镇（国家概念）	指聚焦特色产业和新兴产业，集聚发展要素，不同于行政建制镇和产业园区的创新创业平台	促进特色产业、新兴产业的创新创业平台	特定区域
特色小镇（浙江概念）	是相对独立于市区，具有明确产业定位、文化内涵、旅游和一定社区功能的发展空间平台，区别于行政区划单元和产业园区	产业、旅游、文化及社区等功能融合的综合性发展平台	特定区域
特色小城镇	指以传统行政区划为单元，特色产业鲜明、具有一定人口和经济规模的建制镇	行政区划、产业属性、经济社会地位	行政区域
建制镇	指经省（市、自治区）人民政府批准设立的镇	行政区划	行政区域
中心镇	具有较好区位优势、较强经济实力、较好基础设施、较大发展潜力，对周边地区具有一定辐射力的区域重点镇	行政区划、经济社会地位	行政区域
全国重点镇	指当地县域经济的中心，承担着加快城镇化进程和带动周围农村地区发展的任务	行政区划、经济社会地位	行政区域
专业镇	以镇为基本地理单元、主导产业相对集中、经济规模较大、专业化配套协作程度较高的新型经济形态	行政区划、产业属性	行政区域
产业园区	政府或企业为实现产业发展目标而创立的特殊区位	单一性或综合性的产业发展平台	特定区域

二者的相互联系是：一是强调特色小镇的平台属性，浙江概念落脚点是"发展空间平台"，国家概念落脚点是"创新创业平台"。二是强调特色小镇区别于行政区划单位和产业园区。二者的区别是：一是功能侧重点不同。浙江概念强调特色小镇的多重功能，指出特色小镇要具备产业、文化、旅游和社区四方面功能；国家概念则侧重于特色小镇的产业功能，明确指出特色小镇要着眼发展特色产业和新兴产业。二是特色小镇的发展导向侧重点不同。浙江概念明确提出要实现产业、文化、旅游及社区等功能融合，侧重于特色小镇的经济社会发展综合性导向；国家概念强调特色小镇要在引领创新、创造就业中发挥重要作用，侧重于特色小镇的"创新创业"导向。

结合上述概念，比较已有实践经验，特色小镇应当包含"创新驱动""功能融合""平台属性""布局合理"四大内涵。

（1）创新驱动。从字面含义理解，"特色"是特定事物区别于其他事物的风格和表现形式，由事物特定的内外环境因素决定。就特色小镇而言，"特色"就是既要形成独特的产业发展格局，又要营造因地制宜的生产生活环境。而造就"特色"的主要支撑点是"创新"，无论是通过产业转型升级改造传统产业，还是通过原始创新、集成创新、消化吸收再创新发展新兴产业，或是营造"产、城、人、文"有机融合的生产生活环境，都需要改变已有的发展模式。特色小镇的"创新"内涵要求革新现有要素投入模式，按照供给侧结构性改革的要求提高劳动力、资本及技术的要素配置效率，将"创新"注入特色小镇培育的各个环节。

（2）功能融合。整体而言，特色小镇要实现产业、旅游、文化和社区等功能的融合发展。①特色小镇是产业发展平台。产业发展是特色小镇的核心功能，发展态势良好的产业既能提供充足的就业岗位，又能为地方公共服务提供资金保障。特色小镇要集聚传统特色产业或新兴产业发展要素，综合运用非常规的投融资、土地开发和运营模式，推动发展符合区域禀赋优势的特色产业，促进"产业＋应用＋服务"发展。②特色小镇强化旅游和文化功能。通过挖掘产业本身的地方文化属性，在强化产业比较优势的同时，助推旅游、文化融合发展。③特色小镇要注重构建宜居环境。特色小镇要摒弃"单一发展产业"的产业园区模式，由单纯的生产区向功能齐备的城市新区转型，构建绿色宜居环境，吸引各层次劳动力向特色小镇汇聚，使特色小镇成为“产城融合”的新载体和新型城镇化的突破口。

（3）发展平台。特色小镇区别于行政区划单位的显著特征是其“平台属性”。所谓平台，是指特定事物发展所需的环境或条件。所需的环境或条件，是培育特色小镇所需的软硬基础设施。这意味着，培育特色小镇要破除既有体制机制障碍，在投融资、土地开发及特色小镇运营等方面推进相关体制机制改革。

（4）布局合理。布局合理体现在两个层面：一是特色小镇与中心城市或都市圈（城市群）的空间匹配合理。特色小镇是工业化后期城镇空间布局的一种表现形式。在工业化后期，离心扩散代替向心集聚成为城市空间拓展的主要动力，城市从单一中心向多中心布局演变，整个区域形成大小不等的城市区域。特色小镇是城市高端要素扩散并重新组合的新空间，是依据其所处的区位（都市圈的中心或外围区位），根据其集聚整合的要素性质不同，定位不同的特色和功能，即不同类型特色小镇要与其依附的中心城市合理匹配。二是特色小镇内部功能区的布局合理。特色小镇是一个产业、旅游、文化、社区功能叠加的综合发展平台，这必然要求其内部功能分区要紧凑合理、有机融合，增强特色小镇宜居、宜业、宜旅、宜商的综合功能。

二、新结构经济学下的特色小镇理论解释框架

新结构经济学，认为特定经济体的要素禀赋结构及其决定的产业结构随着发展阶段的不同而不同。新结构经济学理论一经问世就获得肯定，但是国内学者对新结构经济学中强调政府在产业转型升级中的积极作用表现出担忧和质疑。不过，理论的不完善和现实条件的欠缺不能成为否定新结构经济学实践价值的理由。因此，新结构经济学分析框架对构建特色小镇理论体系具有较强的适用性。

1. 新结构经济学分析框架

（1）市场作用。新结构经济学分析的逻辑起点是经济的要素禀赋结构。经济发展的重要外在特征之一是产业转型升级，要素禀赋结构推动产业转型升级并最终实现经济发展的过程大致为：首先，土地、劳动力、资本（包括物质和人力资本）等要素数量决定经济发展的预算约束集，要素相

对丰裕程度决定其价格，进而决定其比较优势；其次，如果企业所选择的行业符合由要素禀赋结构决定的比较优势，经济将最具竞争力；再次，基于利润最大化原则，欲使企业选择并进入具有比较优势的行业，该经济体的价格体系必须反映各种要素的相对稀缺性——显然只有竞争性市场满足这一要求；最后，通过“要素禀赋结构—比较优势—价格机制—产业结构”的循环累积因果路径，实现经济良性增长。显然，上述经济发展路径中最为重要的是由市场决定的价格机制，价格不仅反映了要素的相对丰裕程度，也从侧面反映了企业主体在市场环境下的产业甄别职能。

（2）政府行为。新结构经济学认为，政府在经济发展过程中扮演着非常重要的角色，不但要完善经济发展所必需的软硬基础设施，还要对产业转型升级进行信息外部性补偿。一是完善软硬基础设施。来自企业规模、市场范围、风险性质以及产业转型升级的变化，基于降低交易成本目的进而达到生产可能性边界最优，软硬基础设施需要作出相应调整，以适应经济发展的需要。具体而言，交通、通信、信息、能源及生态环境等硬件基础设施和教育、金融、司法、文化等软件基础设施，都需要按照经济发展阶段的变化作出适应性调整。软硬基础设施具有明显的公共品属性或外部效应，单个企业无法内部调整软硬基础设施产生的成本。同时，企业间自发协调的可能性也很小。在这种情况下，社会福利最大化的典型代表——政府，最为适合充当完善软硬基础设施的角色。此外，政府还需要在主动投入改善基础设施和协调各方行动之间作出选择。二是信息外部性补偿。由新结构经济学可知，要素禀赋结构随着经济进入不同发展阶段将会发生动态性变化，这意味着由要素禀赋结构决定的比较优势也会随之变化。在这一条件下，甄别符合新的比较优势的产业成为新经济发展阶段的重要任务。一方面，资本的逐利性决定了企业进入新兴产业的主观能动性；另一方面，企业也有踌躇不前的可能性，即信息外部性的存在。具体而言，先驱企业进入新兴产业将创造非竞争性知识，无论成功或失败，对尚未进入新兴产业的企业都是具有价值的信息外部性。换言之，尚未进入新兴产业的企业可能选择“搭便车”或者决定不进入该产业。因此，在市场不能对信息外部性进行补偿的条件下，政府应该有所作为，要么强化知识产权保护，要么辅以产业政策。

2. 新结构经济学分析框架的应用优势

培育特色小镇，归根到底是要摆脱依靠要素投入为主的传统经济发展模式，走向依靠创新驱动发展、实现“产城融合”的发展道路。在这一过程中，新结构经济学分析框架具有应用优势。一是新结构经济学分析框架用于特色小镇培育路径分析，其思路和逻辑更为系统化。不仅可以充分地将人力资源、技术、资本、产业环境及生态环境等潜在影响特色小镇培育的因素纳入要素禀赋、基础设施等影响因素中，还能将政府和市场在特色小镇培育中的地位作用、比较优势与上述因素有机结合起来。二是新结构经济学分析框架对政策建议的可操作性十分重视。一方面，市场与政府是该分析框架的重要组成部分，因此分析研究的政策建议撇不开市场与政府；另一方面，尽管不同区域在培育特色小镇过程中面临不同问题，其解决路径也存在差异，但是要素禀赋结构、基础设施仍然是最关键的因素，这亦是中央及地方政府在特色小镇培育过程中需要解决的主要问题。

3. 新结构经济学下的特色小镇发展路径

新结构经济学框架下的特色小镇培育是由政府与市场协同完成的：

（1）协作参与的产业甄别。产业甄别是特色小镇培育的导向性问题，产业选择决定了特色小镇的发展方向及未来的竞争地位。基于要素禀赋结构决定的潜在比较优势，要求特色小镇的产业选择应从本地的要素禀赋结构出发，所选产业与要素禀赋结构契合度越高，越具有竞争力。但是，在满足要素禀赋结构的前提下，政府与企业在产业甄别时还存在差异，需要在以“社会福利最大化”为目标的政府与以“利润最大化”为目标的企业之间寻求均衡点。从特色小镇内涵看，从国家到地方的各级政府培育特色小镇都包含了多重目的：既要成为供给侧结构性改革、新型城镇化等国家改革和战略任务的突破口，又要增加全社会成员福利；既要实现功能融合发展，又要实现产业转型升级和区域经济增长。显然，这有别于企业单纯考虑利润的目的。然而，政府与市场的产业甄别也并非完全互斥，两者之间也互有交叉——选择符合要素禀赋结构的产业，不仅能实现产业转型升级等多重目标，而且也能促进企业自身发展。因此，虽然政府与企业产业甄别的出发点存在差异，但都寄希望于产业可持续发展带来的好处，这为寻求政府与企业产业甄别的均衡点提供了可能性。

（2）因势利导的政府行为。完成特色小镇培育的“外围”工作——依据产业特征辅以不同的政策措施。在培育特色小镇进程中，政府行为以间接为主。大致而言，政府需要在制度环境、公共服务、顶层设计等方面发挥作用：一是硬件基础设施。提升特色小镇交通、环保、信息等基础设施建设水平，打造“智慧城市”“海绵城市”；统筹规划生产、生活、生态空间，建立多层次生态系统。二是软件基础设施。包括强化规划指引和创新体制机制。强化规划指引专业要简化特色小镇规划体系和规划审批手续，根据“多规融合、产城融合”的要求，高起点、高标准、高质量编制特色小镇发展规划，强化特色小镇的顶层设计。创新体制机制重点鼓励特色小镇按照国家和地方政府的相关部署先行先试、积极探索，依法推进各项改革试点工作。结合政府政策引导、投资平台构建、PPP 等多种融资方式和外部资源导入等多方面力量完善特色小镇的投融资模式。整合土地一级开发、二级房产开发、产业项目开发、产业链整合开发和城镇建设开发等多种方式完善特色小镇的开发模式。强调以企业为主体、政府服务企业的理念，引进民营企业建设特色小镇的运营模式。三是信息外部性补偿。以新兴产业为主导的特色小镇，从产业本身来看，其所承载的产业（如云计算、基金、互联网创业等）更具创新性，因此需要以新理念、新机制、新技术、新模式推进产业创新和产业升级。然而，产业转型升级也增加了企业所面临的风险。根据风险来源，企业独有的风险分为技术创新风险、产品创新风险和管理才能风险。新兴产业意味着企业距离世界科技前沿越近，也就越需要通过原始创新进行自主研发新技术、新产品，因此面对的风险也越大。如前所述，政府需要对率先进入新兴产业的先驱企业进行信息外部性补偿，由此促进新兴产业类特色小镇的发展。

（3）顺势而为的企业行为。在解决产业大部分外部性发展问题的同时，企业在市场环境中自主经营，促进特色小镇产业发展，以及产业、旅游、文化和社区等功能融合发展。按照分析需要，将特色小镇所涉及的产业大致划分为传统产业与新兴产业。从区域要素禀赋结构决定的比较优势出发，企业自主选择进入传统产业或新兴产业。①进入传统产业的企业行为。传统产业的发展路径是通过转型升级迸发新的生机。从新结构经济学出发，在完善产业转型升级所需基础设施的基础上，政府不必干预企业行为。在这种情况下，企业身处完全竞争的市场环境，即在预算约束决定的可能生产边界条件下自主经营。②进入新兴产业的企业行为。在鼓励企业进入新兴产业的情况下，政府将通过相应的产业政策进行信息外部性补偿，允许先驱企业在一定时期内获取一定程度的垄断利润，此时企业面临的是垄断占据主导的市场环境。伴随新兴产业中企业示范作用的发挥，更多企业被引入，产业内竞争程度逐渐占据主导地位，此时先驱企业的垄断利润随之消失。对于企业而言，其行为模式将逐渐从垄断竞争向完全竞争过渡。

三、需要关注的问题

1. 市场与政府的协调性问题

在特色小镇培育过程中，需要充分发挥市场与政府的协同作用。由于存在市场失灵、政府失灵，单纯依靠市场或政府难以实现经济可持续增长，因此需要市场与政府互相配合。就培育特色小镇而言，不仅需要市场通过价格反映要素的相对丰裕程度，进而决定特色小镇的产业发展方向，而且也需要政府完善特色小镇所需的软硬基础设施。经济发展阶段的动态性决定了市场与政府需要根据发展阶段作出动态性调整。特色小镇的培育也体现了这一重要特征——作为产业载体的特色小镇，需要根据产业发展的阶段性特点作出相应的调整。

2. 特色小镇模式适用性问题

我国高度分化的小城镇发展格局和特色小镇兴起的区域特征共同决定了必须审慎地推广浙江模式：一方面，“高度分化”是我国小城镇发展的典型特征。东南沿海部分小城镇已经发展成为了中小城市，以科层为基础的城市管理体制、与行政等级对应的公共服务供给能力成为其进一步发展的瓶颈和障碍，产业转型升级及行政管理体制改革是其面临的主要挑战；中部绝大部分小城镇缺乏产业支撑，无法吸纳农村劳动力实现就地转移；西部和东北地区的部分小城镇人口和经济空间正在萎缩。另一方面，浙江模式的特色小镇具有显著的区域特征。从浙江经济发展历程看，“块状经济”和城镇发展是浙江经济的典型特征。由于“块状经济”存在产业集群低端、空间分散、创新能力低下等问题，需要实现以高端要素聚集为主要内容的产业升级，特色小镇成为浙江推动"块状经济"转型升级的战略选择。浙江特色小镇模式具有独特性。以吴越文化为基础的名胜风景优势、发达的民营经济、省直管县体制下较大自主权的县镇、基本完成的工业化进程、浙商群体的创新拼搏精神等因素共同促成特色小镇的顺势发展。其他地区在培育特色小镇进程中，要对本地区的要素禀赋结构、经济发展阶段有清醒的认识，进而制定符合本地区实际的特色小镇发展路径。

3. 特色小镇培育周期及目标问题

一是部分特色小镇培育周期过短。率先在浙江发育的特色小镇，是源于 20 世纪 80 年代在浙江形成的一批专业市场。从时间上来看，浙江特色小镇的形成大约经历了 30 年的发展。可以说，特色小镇培育是一个长期过程。但是，从部分省（市）特色小镇指导文件看，特色小镇的培育周期被确定为 3—5 年。过短的培育周期不利于特色小镇孕育地方文化，不利于特色小镇产业培育发展，不利于不同功能的有机融合。

二是规划建设目标庞大。由表 4—3 得知，我国包括浙江在内的 10 个省（市）特色小镇规划建设目标超过 900 个。据此推算，全国 31 个省级行政区（除港、澳、台）规划建设的省级特色小镇总量有可能超过 3000 个。由国家住建部文件《关于开展特色小镇培育工作的通知》得知，国家级特色小镇培育数量达 1000 个，这尚未包括地级市、县两级特色小镇规划建设数量。然而，培育国家、省两级特色小镇的重要来源——"特大镇"的数量极其有限。原因在于，国家发展改革委明确提出要"以镇区常住人口 5 万以上的特大镇、镇区常住人口 3 万以上的专业特色镇为重点，因地制宜建设美丽特色小（城）镇"，而《国家新型城镇化报告 2015》数据显示，截至 2015 年底，我国镇区人口超过 10 万人的特大镇仅有 238 个，超过 5 万人的也只有 883 个，因此，过短的培育周期、过于庞大的培育数量，使得特色小镇建设有可能沦为新一轮"政绩工程"，甚至已有学者将目前国内特色小镇建设称为"特色小镇运动"，并且认为过短的培育周期可能导致特色小镇步入"有特色无灵魂"的尴尬境地。

表 4—3 部分省（市）特色小镇规划建设目标

省（市）	建设目标/个
浙江	100
北京	42
天津	20
河北	100
贵州	100
山东	100
甘肃	18
四川	300
广东	130
合计	910

4. 特色小镇建设“地产化”趋势问题

较之资源、公共服务更加丰富完善的大城市，特色小镇具有吸引人口、产业集聚的低成本核心优势，尤其是较低的创业成本、土地成本及生活成本，低成本在一定程度上能吸引同类创业者在特定空间聚集，进而降低交流成本和交易成本，最后形成产业聚集。但是，从目前我国特色小镇的建设现状看，特色小镇建设“地产化”趋势明显。很多地方都是通过地产商主导开发特色小镇，如果将房地产作为特色小镇的先导产业，将增加产业发展的各项成本，难以形成特色产业集聚，而没有产业支撑的特色小镇，将沦为“科技地产”“文化地产”“工业地产”，最终演变为地产业“一家独大”。因此，培育特色小镇要充分利用低成本优势促进特色产业聚集，避免“地产化”吞噬低成本优势。

此外，当前国家层面提出发展特色小镇，其政策意图是引导回归实体经济。若房地产主导特色小镇建设，不仅与国家政策相悖，更无助于经济发展模式转型。

四、政策建议

新结构经济学对于特色小镇的理论体系构建具有系统性与适用性，从新结构经济学分析框架看特色小镇的培育路径，本文认为政府需要在产业甄别、基础设施完善、信息外部性补偿等方面有所作为，需要构建合适的政策支持体系促进特色小镇培育，同时还须对特色小镇出现的问题进行调整，主要包括以下3个方面。

（1）构建合适的政策支持体系。政府在完成产业甄别的基础上，要着重在完善软硬基础设施上下功夫，构建涵盖产业政策、财政政策、要素（土地、人力资源）政策、融资政策等方面的政策支持体系。

（2）调整特色小镇规划建设目标。鉴于目前我国各级特色小镇规划建设目标过于庞大的现状，一方面从国家层面引导各地控制特色小镇建设数量；另一方面，进一步提高各类特色小镇门槛，防止特色小镇建设"滥竽充数"，提升特色小镇建设质量。

（3）防止特色小镇"地产化"趋势。在地产行业土地成本不断上涨的背景下，地产商将特色小镇视为降低土地成本的渠道，通过地产行业惯有盈利模式获取利润。因此，需要地产商摒弃出售商品房获取利润的现有经营模式，鼓励包括地产企业在内的各类投资主体对特色小镇进行产业植入，通过产业运营获取利润。

第五章 特色小镇中的生态环境保护与生态文明建设研究

面对新常态下的社会变革趋势，需要从智慧城市、低碳经济等方面入手，灵活运用不同的举措加强特色小镇建设，提升其实践过程中的潜在价值。因此，未来特色小镇建设中应充分地考虑新型城镇化发展要求，彰显出特色小镇的独特之处，并提高其辐射带动能力，促使与之相关的区域经济得以快速发展。

第一节 中国特色小镇发展中的环境保护与生态文明

一、特色小镇发展中生态文明特征

文明是人类社会发展过程中逐渐沉淀下来的，有益于增强人类对客观世界的适应和认知、符合人类价值追求和审美情趣的物质及精神成果的总和，是人类社会进步的标志。人类进入文明社会以来，大约经过游牧文明、农耕文明、工业文明三种文明形态。三种文明形态的变迁反映出人类对自然环境的被动适应越来越少，对自然环境的主动干预越来越多、越来越大。尤其是近三百年以来的工业文明，使人类肆无忌惮地征服自然的行为达到了极致。毫无节制地向自然环境索取，不计后果地向自然环境排放，引发了全球范围内的生态危机。人们清楚地看到，这样下去的必然结果就是走向共同的毁灭！因此，人类需要开创一个新的文明形态来延续人类的生存和发展。在这种背景下，“生态文明”成为全社会有识之士的共同选择。学界较为认同的定义是：生态文明是一种反映人与自然、人与人、人与社会和谐共生、良性循环、可持续发展的社会形态，是与工业“黑色文明”相对应的生态“绿色文明”。

中国作为工业化发育程度较低的国家，应该在特色小镇建设过程中注重生态文明建设，这不仅是关乎中华民族的生存和发展，也是对整个人类社会的贡献。面对资源约束趋紧、环境污染严重、生态系统退化的严峻形势，必须树立尊重自然、顺应自然、保护自然的生态文明理念，将生态文明建设与特色城镇化建设有机地结合在一起，才能切实地发挥后发优势，实现高质量、高水平的现代化。

二、特色小镇发展中强调生态文明建设原因分析

恩格斯早有告诫："我们不要过分陶醉于人类对自然界的胜利。对于每一次这样的胜利，自然界都对我们进行报复。"快速的城镇化加剧了因工业化而造成的生态问题，生态问题反过来阻碍城市的进一步发展，威胁着人居环境的安全。城镇化进程中生态问题的产生存在多种原因。

（一）中国经济社会现实要求走生态文明型的特色小镇建设道路

人口多、文化素质低、人均资源占有量非常低是我国的基本国情，也正因为如此，才使我国前期的工业化、城镇化走的是粗放增长、数量扩张、重速度、靠投入、高消耗、低效益的不可持续的发展道路，这也使得城镇化建设过程中造成了自然资源的大量消耗和环境的严重污染，对生态文明建设形成了一定的冲击。改革开放以来，我国产业发展偏重于高能耗、高排放的第二产业，第一产业停滞不前，第三产业严重滞后。这种产业政策虽然极大促进了我国制造业发展，使我国被称为"世界工厂"，然而，低端制造业是资源的主要消耗者，也是城镇化过程中环境污染的主要生产者。加之我国正在迈入汽车时代，汽车保有量的迅速增加，使得机动车尾气污染物排放总量也在迅速提高，加剧了我国的生态危机。近年来，我国频发的城市雾霾、水域污染、食品污染、土地重金属污染、酸雨污染，已经给我们敲响了警钟。近年来，这些问题的产生原因既有观念的滞后，也有产业发展政策的失误。以产业结构严重失衡为主要特征的城镇化过程，正在导致城镇资源日益枯竭、环境质量不断恶化，极大地削弱了人与自然和谐相处的生态功能。

（二）环保教育缺失，公众环保意识淡薄

环境教育缺失也是导致我国城镇化进程中生态环境得不到保护的主要原因。长期以来，我国地方政府对生态环境保护不够重视，使我国的环境

保护教育整体落后于城市经济社会发展。现在，我国从事环境教育的专职人员尤其是掌握综合的生态知识，具有丰富的生态环境保护经验的高素质的教育人才非常缺乏，环境教育内容浅薄，环境教育的目标和原则空泛，环境教育的过程流于形式，这些因素的综合作用加大了城镇化进程中的生态风险。

根据近年来各种研究机构所做的环境意识调研报告，环境教育的缺失是使公众生态环境知识匮乏、生态环境保护意识淡薄的重要因素。总体而言，我国城市居民的生态意识要高于农村居民。这是因为在“城乡二元结构”的影响下，广大农村环保工作的开展范围、开展效果远不如城市，农民对生态环境问题的成因、危害、防治知识欠缺，面对环境危机不能有效自我保护。必须认识到，农村生态问题若得不到妥善解决，必然潜藏着进一步加剧城市生态危机的风险。

（三）生态文明建设机制不完善

生态机制的缺乏是导致城镇化进程中生态环境恶化的重要原因。长期以来，我国城市规划存在不合理、不科学的现象，一些地方政府在观念上没有“以人为本”，将城镇化理解为“造城运动”，在面子心理和经济利益的驱使下，过分注重城市规模的扩张，大量新城拔地而起，造成大量的耕地被乱占滥用，大量资源和能源被消耗。一些大城市、特大城市将各种资源尽可能地集中，导致交通堵塞、住房紧张、环境污染等“城市病”日渐凸显。

目前，我国在考核官员政绩时仍然很看重 GDP，导致官员生态责任和生态意识缺乏；重大环境项目信息仍然不够公开和透明，缺乏公众和媒体的及时有效监督；生态补偿机制缺失，生态补偿不合理，导致自然生态不能及时得到修复；土地等生产要素缺乏市场调节，生产要素价格不统一，农民的生存和发展权益得不到保障，进而引发新的生态问题。此外，环境保护法律法规的缺失，环境监管机构种类杂乱，监管机构保护生态环境的责任和权力还不十分明确，环境监管人员数量少、素质不高，从事环境治理的高技术人才缺乏，环境治理的投入少等因素都制约着城市生态权利的保障。

三、特色小镇与生态效应演进

生态效应是指人为活动造成的环境污染和生态破坏引起生态系统结构和功能的变化。城镇化进程中的生态效应是指在人类社会由乡村向城镇转型的过程中，人类的生产、生活活动对环境、生态的影响以及由此引起的生态系统结构和功能的变化。

城镇化的不同阶段会对生态环境产生不同的影响，不同阶段的生态环境问题和城市现象对于城市本身也产生了强烈的影响，加速或延缓了城镇化的速度。萌芽阶段是以物质和能量的聚集为特点的，主要表现为农产品的集中供应和消费，经济行为的集中进一步加快了城市规模的扩大；提高阶段主要表现为城市人口的急剧膨胀，城市规模的迅速扩大，城市问题（城市热岛、污染岛、噪声污染等）开始受到关注；高速发展阶段主要表现为城市数量的激增，区域城镇体系的初步形成，由于体系之内的大中城市发展不一致导致体系内的链条失去衔接，不同区域之间的城市生活水准差异性呈现；顶级阶段主要的特点是逆城市化，在此阶段人类对于人居环境自然属性的要求越来越高，使得城市逐渐地扩散到农村，农村和城市逐渐地交融，最终消灭城乡差别。

新型城镇化背景下特征小镇建设中应充分考虑环境问题，在可持续发展战略的引导下，加强其建设中的生态环境保护，并重视配套措施使用。具体表现在：（1）加强特色小镇的科学规划建设，避免生态环境质量造成影响，促使特色小镇实践应用中具有良好的生态环保效果；（2）加强不同要素的整合利用。在建设特色小镇的过程中，应加强产业聚集中的人口及资源整合，优化人口结构，积极探索产业的内在增长点，并在扶持政策支持下为特色小镇建设吸纳更多的人才；（3）因地制宜，突出小镇特色。特色小镇建设中也应发挥区位优势、资源优势等，确保其整体布局合理性。

第二节　特色小镇与生态环境协同发展研究

一、特色小镇进程中生态文明建设机制

改革开放以来，我国加大环境立法的速度，基本上形成了以宪法中关

于生态保护的相关规定为主导，以环境保护法为基础，以生态保护专门法为主干，以一些地方性法规中有关环境保护的相关规定为补充的生态保护立法体系。但现行的法律保障机制存在不少问题，主要是：生态文明建设的法律体系不够健全、监管体制不配套、生态补偿机制未充分发挥作用等。建立科学合理、完善配套、可操作的生态文明建设机制，为新型城镇进程中生态文明建设提供制度和机制保障。

（一）构建生态文明建设的公众参与机制

建设生态文明既是亿万人民的共同心愿，也是每一个公民义不容辞的责任。建立健全科学合理的生态文明建设公众参与机制，可以发挥众人拾柴火焰高的优势，充分调动更多公众参与生态文明建设的积极性和能动性，加快推进生态文明建设的步伐，实现生态文明建设的目标。要广泛利用各种宣传媒体，坚持不懈地开展形式多样的生态环境保护的宣传教育，把生态道德教育贯穿于国民教育的全过程。通过生态法律制度规定公民的生态环境权利与义务，为生态治理和建设过程中引发的矛盾和纠纷提供解决途径。建立环境公益诉讼制度，扩大公众保护环境的参与度。加大非政府组织在环境保护方面的建设，为社会公众积极参与环境保护提供组织保障。注重生态消费精神的积淀和培养，在全社会倡导生态消费理念。

（二）构建生态文明建设的产业化机制

为了实现在保护中发展、在发展中保护的目标，有学者提出，“生态文明建设必须以经济建设为中心，发展生态经济，促进产业发展的生态化，实现环境保护与经济发展双赢的目标”。在新型城镇化进程中，建立健全产业生态化机制可以从以下几个方面着手：加强产业结构和产业布局的战略性调整，促进产业发展的生态化，着力发展资源消耗少、环境污染少的第三产业以及高新技术产业；加快绿色经济、循环经济、低碳经济的协调快速发展，着力贯彻国家提出的节能减排策略；完善市场准入和退出相关制度，加快产业技术升级步伐，提高资源能源利用效率，提高经济运行的质量和效益；完善环境评价制度，加强环境监测，对不符合产业生态化、环境污染指标不合格的项目实行一票否决。

（三）构建生态文明建设的环境补偿机制

目前，“资源有价”“生态补偿”的观念在我国已经初步建立，推动了对生态文明建设具有重要意义的生态环境补偿机制建设。但必须看到的是，在这方面我国还刚刚起步，还有很多不足。为推动生态环境补偿机制建设的进一步完善，要通过法律、行政法规、地方性法规等形式，明确相关法律法规的约束作用，从法律的层面上明确生态补偿责任和各生态主体的权利义务，为生态补偿机制的进一步系统化规范化运作提供有效的法律依据。进一步加强生态环境补偿的监管工作，细化环境监管责任，使生态环境保护的监管工作覆盖全社会各个领域。加强生态环境影响的量化技术和货币化技术建设，为科学、合理、良性的生态环境补偿机制建设提供相关的科学技术支撑。建议设置生态税种，发挥其对控制环境污染、保护生态环境方面的作用。

（四）构建生态文明建设的政绩考核机制

2015 年 8 月，中共中央办公厅、国务院办公厅联合印发了《党政领导干部生态环境损害责任追究办法（试行）》，首次对追究党政领导干部的生态环境损害责任做出了制度性安排。该办法将生态环境保护与党政领导干部的政治前途直接挂钩，规范了生态环境损害的追责主体、责任情形、追责形式、追责程序。可以预见，它的实施将使得官员在面临地方经济发展和生态保护选择的时候，态度更为审慎。近年来，针对我国经济发展与生态的矛盾日益尖锐的严峻形势，国内学者提出了绿色 GDP 的概念，主张在考核地方政府和官员的政绩时，将生态文明建设的各项指标具体化，并将其纳入到各级地方政府和党政官员的政绩考核指标体系中去，以此来倒逼党政机关重视生态文明建设。从目前情况看，这一考核机制还需要在实际操作层面进一步完善。同时，考核机制必须改变上级政府考核下级政府的单一做法，建立政府考核与公众评议、专家评价相结合的机制，充分发挥政绩考核体系对推动科学发展、生态文明建设的导向和激励作用。

（五）构建生态文明建设的驱动机制

有学者认为，生态文明建设的驱动机制应包括政府部门驱动力、工厂企业驱动力、学术机构驱动力、民众和民间团体驱动力四个方面。政府部门应尽快制定科学完善的具有可操作性的政策和法律体系，并加大监督、执行力度，确保政策和法律体系落到实处，从而推动生态文明建设。面对日益严重的生态环境问题，企业的生产和经营方式正在自觉不自觉地、主动被动地向着生态文明理念要求的方向转变，也在推动着生态文明建设。包括高等院校、科研院所在内的学术机构能够不断地为生态文明建设输送新理念、新技术和优秀人才，尤其能够通过公民教育的形式提高全民的生态文明意识，从而推动着全社会的生态文明建设。国内外经验证明，民众和民间团体是生态文明建设的一支重要力量，因为它不但是生态文明建设的主力军，而且能够成为政府、企业和学术机构行为的有力、有效监督者，其驱动力越来越不容忽视。由此看来，上述四个方面的驱动力，可以分别表述为政策与法律驱动、市场与企业驱动、科技与人才驱动、民众与民间驱动四个层次。只有上述四个方面、四个层次的驱动力均能发挥其各自独特的作用，城镇化进程中的生态文明建设机制才能真正科学、有效地建立起来并不断完善。

二、特色小镇与生态文明建设协同推进的机理

从系统论的角度观察分析，新型城镇化是由经济系统、生态系统和社会系统构成的有机整体。中国特色的新型城镇化以人的城镇化为核心，以绿色发展为导向，以人口市民化和产业与城镇、生态与城市、人文与城市的多元融合为路径，以人与人、人与自然、人与社会的和谐统一为目标，实现经济效益、生态效益和社会效益的共赢。生态文明建设系统是由生态空间布局系统、生态产业系统和生态文化系统（生态意识、生态观念、生态认知）共同构成的有机整体，追求的目标是资源节约型和环境友好型社会，实现人与自然、经济发展与环境保护的和谐统一。

（一）城镇经济发展体系与生态产业发展体系、生态空间布局体系的融合机理

新型城镇化经济发展体系，是社会生产力发展到一定程度，工业化、农业现代化和信息化发展的必然趋势和根本要求。产业发展是支撑城镇化发展最为重要的内生动力，城镇化需要产业发展来充实，通过产业发展促进就业和创业。在生态环境约束趋紧的情况下，一方面，新型城镇化必然要求城镇化空间布局结构的合理和经济发展方式的转型，实现大中小城市、城镇和新型农村社区的绿色、协调发展，大力发展低消耗、低污染、低排放和高效益的生态经济，新型城镇化的经济发展体系必然落脚到生态文明

建设支撑系统的生态产业发展体系和生态空间布局体系上。另一方面，生态文明建设就是通过调整优化空间布局，大力推动生态产业发展，全面促进资源节约，加大自然生态系统和环境保护力度，提升经济、社会和城镇化发展的质量和水平，有力推动城镇绿色工业、绿色农业和低碳服务业等经济发展体系的绿色转型，助推新型工业化、新型城镇化、新型农业现代化和信息化“四化同步”发展。

(二) 城镇化生态支撑系统与生态空间布局体系的作用机理

新型城镇化的生态支撑系统是提高城镇化质量的必然选择。当前，一些城市空间无序开发，人口过度集聚，重经济发展、轻环境保护，重城市建设、轻管理服务，交通拥堵问题严重，公共安全事件频发，城市污水和垃圾处理能力不足，大气、水、土壤等环境污染加剧，外来人口集聚区人居环境较差等问题日益凸显，根本原因就是忽视了城镇建设的空间布局体系。科学确立城市功能定位和形态，加强城市空间开发利用管制，合理确定城市规模、开发边界、开发强度和保护性空间，合理设定不同功能区土地开发利用的容积率、绿化率、地面渗透率等城镇化生态支撑体系的规范性要求，恰恰又是生态文明空间布局体系的具体体现。

(三) 社会支撑系统与生态文化体系的作用机理

新型城镇化的社会支撑系统就是坚持以人为本的精神，彰显城镇的人文关怀和精神抚慰，让非农人口在身体和心理上真正融入城镇发展。因此，新型城镇化要使城市景观结构与所处区域的自然地理特征相协调，挖掘传承我国的生态文化和建筑艺术，体现城市的自然和文化个性，保留传统民居和田园风光。鼓励城市环保低碳生活方式和生态文化的多元发展，促进传统文化与现代文化、本土文化与外来文化交流融合，形成多元开放的现代城市生态文化。可见，新型城镇化社会支撑系统与生态文明建设生态文化体系也是一致的。

(四)“人的城镇化”与“生态文明制度体系”的作用机理

新型城镇化的核心是“人的城镇化”，生态文明建设的核心是“生态文明制度体系”，实现新型城镇化与生态文明建设的良性互动和优化发展必须打通由“人的城镇化”到“生态文明制度体系”的阻塞通道。一方面，“人的城镇化”必须全面考虑生态环境的支撑承载能力，坚持生态文明理念和原则，完善推动城镇化绿色循环低碳发展的体制机制，走“产城人”紧密结合和高度融合的绿色人文新型城镇化道路。另一方面，加强生态文明制度体系建设，必然要求完善促进生态文明建设的法律法规和政策体系，必然体现“以人为本”的内在价值，促进新型城镇化资源节约、环境友好，更好推动以“人的城镇化”为核心的新型城镇化进程。

三、特色小镇与生态文明建设协同发展路径

（一）普及生态理念和文化，创新特色小镇生态文明治理方式

任何一场重大变革来临之前，总是要首先进行意识形态领域的变革，而一定的社会意识形态又以一定的社会文化积淀作为基础。特色小镇作为我国未来社会的发展方向，其生态文明建设需要以生态城镇的文化理念作为意识基础，通过提升政府、企业、公众行为主体的生态文明意识，实现城镇化进程中社会价值观和发展观的转变，从制度建设、监管方式等方面创新城镇生态文明的治理方式。

第一，加强宣传，提升居民生态保护意识。生态城镇的宣传工作，不仅仅是“保护环境、节约资源”的口号喊响，而应当让城镇居民充分认识到生态文明对于生态城镇乃至整个新型城镇化建设的重要性，增加人们对环境的主体意识、忧患意识和责任意识。广泛动员社会力量参与特色城镇中的生态文明建设，在国家和政府的指导下，倡导全社会的支持和参与。

第二，推进制度建设，构建生态文明建设治理机制。社会制度的建设和完善有助于改善生态环境的治理机制，保障人类生存要素转化为生产要素，进一步实现对它的利用和保护。因此，要实现良好的城镇生态文明建设，必须将“生态环境保护”作为一项重要因素纳入制度建设的考虑范围，通过建立城镇生态文明建设的评价制度和法律制度，完善生态城镇的治理机制。

第三，转变治理理念，提高特色城镇的监管能力。针对过去城镇化进程中政府监管的越位、错位和缺位现象，特色小镇要求政府在城镇生态文明建设过程中要发挥积极作用，改变过去以“GDP 增长”作为业绩指标的管理观念，将协调城镇居民与城镇生态环境的关系作为监管的出发点和落脚点，积极应对特色小镇建设进程中的生态文明建设问题，运用宏观调控

手段帮助促进特色小镇经济效益、社会效益、环境效益的和谐一致。如优化监管组织机构。

（二）优化城镇规划和布局，建设新型特色小镇空间体系

城镇化水平反映了国家现代化的程度，城镇化是国家发展的总体战略，国土空间是城镇发展的土地资源条件。无论哪种形式的城镇化发展模式及其生态文明建设发展战略，积极贯彻和实施科学的国土空间利用与规划都是必经之路。从内容上讲，国土空间布局包括经济发展空间，农业生产空间以及生态空间。过去，我国的城镇化过多强调经济发展空间的无序扩大，忽略了城镇化中农业发展空间以及生态空间的规划，使得城镇发展的布局和形态出现“病态”。因而，在构建新型城镇化过程中，首先需要从国家层面设计合理的城镇空间布局。

第一，建设主体功能区，优化特色小镇空间布局。对国土空间实行主体功能区规划，有利于形成因地制宜、差异有序的城镇空间布局，为推进特色小镇建设进程中的生态文明建设提供了规划依据。

第二，转变土地利用方式，实现城镇集约发展。特色小镇空间布局的改善除了依赖主体功能区的顶层设计外，在每个规划的区域内，还应当从多个方面积极转变现有土地利用方式，从土地利用上面保障城镇实现集约可持续发展。如控制建设用地，重视城镇土地的管理、整治与保护；充分利用已有建设空间，减少对土地的无限占用；新区建设中正确引导人口聚集和经济布局地区的相对集中。

（三）推进产业结构调整，倡导绿色特色城镇经济发展方式

特色城镇建设过程伴随着经济的快速发展，经济的增长又为特色城镇提供充足条件。脱离良好的产业发展，特色城镇难以持续性地提供农业人口市民化的基础，结果会导致严重的城市生态问题。经济发展方式的转变应当以建设资源节约型、环境友好型社会作为重要的着力点，促进物质水平发展与人口、资源、生态相协调，增强可持续能力。特色城镇中的生态文明建设需要坚实的物质基础作为发展的原动力，绿色的经济发展模式为其可持续发展提供可能。应当将生态产业的发展、企业的清洁生产、生态工业园区的建设作为产业结构化、绿色经济发展的主要途径。

第一，创新技术，促进绿色产业发展。作为国家发展的一种新兴战略

产业，节能环保产业以节约自然资源能源为出发点、发展循环经济为主要生产方式、提供物质基础和技术保障来实现保护生态环境为最终目标。如发展在制造产业等新型环保产业、加快传统产业的转型和升级。

第二，预防污染，推动企业开展清洁生产。城镇企业作为生产主体，其环境行为对于推进新型城镇化中的生态文明建设尤为重要，因而必须以预防污染为主，推动企业在城镇化中开展清洁生产。实行清洁生产，需要企业在原料选择、产品设计、工艺改革、设备更新、循环系统等各个环节开展污染预防，才能减少废物和污染物的排放，为城镇生活提供清洁产品。此外，除了鼓励企业通过开发应用高新技术和绿色技术提高资源能源利用效率外，还要加强环境管理工作，促进企业的清洁生产。

第三，优化模式，推进生态园区建设。建设生态工业园区是实现城镇工业化的重要途径。截至目前，在过去城镇化中已经建成的开发区、工业园不在少数。在工业园区内对煤、电、热、水、气等资源采取联产循环的方式，促进资源的重复循环利用。生态工业园区不仅要满足为新型城镇化中的工业生产，也应当从多方面推进园区的生态文明建设，满足园区内员工、企业的绿色需求：一是推进园区内基础设施绿色化；二是合理进行园区内景观建设。

（四）提倡生态消费，打造生态宜居环境

特色城镇的建设和发展带动经济的发展，使人们有能力支付高消费的生活方式，而这种“购买—使用—废弃”的物质主义消费造成自然环境的污染和资源的浪费。近年来新兴的生态消费观提倡文明消费、绿色消费、合理消费，引导人们从追求物质享受转向追求精神享受、生态需求。生态消费中包括绿色消费，所谓绿色消费是指公众购买和使用有环保标志的产品——绿色产品。从对自然的过度依赖，严重污染和直接破坏转向节约资源、能源、减少废物排放，消费污染，破坏生态环境，禁止对濒危物种掠夺和消费。生活方式注重特色和多样化以及物质生活生态化，实现生产、消费和环境的高度协调和统一。在特色城镇建设进程中，这种生态消费直接导向适度消费，是一种节约型消费。我国从 1999 年就开始实施“三绿工程”，即“倡导绿色消费”“培育绿色消费市场”“开辟绿色通道”，让公众自觉考虑环境保护而倾向于消费“绿色产品”，这也将推动“绿色产业”的

发展，进而推动特色小镇的生态化发展。

第三节　特色小镇“全域化”生态治理构建与政策路径

为适应新常态下经济产业转型和新型城镇化发展的诉求，党的十八大和十八届三中全会提出，“把生态文明理念和原则全面融入城镇化全过程，走集约、智能、绿色、低碳的新型城镇化道路”。国家“十三五”规划和《国务院关于深入推进新型城镇化建设的若干意见》明确提出要在未来五年加快发展中小城市和特色镇的政策导向。指出特色城镇建设与发展的核心理念，是应基于共享理念前提下实现绿色环保和生态治理为基本原则。

从国内环境领域问题治理的经验来看，生态治理作为依附于政治思维和政策机制层面的新治理模式，同政治理念和制度设计的生态化趋势密不可分，更加依托于一种政治生态化的基本逻辑。或者说是政治与生态环境问题的一体化框架。换言之，国内生态治理官方话语的凸显内源于新型城镇化发展转型中的经济化政治向生态化政治转型的制度诉求。住房城乡建设部、国家发改委等三部委在《关于开展特色小镇培育工作的通知》中明确提出绿色发展理念、绿色生态特色小镇的概念，并把注重生态环境保护作为基本原则之一，表明生态化是特色小镇的发展目标之一，也是新型产业资源集聚和创新空间增长的重要前提。

这种生态化政治新思维的治理模式，在某种程度上，为地方治理实践提供了全域性生态系统创新的制度基础和政策导向，也为特色小镇生态为基础的发展思路提供了政策注解。进一步而言，特色小镇主要是以生态功能和生态质量为基础，旨在实现社区中各组成因素及社区内外部环境的相互联系、依赖和协调的“融合共生”空间的建构场域。从政策的推进和实施来看，其培育和建构只有依托生态化的政治思维和治理机制，特色小镇才有可能打下坚实的生态基础。

一、生态政治新理念与特色小镇政策议题

（一）生态政治语境下的发展模式转型

所谓生态政治，是指将生态问题纳入政治的高度，将政治话语予以生

态化，追求政治与生态一体化的政治形态，同时也是将生态思维嵌入整体政治系统的过程。生态政治是生态环境问题的政治化和社会化，它要求将生态环境问题提升到政治的高度并通过改进政治体制以谋求解决之道。生态政治所遵循的是公平性、持续性、协调性以及生态系统的自我调节、循环再生、生态平衡等生态学基本原则和原理。

政治话语形态是政治话语主体为实现某种利益或建立某种秩序而产生的一种组织性支配力，它表达了政治主体对其他各种力量的影响和制约程度。吉登斯指出，国家的发展必然要与话语方式的形成相融合，话语方式建构性塑造了国家权力。生态政治实质是将环境问题政治化，依可持续发展的战略理念整体考量自然系统和人类社会系统的关系，变革政治价值观、政治思维和政治活动。

通过经济政治向生态政治模式的转换，促使着整体发展机制和治理政策逐步面向生态、持续与和谐的目标迈进。经济社会生态化发展的思路契合了当前国家政治话语的建构模式，环境议题领域的制度权变性策略路径与政策情势性因素框架融合建构了生态政治话语的新的权力空间。

中国生态文明建设和发展离不开强有力的生态政治话语的影响和保障。当然，生态政治不是与传统政治的割裂，而是保留了传统政治的核心内容，但又在经济政治的基础上增注了生态环境要义，是对传统政治的一次升华。进一步而言，生态政治不是否定经济增长，而是在否定传统政治模式框架下的经济增长方式，以及由此导致的对人的价值主体地位异化的基础上，试图修复和矫正经济增长与环境生态的对立状态，转变为和谐共生、相互适应甚至促进的关系，实现人的价值主体地位为目的。如原环境保护部部长陈吉宁说，绿色发展理念是我党积极探索经济规律、社会规律和自然规律的认识升华，带来的是发展理念和方式的深刻转变，也是执政理念和方式的深刻转变。

生态政治由最初的应然层面的理念阶段逐步发展到当前实然的政策实践，一方面得益于生态政治理论的发展。生态政治理论的明显特征在于它认为应该在政治的高度上认识和把握威胁人类生存和发展的生态危机问题，并从根本上促进人类思维的变革。

同时也将深刻影响中国社会，“将超越和扬弃现有的工业化、现代化模式”，带来“一场涉及生产方式、生活方式、思维方式和价值观念的重大变革”。有学者指出，针对中国的历史和现状而言，生态政治化将是今后相当长的一个时期内中国社会主义政治文明建设的重要内容。新型城镇化作为引领经济社会迈向中国特色社会主义新时代的政治主导性框架的重要推进路径，生态政治必定成为凸显的重要话语形态，生态治理无疑也将成为融入新型城镇化过程的主要开展方向。

（二）生态政治到生态治理的地方政策实践

生态治理作为生态政治话语实现和新型政治权力框架建构的重要路径，不仅成为政治理论发展新的指引方向，更成为政治实践新的发展趋势。另外，绿色发展首先需要执政党转变理念，生态政治化理论延伸到治理实践领域，表现在政府的公共权力开始在政策设计、经济调节和法律管控等层面发挥作用，将生态环境问题纳入正式的制度设计、政策决策及绩效评估的框架之内，用政治思维解决生态环境问题。

随着国家“五位一体”生态建设总体战略规划的确立和具体领域环境保护与治理实践的推进，政治生态化国家层面的制度框架已经开始成型，地方层面的政策设计也日渐完善。就现实经验而言，当前地方基层生态治理的主要路径和模式，在政策制定和机制设计方面，主要依托城镇社区治理的主体框架开展，为社区生态治理提供现实的组织框架和行动空间。

为当下地方生态治理理论深化和实践拓展提供有价值的建议和思考。从此种意义而论，2014 年浙江正式开始实施的特色小镇培育和建设的创新案例，不仅是高层生态政治思维由统合性话语框架转化为地方生态治理实践探索的创新尝试，而且从国家发展的长远战略来看，也是面对国内经济结构转型，资源环境紧约束问题日益严重和国际气候变化合作背景下的主体责任压力的承诺诉求。《国民经济和社会发展第十二个五年规划纲要》明确提出，“优化城市布局和形态，加强城镇化管理，不断提升城镇化的质量和水平”，新型城镇化担负着我国深化产业升级，转变发展方式的时代重任，从党的十八大到中央经济工作会议，到中央农村会议，从中央到地方，陆续推出了一系列“城镇化行政”。

当前从浙江兴起并逐步席卷全国的带有重要探索性质的特色小镇，实为新型城镇化的创新实践，是落实五大发展理念的最新战略举措。

作为新型城镇化的新议题，特色小镇不仅在某种程度缓解了城市传统产业承载的压力，释放和集聚了新的产业样态，以就地、就近城镇化的模式，加速了我国推进新型产业升级和技术创新机制的内生动力的成长；同时，生态发展为基础，融合地区特色要素共生性发展的原则，一定意义上突破了传统经济模式的资源困境，转为地方积极自主的开发当地优势要素，从而实现个性化、多元化发展模式，为地方政府治理思维转换和政策机制革新提供了有利契机。“特色小镇核心是特色，绿色是底色。”

特色小镇是培育新经济的新载体，这就要求在编制城镇规划时要追求城镇设施的混合功能，降低成本、绿色低碳。特色小镇话语背后的生态型思维无疑将为我国由经济绩效捆绑的资源能耗式发展模式的转型注入新动力，进而影响国家政治生态的发展逻辑和制度考核的权衡标准，趋向一种生态型政治的发展方向。因此，加强研究生态思维引导下的特色小镇理论建设，深入揭示生态化发展的基本内涵。

对于深入开展特色小镇乃至新型城镇化的理论研究，分析背后的政治逻辑和制度意涵，提升政策实践效能和现代治理能力，都有着积极意义。

二、特色小镇“全域化”生态治理的内涵与框架

生态化政治新思维的治理模式某种程度上，为地方治理实践提供了全域性生态系统创新的制度基础和政策导向。特色小镇作为地方提升新型城镇化质量的系统创新工程，本质是重新培育和建构地方生态空间场域的探索过程。既然是生态空间的培育和完善，那么自然不是一个单极化、单向度和单机制的过程，而应该是一种在大生态观的整体战略目标引领下，以多向度价值、多元化主体、多层级机制和多维度路径为主体框架，建构空间结构合理、生态系统健康和社会要素和谐的共生共享式新空间的过程。赫尔曼·戴利指出，经济增长、环境保护和社会平等是相互依赖和相互加强的国家目标，达到这些目标的政策应该整合。

现代经济学观点认为，一切自然资源和生态系统所提供的服务是人类社会生产需求的源泉，自然再生产、经济再生产和社会再生产已经密不可分，生态环境系统与生态经济系统之间始终存在着物质、信息、能量以及价值的流动，两者已经形成一个有机的整体。特色小镇这种整体性治理的政策思维，也体现出一种超越单纯经济可持续的增长模式，而是趋向“全域化”空间生态发展的方向，面向社会综合可持续主义的发展机制，这也

是特色小镇建设和发展所追求的深层价值和本质归宿。

（一）“社会—生态”耦合下的全域社会要素系统

全域社会系统理念认为，人类社会的发展进步与周围环境的关联程度不断加深，社会系统的稳定和健康更加受制于自然生态环境系统的和谐与安全状态。同时人类社会现代性进程的增强，对自然生态系统的破坏及改造能力也日益强化，导致社会和生态系统的结合趋向一致，由此推进了“社会生态学”的发展。社会生态理论是探讨人类社会在特定时空场域的行为及同所嵌入的自然生态系统相互关系的理论体系，社会系统与自然系统两者之间是相互嵌套的，具有某种耦合关系。“社会—生态”耦合是指人类行动和生态结构是紧密地联系在一起且相互依赖的，形成了相互耦合、多维互动的社会生态系统。

美国国家研究委员会对二者的整合性研究称为一种面向“持续性科学”的新理念，这种称谓背后实质在某种程度暗含着旨在建构一种安全健康系统的发展理念。特色小镇是立足产业、环境、文化、设施服务、体制机制五大领域的区域性整体社会系统的全面塑造为途径，依托地方性自然地理禀赋，以特色产业发展为平台集聚优势同质资源，以机制创新和制度突破为运行保障，协同文化、旅游和生态良性发展的“产城融合共生”模式的新型城镇化的重要实践。

特色小镇可以看作是一个空间组织系统，其良好的运行机制需要内部各子系统之间协调配合，以破除产业结构升级与资源融合的梗阻矛盾，改变城乡发展失衡、环境生态恶化及文化资本流失的危机，打造全域化的区域良好社会生态发展情境。

社会生态系统理论的基本观点是人类处于一个社会与自然环境之间相互交织、相互影响所形成的关系体系之中，要求得生存与发展，具有能动性的人类就必须有效协调与自然生态体系的关系，实现社会生态系统内的均衡。这里的社会生态即人类社会的总体生态，是由人类与其环境所组成的生态关系，是集自然、社会和经济三重属性为一体的客观存在。同样道理，特色小镇的生态化培育思维旨在把人类成长生存的社会环境（如家庭、机构、团体、社区等）看作是社会性的生态系统，强调生态环境（人的生存系统）对于分析和理解人类行为的重要性，注重人与环境间各系统的相互作用及其对人类行为的重大影响。盛世豪指出，就特色小镇生态系统的属性而言，实质是作为一种新型产业平台，旨在建构以创新要素为核心融合研发创新、成果转换、体验应用及区域文化于一体的创新生态系统。

创新要素的嵌套性、整体性和自组织性特征重新建构特色小镇的新结构系统，这种新结构框架包含价值导向、空间环境、系统结构以及支撑制度等四个维度的关键要素，这四类关键要素既成为特色小镇培育的基本理论引导，也是政策实践的根本指导方向。

（二）特色小镇全域性生态空间治理的基本框架

从本源意义而言，生态是生命繁衍、发展所依托的自然环境与生命主体间的自然耦合关系，表示人和环境在时空演替过程中形成的一种自然文脉、肌理、组织和秩序。人类社会的任何组织单元都是一类以人类行为为主导，自然生态为依托，经济活动为命脉，由能量、资金、权力和精神所驱动的社会—经济—自然复合生态系统。特色小镇可以作为一种创建生态系统的尝试来理解，是指通过公共政策及制度安排协调特定区域内各主体的行为及其与内外部环境的关系建构完善创新生态系统的过程，该过程以推动创新生态系统自组织发展以及形成区域内产业独特竞争优势为总体目标。如杭州“互联网＋”类特色小镇的崛起，正是受益于浙江宽松的制度环境和积极的政策引导，培育了镇域经济和民营企业良好的创业环境生态空间，迅速发展带动催化了互联网、大数据等新产业的创新，打造了互联网为特色的优势产业集群，产生了良好的区域绿色经济示范和社会可持续发展的创制空间效应。

由此看出，从生态维度推进社会空间要素系统自适应功能的恢复和产业发展的目的看，特色小镇建构目标包含了通过创新生态系统走向社区“全域性生态”场域建构的基本思路。

1. 特色小镇全域性空间系统生态要素的基础

社会生态系统理论为我们提供了整合性体系建构的理论依据，特色小镇不仅体现人类本体生存和发展的诉求，也体现了人类所依存的生态自然系统的持续和健康的诉求。生态健康是特色小镇的重要内涵，也是可持续发展的根本保障。

依据发改委和住建部最新发布的特色小镇的评审框架看，在生态方面突出了三点要求：一是要看小镇生态要素本身的健康，比如要素的生存质量、特色要素的集聚与融合程度、要素的优化和更新可能性等指标，作为是否确立和批准特色小镇创建及培育的基础性参照依据；二是要看生态要素与系统内部其他要素结构的协调和互动功能是否良性，包括与产业要素、制度要素和文化要素间的沟通统合程度，作为评估特色小镇生存及发展能力的发展性参照依据；三是要看整体生态要素的全域化重构之后，新要素对新环境的调整、适应和变革能力，作为预判特色小镇巩固和可持续的创新性参照依据。在这三类参照体系中，结合特色小镇从政策审批、规划引领、融合发展、机制创新和监督反馈的过程性培育框架，分别明晰各自的功能性角色和评判地位：基础性参照框架应是特色小镇发展性和创新性框架的前提和首要条件，占据着特色小镇评审环节的重点权重。

如浙江临安创客小镇正是凭借优越的地理环境，良好的生态资源，以打造绿色创客空间为抓手，以地区项目资源为借力带动产业优势等良好的基础性创建要素，提出了发展“三态融合”创新生态体系路径而受到肯定。发展性框架是沟通基础性和创新性框架的中间环节，特色小镇的核心是可持续发展，这就取决于系统内部结构的运转是否健康和谐。关于这一点，在资源集聚创新转化、空间结构三态融合共生，企业和园区为主体的市场化运作以及文化和谐融合等方面，都蕴含着特色小镇可持续发展的基本属性（图5—1）。其中，绍兴黄酒小镇即为秉承“产业、文化、旅游”三位一体的建设理念，融合“生产、生活、生态”三生创建目标的典型案例。

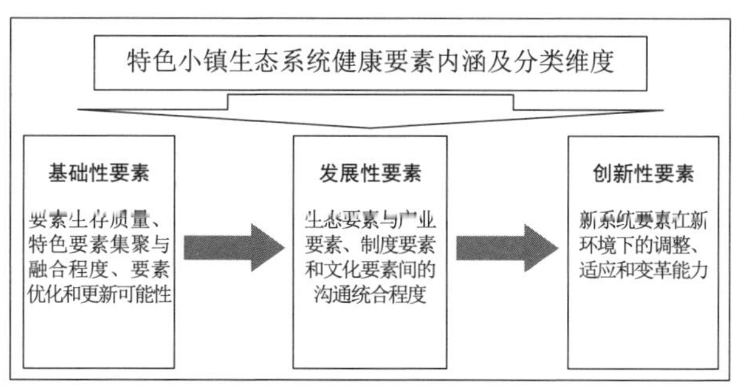

图5—1　特色小镇生态系统健康的要素内涵及分类

2. 特色小镇全域性生态空间建构的价值导向

全域性生态社区是追求一种治理系统内部各子系统和谐相容的运转系

统，遵从社区自然生态和人文生态自组织发展规律的基础上，实现进入阶段性发展的稳定域时空状态。深生态社区的建设和规划最终目标是走向可持续的自然系统和社会系统和谐相容的发展轨道，我们说，在社区公共领域传统的资源管理方式是“控制和命令”方式，这种模式既没有认识到具备适应能力的复杂社会——生态系统自身的发展趋势，也将人的主体性排除在外。

而实质上，依据复杂适应系统理论，特色小镇作为一种复杂的系统本身是动态变化的，从一村一品、企业集群、旅游休闲再到新经济体，嵌含在复杂的社会经济系统中，本身呈现的结构是由主体变异性、主动适应性和相互作用的“涌现”产生的。苏浙特色小镇的成功，很大程度上是在顺应在地系统变迁过程中，自身优质特色因子主动寻求适应变革和整体重塑而有效嵌入了区域社会环境系统，通过与系统要素的增益性交换，纳入了可持续发展的动能而得到不断巩固与增长壮大。

进一步说，社区生态适应性发展需要在系统内外物质、能量和信息积聚和耗散基础上实现牵引力、承动力和稳态力的势能均衡，维持系统在稳定阈值的区间，实现社区生态系统保持自身机能前提下的适应性循环状态。特色小镇的生态社区治理应该追求区域自然系统和人类系统的有机融合与和谐统一，成为社区发展彼此依靠的要素基础。在共生性的深生态社区建构的发展进化中，特色小镇发展思路引导下的社区密度、多样性、形式和功能以及居民的生态意识都是很重要的因素。事实上，通过提供与社区系统内外场域的文化、资源和自然的交流，生态社区的良好状态可以促进社区意识发展到更高境界。

比如艺尚小镇深入挖掘时尚基因，运用空间跨界融合策略，集聚资源、人才和服务的时尚元素，打造了地方特色的生态产业链，创造性拓展深化了区域性时尚产业的新发展生态。

这种空间融合策略，也只有在小镇培育主体、建设机制及社区治理组织结构组成部分的亚系统，具有同各局部系统有效互动，并保持弹性功能基础上，整体系统才能常态化运作，生态小镇治理空间的良序结构才可能走向完善和定型，或者实现原社区生态自适应系统的恢复稳定，或者干脆突破旧系统的阈值，进入新的社区系统的场域建构阶段。

3. 特色小镇全域性生态空间建构的基本体系

新城市主义邻里发展理论认为，理想小镇旨在营造怡人的生态居住环境，倡导绿色消费模式和简朴自律的社区文化，同时通过“混合开发”的方式，最大程度倡导时间、空间和人群的混合，打造便捷牢固的连接纽带。

新城市主义规划实践的基本原则主要是尊重自然，构建完整的城市生态系统；尊重社会与个人，建设人性化的生态社区；保持多样性，维持城市生态系统的平衡；节约资源，实现城市系统的可持续发展。借鉴新城市主义理论，特色小镇社区的发展框架也应由人居、环境、社会和经济四种生态系统构建，这种框架在社区产业、制度、功能和形态方面，可以在可持续主义框架内得到有效表达，实现社会、文化、经济和制度的生态宜居性。

就实践而言，主要包含特色小镇的生态培育体系和生态治理维度，生态培育体系包括四个方面：一是生态安全培育体系，莫干山小镇通过GIS（城市规划系统）和生态要素的综合评定构建了网格化生态安全网络；同时构建环境压力性监测指标评估机制，对区域潜在的生态问题和环境风险实施全过程、精准化监控，并形成社会快速应对的联动机制。二是城镇绿地系统和绿色交通网络的构建。苏州正在培育的慢城小镇模式，在生态理论指导下成立符合地方山水特质的城市绿地，完善城镇绿色交通规划和慢行网络，发展绿色交通枢纽。三是服务均衡和城镇基础设施生态化。

湖州滨湖区的特色小镇以城乡生态空间共生培育为基点，均衡配置城市公共产品和服务站点，强化城镇边郊和城乡结合街区的服务覆盖，以具体的生态化要求重构城镇基础设施。四是生态文化体系的建设，加强生态宣传，倡导绿色消费。天台和合小镇以“儒释道”兼容并蓄的独特地域文化——和合文化为灵魂，重新塑造本土文化的纯朴和简约价值内涵，建设了以人文体验与自然旅游为主体，以非物质文化遗产和养生文化为传统，实现“产业、旅游、社区和人文”的全域性生态社区建设。总体而言，容纳生态安全、绿色网络、服务均衡和文化机制的生态培育体系，是建立特色小镇生态形态的基础工程，直接影响着后续生态治理质量和效益状况。总之，特色小镇的生态空间建构过程中的时空耦合、结构耦合与主体耦合的子系统格局，通过环境、制度和行动者所产生的复杂性系统形成了全域性生态治理的基本轮廓。

因此，作为一种基础体系培育的系统工程，需要整体生态网络的同步推进和共同提升。此外，特色小镇的发展应实现以公平、协调、开放、包容及多维为原则，借鉴社区建设的空间规划、社会共治、机制改革、项目运作、生态共享和文化创新的经验，建构特色小镇全域性生态治理空间的制度框架、行动逻辑和治理体系，培育社区生态要素整合和共享政策机制，完善特色城镇的生态空间治理的政策体系。

三、特色小镇“全域化”生态治理的经验与评析

作为新型城镇化的典型模式，特色小镇经济层面由规模和高耗能的传统工业转向质量和可持续导向，社会层面由公平缺失转向包容性增长导向，空间层面由“外延式”扩地造城转向“内涵式”集约高效导向。特色小镇是全域化生态场域的培育和建构过程，是从经济发展、社会治理、文化振兴和机制创新层面全面打造新型城镇化的系统化工程。住建部村镇司司长张学勤明确指出，特色小镇主要是打造特色鲜明的产业形态、和谐宜居的美丽环境、彰显特色的传统文化、提供便捷完善的设施服务和建设体力活力的体制机制。

（一）特色小镇的“全域性”生态空间治理经验：以莫干山小镇为例

特色小镇的全域性生态发展是依据自然生态与人化生态的有机融合，通过社区的生态结构和生态治理行动的双重因素的共同建构，实现社会综合生态效应最大化的过程。社区生态整体性、层次性和发展性评价的特征和要求提出了特色小镇的培育思路和发展模式。

莫干山小镇是浙江德清具有全国示范作用的原生态民宿旅游和绿色健康休闲基地，是全国首批特色小镇，该镇通过对“两山”理论的践行与坚守，充分展示和传承了具有区域特色的低碳环保生态理念与文化传统。

莫干山镇凭借良好的区位旅游资源优势，经过十余年发展，精心打造出了以原生态、绿色低碳、无景点另类健康休闲为特色的“洋家乐”品牌，

贯通全域旅游产业链的高端要素集聚和社会资本网络，带动区域性美丽乡村建设，实现乡村振兴的生态圈。通过行政生态系统、社区生态系统、市场生态系统和文化生态系统的协同运作，调动各种力量的积极性，形成了独具特色的开放式生态空间培育模式。

莫干山小镇作为浙江特色小镇建设的典型范例，在全域性生态治理方面成效显著，主要体现在三个方面：一是生态空间统筹的前瞻性规划。德清作为浙江省社会管理体制改革的试点单位，在最初特色小镇的规划编制过程中，就创制了积极的政府引领和宽松的体制机制环境，立足区域实际，紧密结合供给侧创新理念，明确了以培育和打造山水和人文生态旅游为重点的发展思路。在编制规划过程中，该县基于莫干山区域独特的生态自然优势，确立了以山水资源、民国风情和文旅民宿为主导的绿色旅游产业为基础，带动城乡一体全域化生态发展为特色的模式，营造了莫干山良好的生态要素成长环境和发展前景。二是全面覆盖的一体化生态治理领域设计。德清县和莫干山镇政府遵循“两山”发展理念，探索以“低碳环保，中西融合”为特色的绿色发展模式；县镇政府充分发挥生态空间培育过程中的规划引领作用，以土地要素、环境保护和消防安全等领域的多规合一为标准，探索原生态民宿行业管理规律与运营经验；开拓服务外包业务，积极吸收社会资本，构建覆盖全产业链的民宿经济和生态旅游服务网络。与此同时，始终坚持区域性整体设计和规划，积极构建城乡一体发展、产业创新发展、绿色低碳发展的体制机制，构建了宽领域、多视角和全覆盖的社区生态发展模式。三是基于地方生态实际的体系性治理组织建构。莫干山镇依据“村落—社区”的治理模式，有效整合了辖区内的18个行政村和组织单位，构建了“四位一体”的镇区服务管理运行机制，即社区党组织、民宿服务中心、旅游产业发展中心、共建理事会等共同形成的管理体系，通过文化融合、景区融通、产业融入和服务融心“四融工程”，形成服务多样化、管理人性化、参与主体多元化的全域化生态治理格局。正如前文所说，在全域性生态治理的话语体系内，莫干山小镇正是在遵从社区自然生态和人文生态的自组织发展规律的基础上，追求一种治理系统内部机制均衡和系统之间和谐相容的场域建构目标，通过内生性自然系统和输入性治理系统的融合共生，逐步进入社区阶段性发展的稳定域时空状态而成为全国特色小镇的标杆。换句话说，全域化生态社区的建设和规划最终目标是走向可持续的自然系统和社会系统和谐相容的发展轨道。

（二）特色小镇的全域性生态空间治理特征评析

特色小镇生态社区的全域化目标的实现，需要在地区实践合理分类的基础上，形成社区培育模式和发展路径的多样性、层次性和前瞻性的治理机制，以小镇生态方向的类别化、生态程度发展的阶段性和生态质量的提升可能性为考量依据，选取社会和谐、经济增效、环境友好、生态健康、制度合理等五类评价特征领域，构建出全域性生态治理的目标层。

各类评价领域的特征主体以生态场域子系统的独特功能置于生态社区整体空间的结构范畴，共同糅合成系统化嵌入性的互构体系。理论层面阐释，生态社区话语的结构框架包括自然生态和人化生态两种，自然生态的基础内涵是由地域时空、资源禀赋及人文要素生成的内源在地化结构性体系，其本源的空间面貌直接影响着地方生态是否健康和环境友好与否的基本状态，从而决定了社会和谐的程度。以浙江特色小镇建设类型看，包括历史文化、城郊休闲、交通区位、资源禀赋以及生态旅游几种类型，基本属于依托在地化天然资源基础，通过外力推进和要素培育而成长的；人化生态的基础内涵是由经济模式、治理体制和社区行动生成的外生输入化行动性体系，生态政治话语下的制度体系和生态经济为主体的产业模式成为人化生态的主要影响要素，比如依托时尚创意、金融创新、高端制造、特色产业及新型产业等优势而打造的特色小镇类型。

两种生态类别包容下的治理评价特征又可细分为相对应的指标层，作为生态社区治理评价的直接对象和具体领域。这种评价链条的设计依据构成了生态治理的技术层面，即由引导性、科学性、操作性和发展性为特征的技术层（图5—2）。应该说，在生态社区的培育和评价框架下，有四类机制建构的基本体系完善了社区生态化的要素内涵，规范了生态社区发展的基本标准，丰富和发展了特色小镇的全域化生态模式的理论体系和实践依据。

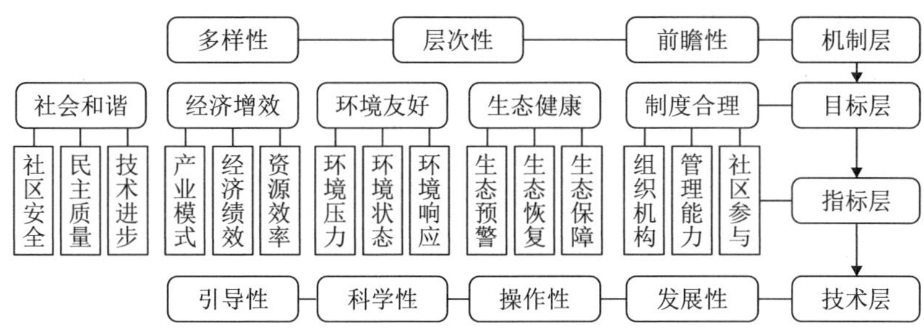

图 5—2　特色小镇生态社区评价机制特征领域及指标体系

特色小镇的全域性生态是由生态经济引领下，面向社会、文化和制度的生态化发展模式的路径和过程。具体而言，特色小镇的全域性生态是由经济、社会和自然融合共生的复合型生态系统，是以供给侧改革、经济转型升级和提振城镇化新动能为动力，以区域性空间要素融合共生为目标的开放系统。各地特色小镇的发展思路和模式选择具有特殊的区域性地域特色和灵活的机制创新路径，是一种成长过渡阶段新的探索方向。

浙江之所以较早提出特色小镇的发展模式，是因为在新型城镇化过程中，浙江为突破传统工业经济形态下的产业资源的城乡转移空间遭遇的地域性、制度性困境，而探寻生态经济形态带动下的城镇化内生驱动机制的先行式自主创新的尝试。因此，特色小镇的基础是产业，更强调的是不同于传统经济业态的新型产业形态、产业集群和产业创意，以此为新载体重新规划、培育和构建新的区域性经济社会生态新空间。

四、特色小镇全域性生态治理的原则与政策

如果从社会现代化发展的历史维度去观测当前的环境问题，不难看出，对于我国的发展属性而言，生态问题是现代工业和城镇化发展进程中难以回避的内生性重点问题。对于长期受政治契约制约束的地方政府而言，依靠制度惯性和财税利益而建构的发展效率型经济社会结构模式，即使在社会治理层面实施了大量行政性创新，实质仍然难以脱离针对经济效益和财税指标的“权利的发展主义”的基本路径。所以在工业绩效需求依旧旺盛的情势下，生态化取向的公共治理不能缺少地方政府对于环境保护与生态建设的价值理性之理解并为之提供充沛的公共资源。学者们指出，工业化、技术进步、经济增长不仅和生态环境的可持续性具有潜在的兼容性，而且

也可以是推动环境治理的重要因素和机制，由工业化导致的环境问题可以通过“协调生态与经济”和进一步的超工业化，而非“去工业化”的途径来解决。

以新兴产业为基础的经济发展模式转换催生的特色小镇，对改善城市过度集中发展，推进城乡区域均衡发展，发挥市场竞争优势，满足社会大众普遍的公共利益需求，形成国内城市乡村合理布局、协调发展的科学体系，重构城乡与自然和谐相融的共生局面具有重要探索价值。更进一步说，特色小镇政策带动下的城乡地域空间融合和社会要素融合可以更好地化解城乡二元分治下的路径冲突，实现城镇化进程中的空间融合。

同时深层次而论，生态化的经济发展进一步推动了制度的绿色化和治理的生态化。特色小镇的创建对于发展和提升我国的政治文明和制度水平，实现现代化的国家治理体制具有重大战略意义。

（一）特色小镇全域性生态空间治理的基本原则

从我国工业化和城镇化发展的本质而言，特色小镇模式的提出实质是在经济新常态的发展背景和国家新型城镇化发展战略的引导下，部分经济发达地区和有条件的特色资源地区基于现实的特色发展需求，本着先行先试的原则，通过集聚、培育和提升特色产业资源规模和质量为基础，融合地方特色文化、服务和旅游等多种区域性发展要素的生态系统整合体。

更长远来看，特色小镇是基于生态现代化发展战略规划意义层面，以经济发展的生态质量为方向的新型城镇化为基础的转型探索，是追求新型工业化发展模式的过渡阶段，也是实现城乡共生式发展的基本策略。

特色小镇发展原则应立足于城乡融合目标，创建经济升级新模式和社会治理新的引擎，为新型城镇化注入强动力和鲜活力。特色小镇全域性生态治理的基本原则主要有三点：首先要“四化”，即“产业化、特色化、生态化、现代化”，以创建宏观生态空间增长和拓展的新格局；其次需做到“三新”，即“城乡优势整合新载体”，“城乡创业创新新平台”和“城乡要素融合新机制”，从优势资源要素集聚功能培育、区域政策机制模式创新和经济社会发展质量提升的途径，构建生态型城乡发展模式的基础框架；再次要做到“四特”，即“思路特”“要素特”“机制特”和“目标特”，“特”是特色小镇的灵魂。以浙江的 10 个典型小镇为例，不论是江南药镇的“药医养生”，远洋渔业小镇的海岛业态综合园区、宠物小镇的大做宠物文章，和合小镇的天人合一文化，还是青瓷小镇的“青瓷主题”设计、基金小镇的“微城市”理念、梦想小镇的众创空间云栖小镇的科技人文、艺尚小镇的时尚天堂依据酷玩小镇的游乐特色，都以“特色”创出了适合自身新的发展模式。所以，胡祖才指出，当前的国内特色小镇建设，必须要避免地方政府力度过猛和政策过热非常态下的一哄而上、千镇一面和形象工程式的畸形发展态势。也即所谓特色小镇应在区域差异性和模式多样化方面下功夫，真正起到引领地区经济转型新模式、政策创新新思路和城乡发展新方向层面的实效功能。

（二）特色小镇全域性生态治理的政策路径

对于中国的地方政府而言，现实的选择是发展经济与环境保护兼顾，正确处理发展主义和生态主义的关系：首先，各地以循环经济为模式的产业培育和创新为环境保护提供了技术支撑和产业基础；同时政府更加注重制定促进经济增长与环境保护相协调的各种规划和顶层设计，随着经济增长和财政能力的增强，政府持续加大环境污染治理投资，中国生态现代化的实践已取得一定成效。

尤其是近年来，从一些国家层次的总体指标看，中国经济增长与环境状况确实显现走向双赢的趋势。特色小镇作为以新兴产业模式带动地方转变传统经济路径、实现区域社会系统要素融合共生的政策导向性的重要经济载体和生态空间，承担着生态质量可持续前提下的经济新升级发展诉求。因此，特色城镇生态治理的政策路径，具体来说：就目标和方向而言，应突出产业特色优势和主体性样本示范功能。

特色生态产业是特色小镇存在的前提，也是打造生态型经济社会发展模式的基础保障。城乡传统产业业态的效益低效和后劲不足，为新兴产业形态的发掘和培育提供了有利契机。

就特色小镇的产业方向而言，应该具备三个特色：一是具有新模式、新运行机制，提供新兴产业资源集聚新动能和业态发展新活力，如互联网小镇、基金小镇、文旅小镇等；二是要适应新市场和新消费方式需求的产业，发挥经济和社会效益双引擎功能，如酷玩小镇、宠物小镇、艺尚小镇等；三是充分发挥区域禀赋优势的产业，树立特色领先角色和样本带动作用，如远洋渔业小镇、青瓷小镇、江南药镇等。对于支持生态经济发展的未来产业形态，应重点关注传统工业生态化产业、新能源产业、满足低碳消费的生态产业和中国传统民间手工业四类领域。特色生态产业体系的建立，是特色小镇主体化，自主性健康发展的根本要求，也是深入构建全域性生态空间和生态治理体系的物质技术基础，当为各地特色小镇发展的首要目标和方向。就动力和机制而论，应强调自主性和引导性。特色小镇作为“创智型”空间，更强调地方在遵循资源禀赋和区位优势的基础上，如梦想小镇、创客小镇等创新类小镇，要充分发挥自主性和能动性，动员社会大众“万众创新，大众创业”的整合能量。

作为开放式系统，特色小镇的培育和成长需要最大限度地吸纳集聚地区甚至国内外优质特色资源，激活社区内外要素的流动性，持续保持创新活力和热度，不断提升小镇的特色质量和水平。其次，注意引导性。比如浙江省的特色小镇创建不再采用“审批制”，而是采用宽进严出的方式。从实际运行情况来看，2016 年浙江对首批列入“特色小镇”培育名单的项目中已经有了被“降级”的案例，这也反映了相关制度在操作上的实效性。试点载体创建制度，鼓励地方自主规划，改变了地方规划“先拿牌子、政府投资，招商引资”的传统做法。

地方政府根据原有产业基础、新型产业发展战略和开发区改造需求，因地制宜、编制相应规划，落实项目、引进领军型企业，然后由省政府根据既定标准考核、授牌。在此过程中，政府应量化工作，加强事后监督，更要明确申报载体的具体内容，同时实施项目化管理。浙江省的特色小镇建设，就是以明确政府职能为抓手，改革企业审批制度，为市场发挥资源配置中的基础性作用提供空间，创制了特色小镇优良的政策环境。再次就工具和路径而言，应实行政策支持和标准评估。特色小镇是在宏观的经济发展模式升级和产业结构调整的社会背景下，地方探索新型城镇化模式推动下的区域性可持续发展的改革尝试，就治理的层面而言，更体现出行政体制变革和政策思维的创新。地方政府通过行政管理体制、行政运行模式和财政支持政策等方面的调整和完善，为特色小镇的整体生态发展创造更好的制度环境以助力区域经济的特色产业资源集聚和社会生态系统可持续发展。同时作为推进治理机制系统化改革的尝试，特色城镇建设的投资体制与决策机制、城乡规划体制，土地制度、户籍制度，包括社会保障、就业及行政区划制度都要进行相应变革和创新。政策制定需要结合地区的历史现实，从合理的地域空间范畴统筹安排，及时评估政策的实施效果，推动政策调整和优化的质量提升空间。对地方特色小镇生态建设的审批和评估，应推进标准全面的质量控制，加强跟踪监督、实施阶段性评估和完善进入退出机制，改革审批试点名单选取的动态调整机制，通过制度性激励机制保证特色小镇的建设水平和质量层次。四是就主体和结构而论，应采取自构化和整体性的思路。区域性特色小镇的建设应立足于地区城镇化生态空间组织模式的优化和产业结构重构的方向与目标。城乡一体化是特色小镇发展的空间基础，城镇空间组织模式的合理化与有序演进是实现区域产业结构调整和升级的重要前提。

依据城乡生态空间协同发展理论，整体性的城镇生态化发展思路需要在破除城乡二元结构所导致的城镇空间体系分割、功能重置和结构失衡的基础上，矫正和培育城乡空间集群的自构和互构复合作用的生态发展的自组织过程，破除资源紧约束下的地区产业结构升级和城镇共享空间的协同。

同时在价值层面上，进一步实现空间再生产正义导向型的新型城镇化，体现城市空间的人本性、公平性和多元性的正义。区域性特色城镇空间一体化模式发展的途径应该是，构建区域“体系完整、组织有序、结构合理、功能互补、分工协作、轴向集聚和整体联动的城镇结构层级体系和高度发达的城乡共生网络”，以满足新时期区域产业联动，资源有序整合和地区城镇化水平整体提升以及区域经济社会生态可持续发展的总体要求。

在中国建立现代民主国家和走向治理体系及治理能力现代化征程中，生态文明建设和生态治理的政治话语建构及制度建设无疑是关键一环。

从普遍性意义而论，中国的生态文明建设和生态治理政治思维的发展创新，并非仅仅是从政策、技术和科技层面开展环境保护的问题，也非只是生态政治民主参与方式革新、公众政治参与和单项治理模式改革问题，而是“整体性的发展方式的根本转型和综合性的民主模式重构问题”。

中共十八届三中全会提出“要建立系统完善的生态文明制度体系，用制度保护环境”，这彰显了加快生态文明建设将成为环境治理领域的新常态。中国的快速城市化既是环境问题的根源之一，同时也是解决环境问题的出路所在。为应对城市生态环境的各种挑战，未来城市发展模式必须不同于今天城市，城市绿色变革和生态发展势在必行，倡导和实现全域性生态城市的发展模式，大力培育特色小镇是主要路径之一。

在此基础上，可持续发展理念所依托的生态治理路径，作为依附于政治思维和政策机制层面的新治理模式，同政治理念和制度设计的生态化趋势密不可分。

特色小镇为代表的新型城镇化发展转型中的经济化政治向生态化政治转型的制度诉求，推动生态化政治新思维的治理模式，在某种程度上，为地方治理实践提供了全域性生态系统创新的政治话语逻辑、制度基础和政策导向。深入而论，新型城镇化作为引领全面深化改革的政治主导性框架的重要推进路径，生态化的政治思维为特色小镇生态基础的发展思路提供了政策注解。

在努力推进生态文明发展的国家战略宏观体制视野和可持续发展的绿色城镇化理念的引导下，生态政治也将成为凸显的重要话语形态，而地方生态治理的思路和模式，无疑也将成为融入新型城镇化过程的主要政策设计依据和实施方略。

第四节　创新生态系统视角下特色小镇的培育策略

创新生态系统（innovation ecosystem）一词最早出现在美国总统科技顾问委员会 2004 年发布的两份报告，两份报告中先后指出，“一个国家技术和创新领导地位取决于有活力的、动态的创新生态系统”“美国的经济繁荣及领导地位得益于一个精心编制的创新生态系统”。

在创新生态系统观的影响下，当前各国及地区的创新政策迈向了一个新阶段，一是不再一味追求全球性的最佳实践，重视区域个性与因地制宜，并将地理空间、政治经济、社会文化等环境特征纳入观察范畴；二是从强调政府主导下的资源投入转向市场主体培育，以实现区域创新生态系统自组织成长为主要目标。

2015 年浙江省启动建设的特色小镇从本质上顺应了当前创新政策的这一新趋势。特色小镇作为一种新型产业平台，旨在建构以创新要素为核心融合研发创新、成果转换、体验应用及区域文化于一体的创新生态系统。今年 7 月住建部、国家发改委、财政部联合发布《关于开展特色小镇培育工作的通知》指出，到 2020 年，我国将培育 1000 个左右特色小镇，各地要依据特色资源优势和发展潜力，科学确定培育对象，防止一哄而上、千镇一面。但从实践来看，小镇扎堆、定位趋同、特色不明等乱象已现苗头。

创新生态系统的研究是“一门关于空间、时间、文化、相互关系、基础设施为创新提供养分，以营造外部氛围的科学”。为此，背着尝试将特色小镇的发展问题纳入创新生态系统观的视阈之中，结合创新生态系统相关理论，就特色小镇培育内涵进行论述，并结合梦想小镇实践案例开展探索研究，以期明确培育策略，为强化相关政策效果、加快提升区域创新能力提供对策建议。

一、创新生态系统视角下特色小镇培育的内涵

创新生态系统观的兴起源于经济全球化、环境动荡性背景下对竞争模式的重新认识，竞争不再局限于单一主体，而是体现在生态系统与生态系统之间。除了内部创新外，创新主体还要考虑同其他创新主体之间的有效协同，更为重要的是实现整个创新生态系统的健康持续运行。正如德鲁克所说：“企业之间的生存发展如同自然界中各种生物物种之间的生存与发展，它们均是一种‘生态关系’。”

（一）创新生态系统的定义及构成

关于什么是创新生态系统，黄鲁成指出是一定的空间范围内组织与环境通过创新物质、能量和信息流动相互作用、相互依存形成的系统。Adner将创新生态系统定义为将各个企业创新成果进行整合，形成面向客户的解决方案的一整套协同整合机制，并提出任何企业离开创新生态系统谈创新是难以成功的。柳卸林等认为创新生态系统是以“共赢”为目的的创新网络，基于共同的愿景和目标，创新主体互惠互利、资源共享，通过搭建促进科技与经济有效结合的通道和平台实现共同成长。对于创新生态系统的构成，埃斯特琳从创新功能的角度区分为研究、开发和应用三大类，认为三者之间的平衡决定了系统的可持续性。与之类似，吕一博等认为创新生态系统由基础研究驱动的研发生态圈和由市场需求驱动的商业生态圈组成。从结构的角度提出创新生态系统包含外部环境、产业体系、硬件条件、软件条件和人才五个要素。

（二）创新生态系统的特征

（1）嵌套性：当前观察特定区域内某一创新生态系统时所看到的将是

众多生态型组织的集聚以及多元创新生态系统的叠加。特别是互联网经济下，企业依托平台化发展在虚拟空间形成了庞大的跨区域乃至全球型的协作系统。为此，赵放和曾国屏提出创新生态系统是一个涵盖微观、中观和宏观的多层次“嵌套集合”。

(2) 整体性：特定区域内的创新生态系统强调的是区域内所有主体间的“相互适应”，不仅关注有形的、物质资源交换，更重要的是知识、创意、文化等无形资源的共享。正如，李钟文等研究中所指出，一个创新生态系统最终体现为一种精神的栖息地，是创新活动系统化后呈现出的整体氛围，在这个氛围下洋溢着创新的空气和味道。

(3) 自组织性：所谓自组织是突破固有的各种惯性和平衡态从无序自发走向有序的过程，表现为系统多样主体的持续涌现以及不同功能子系统的不断衍生。

自组织是关于创新生态系统发展动力的重要概括，在整个过程中，市场力量通过创新的优化选择、推动着系统的不断变异，发挥着决定性作用。

（三）特色小镇培育的内涵

有专家指出共同演进是创新生态系统最核心的特征。创新生态系统要经历起步、成长、进化等几个阶段，在起步期政府部门的整体谋划与制度设计至关重要。

为此，本研究认为特色小镇的培育是指通过公共政策及制度安排协调特定区域内各主体的行为及其与内外部环境的关系建构、完善创新生态系统的过程，该过程以推动创新生态系统自组织发展以及形成区域内产业独特竞争优势为总体目标。

(1) 培育的目标。在自组织发展总目标下系统生产力和系统创新力提升为特色小镇培育的两个具体目标。其中，系统生产力是一个创新生态系统价值创造能力的重要体现，系统创新力是创新生态系统应对环境变化实现动态演进的关键能力。系统生产力包含三方面内容：一是系统主体通过协作为顾客创造总价值要超过顾客从独立主体中获取的价值之和；二是系统内主体通过协作获取的总价值要超过独立主体获取的价值之和；三是系统的总体耗散要小于独立主体耗散之和。换言之，特色小镇建设的意义在于特定主体进入该区域后能够从整体环境中受益，实现更低成本的生产以及更高价值的回报。系统创新力体现在特色小镇能否不断创造利基市场，提供更多的蕴含新价值的产品及服务上。利基市场的创造是系统参与市场竞争、抵抗各种外界干扰和破坏的重要保障。利基市场的形成很大程度依赖于系统的多样性，而多样性程度主要取决于特色小镇及相应创新生态系统的开放度和包容度。

（2）培育的关键要素。范保群和王毅将创新生态系统的形成区分为围绕价值理念识别关键驱动主体和要素、通过价值创造、价值分享不断吸引辅助要素加入，并根据环境变化进行不断调整巩固等几个阶段。结合以上关于创新生态系统构成的论述，我们认为特色小镇的培育包含价值导向、空间环境、系统结构以及支撑制度等四个维度的关键要素。其中，价值导向体现了特色小镇以市场为中心、以消费者为中心的建设理念，是在对自身竞争优势的总体把握的基础上结合发展目标以及相关产业、产品及服务定位所作出的有效提炼，包含目标顾客、价值内容等，是整个创新生态系统建设的起点。空间环境是各类主体生存的空间，在一定程度上是对创新生态系统内外部边界的界定。系统结构是创新生态系统的主体架构，体现了系统内主体功能定位、分工以及相应的协作方式，是系统运行及价值创造的重要组织支撑。而支撑制度毫无疑问是整个创新生态系统运行的润滑剂，是系统整体氛围营造的关键作用来源。

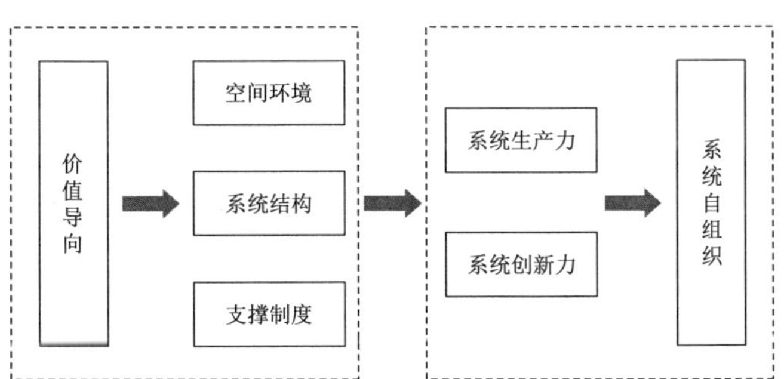

图 5—3　创新生态系统视角下特色小镇培育的内涵

第六章　特色小镇的发展功能定位与模式选择

随着新型城镇化建设的推进，全国各地特色小镇建设方兴未艾。特色小镇不仅仅是一个行政意义上的城镇，而是一个大城市内部或周边的，在空间上相对独立发展的，具有特色产业导向、景观旅游和居住生活功能的项目集合体。特色小镇的“特色”丰富多样，休闲旅游、商贸物流、现代制造、教育科技、传统文化、美丽宜居等都可以成为特色小镇的发展方向。然而，目前已经规划的部分特色小镇还未开始就已显颓势，而且定位不明、千镇一面。一些地区“填湖削山”的发展方式既破坏生态环境，也违背了特色小镇的设计初衷。特色小镇不是产业园区，也不是争取上级项目、扶持资金的载体，其规划发展应该结合当地的自然地理特征、风俗习惯、产业特色等等，后期的管理、运营、维护也不可忽视。特色小镇是解决我国城乡二元结构的重要一步，也是我国新型城镇化建设、推进大中小城镇协调发展的有机组成部分，在规划设计中还需要关注小城镇的发展，形成大中小城市协调发展的良好格局。因此特色小镇的功能定位和发展模式是各级政府、相关部门必须重视的问题。

第一节　中国特色小镇功能定位与发展路径

2016 年 10 月，住房城乡建设部（以下简称住建部）正式公布北京市房山区长沟镇等 127 个第一批中国特色小镇。住建部公布的关于第一批中国特色小镇分布情况，从各区域的特色小镇数量来看，华东区域和西南区域的数量是最多的。其类型主要有工业发展型、历史文化型、旅游发展型、民族聚居型、农业服务型和商贸流通型（见图 6—1），经过整理分析，旅游发展型的特色小镇最多，共有 64 个小镇上榜，占比达 50.39%；其次是历史文化型的特色小镇，共有 23 个小镇上榜，占比达 18.11%。目前，特色小镇第二、第三批都已推出。

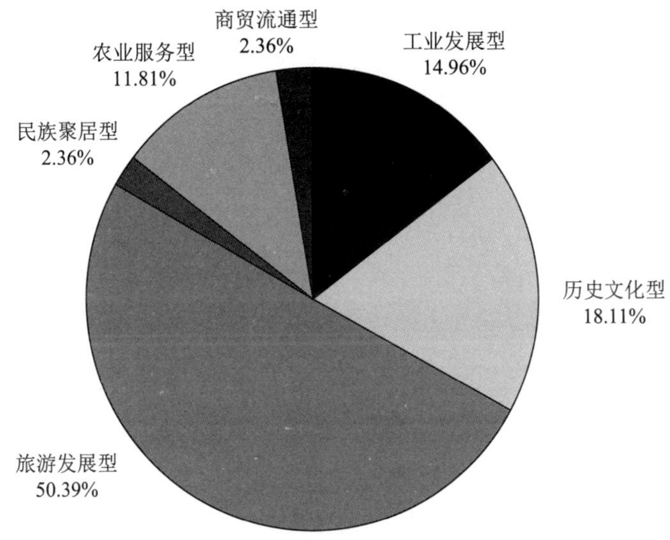

图 6—1 “特色小镇”（第一批）类型结构

资料来源：前瞻产业研究院相关研究。

一、特色小镇的定位

只有定位才能决定小镇的发展方向，只有定位才能指导小镇开发所有环节和细节。如乌镇就是一个有江南水乡特色的安静小镇；东部华侨城就是一个以观光游乐为主的度假小镇。特色小镇定位决策的依据主要如下：

其一依靠的是资源。如文化资源分为两类，一是文化底蕴；二是文化产业，不同的资源就有不同的定位思考。旅游资源也分为两类：一是观光游乐资源；二是适宜度假的资源。同样，资源不同，其定位思路也会有很大不同。如游乐观光资源其定位思路以玩为主，而度假资源应考虑旅居的需求。

其二依靠的是市场。无论什么样的小镇，没有市场就不能存活和发展。因此，不同的小镇必然面对不同的市场。如本身小镇的资源完全可以面对全国甚至全球市场，但定位在区域，其规模、配套、设施等都不会太大，那么大的市场将被流失。反之亦然。

其三依靠的是地块的价值。地块价值往往决定项目的价值。地块所处的自然山水、交通、地形地貌都关系到地块价值的大小。

其四依靠的是消费者的分析。要理清小镇未来的消费者是谁，了解消费者消费预期、需求及消费偏好，才能更好做到定位的合理性。

特色小镇的功能及定位概念由浙江省率先提出，目的是加快新型城镇化建设，搭建城乡发展一体化平台。小城镇作为乡村与城市之间过渡的载体，主要特征是资源优势明显、经济规模较大、地域特征突出。可以说，特色小镇的建设与小城镇建设有较大的相似之处。而对于小城镇的建设，国外小城镇转型较早且成功案例较多，对特色小城镇的研究具有一定的借鉴意义。

小城镇受地理区位的影响，其功能不尽相同。其研究主要集中在农业地区、城市周边地区、城市边缘区三个方面。JoelCarreau（1991）解释了城市边缘区小城镇的形成原因，以及与中心城市功能分配问题。Maeco Vizzar（2011）以美国小城镇为例，探讨位于城市郊区地方的小城镇应该如何做好产业交接，促进城市化发展。Antonin Vaisha（2009）认为在人口从大城市向小城镇或乡村迁移的郊区化和逆城市化趋势下，具备工作、社会交往、政府行政服务等基础的城市公共服务功能以及相应的娱乐休闲功能的小城镇，对人口的吸引力更大。Xavier Recasens，Oscar Alfranca（2016）针对郊区城镇和中心城市的关系，研究出一套完善的服务和管理机制以解决郊区城镇发展缺乏系统规划的问题。农业地区的特色小镇问题是当前小镇研究的热点。Issa，Yousef（2012）通过对 Zahedshr 小镇的案例研究发现，小城镇的基本作用是发展农村经济和动员农业部门，其物理经济结构促进了农产品从农村向最终市场的转移。因此完善基础设施建设，配备高效的通信网络，以及建立一个完善的物流体系，是带动周边地区农村经济和保证自身经济持续稳定发展的关键。Michela，Nicola（2013）从地域文化角度研究了位于大城市周边小城镇的发展模式。他认为地域文化是当代小城镇新的经济增长点，拥有丰厚文化遗产的地方可以努力营造特色的文化氛围，增强当地居民的文化归属感，打造自己的文化品牌。而不具备这一优势的小城镇，应当积极参与到周边大城市举办的文化活动中去，同时增强自身与周边地区的区分度。类比于国内外小城镇的功能，我国特色小镇的功能主要是产业培育功能、生态居住功能与旅游度假功能，这三大功能根据小镇的要素禀赋和比较优势可以任意组合。

由于我国幅员辽阔，各地经济发展水平、自然环境不同，因此特色小镇在各省市、地方的功能界定和发展模式也不相同。如浙江、广州的特色小镇建设侧重于建设、投资、利益，陕贵地区侧重于城镇化的提升，云南地区侧重于旅游功能的完善。

一般来说，六大城市群地区因为经济水平较高、人口密度较大，特色小镇建设的功能定位更多要求产业功能、居住功能、旅游功能的有机结合，作为创新创业平台的作用突出。位于农业地区的小镇（美丽乡村）建设，需要有特色产业作支撑，实现解决就业、提高居民收入的功能。城市近郊区的小镇，应从消费端和消费链条着手，推动产业转型升级，实现要素创新驱动。总的来说，特色小镇应坚持以人为本的新型城镇化发展道路，统筹生产、生活和生态空间布局，完善城镇功能、优化城镇环境、提升城镇品质。

二、特色小镇的功能定位

特色小镇是在新型城镇化的背景下提出来的，为了适应新型城镇化发展的新特点和发展要求，特色小镇建设必须结合自身资源禀赋，进行准确功能定位，才能更好地挖掘自身特色，走出一条与众不同的发展道路。特色小镇与传统意义上的小镇无论在内涵还是外延上都不相同，传统小镇有可能是建制镇，也有可能是“集市”镇，有的强调“市”，有的强调“镇”，更多的强调行政区划，特色小镇绝不是简单命名，不是行政区划，不是工业园区，但有可能是从传统小镇及工业园区发展而来；特色小镇既不是以城兴业，也不是以业兴城，而是相对独立于市区，又没有远离农村，具有一定文化内涵、产业定位、社区功能、生活设施和旅游资源等的综合平台和社区；特色小镇既可以吸纳农村人口，又可以有效疏解大城市人口，因此其不仅仅是单向吸纳农村人口的传统小镇，有可能是促进城乡人口的多元化双向流动，是现代城市体系的一部分，承担了连接城乡的重要功能。

虽然每个特色小镇都是功能综合体和社区，但是每个小镇都有自己的特色，其主体功能必然比较突出，根据目前特色小镇发展情况和新型城镇化的内在要求，特色小镇的主要功能定位类型有：产业发展型特色小镇；交通枢纽型特色小镇；城市功能补强型特色小镇；大城市人口疏解型特色小镇；农村人口集聚性特色小镇；历史传统型特色小镇；生态旅游型特色小镇；文化产业型特色小镇；红色基地型特色小镇。

例如，浙江特色产业小镇建设重在“三大功能”：产业培育功能、生态居住功能，旅游、度假功能，力求将特色小镇建设成“产、城、人、文”四位一体的新型社区。它与专门的产业园区、产业集群、观光小镇既有联系，又有明显区隔。它突破了纯粹的行政区划与园区空间限制，注重宜居与宜创的融合，为人才集聚、创新创业提供了新的平台。

三、特色小镇的复合功能形态

发展特色小镇有两个目的。一是要降低创新成本，通过小镇这样一种复合功能形态来适应创新业态的要求，以创新要素集聚的密度与浓度促进创新。二是要为创新增值赋能。尤其是以新经济为主导的小镇，更要强调服务平台的构筑，由小镇来负责“阳光雨露”，创业团队只需“茁壮成长”，同时，小镇有意识地引入不同业态的团队，有利于跨界交流、协同创新。为此，要围绕这两个目的，全面分析与小镇发展相关的需求，并进行深入的分析与研究。这些需求包括生活需求和创业需求以及其他政策需求，也包括团队成员的成长、培训等方面。特色小镇的服务还需要通过平台的方式来进行构建，让相关资源在平台上进行匹配、整合，可采用众智众包的共享经济模式。平台的前端越开放，资源获取越多，平台的能量越大。平台要更有生命力还需要一些活动的创新来激发，产生一种交流的氛围。

“特色小镇”与产业融合发展路径

特色小镇是集产业链、投资链、创新链、人才链和服务链于一体的创业创新生态系统，是新型工业化、城镇化、信息化和绿色化融合发展的新形势，显现出“特而精、聚而合、小而美”的独特魅力，是一种创新创业生态圈的空间载体。特色小镇发展具体路径主要是指聚焦特色产业和新兴产业，集聚自然禀赋的发展要素，政府、企业、市场等发展主体创新融合旅游景区、产业聚集区、新型城镇化发展区三区功能合一的新型发展模式，其包括四大特色建设内涵，见图 6—2。

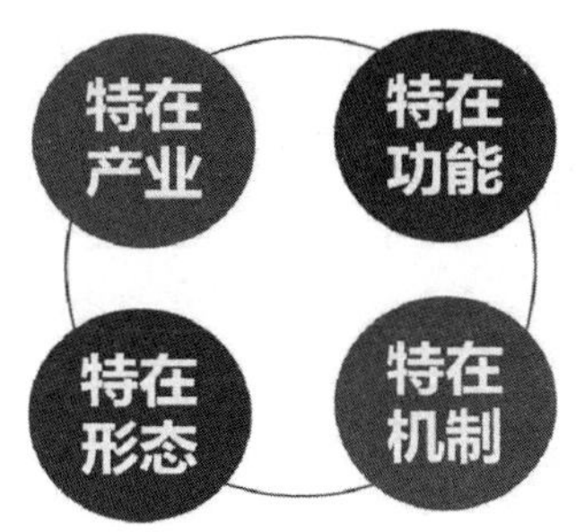

图 6—2 “特色小镇”四大特色建设内涵

资料来源：中商产业研究院相关研究。

特色小镇的“特色”首先体现在产业上，“特色产业＋旅游产业”是特色小镇两大核心发展架构；以特色产业为基础，旅游产业为动力，双核驱动特色小镇发展。特色产业的选择需要立足当地资源禀赋、区位环境以及产业发展历史等基础条件，向新兴产业、传统产业升级、历史经典产业回归三个方向发展；旅游产业具有消费聚集、产业聚集、人口就业带动、生态优化、幸福价值提升作用，是引领特色小镇发展的主要动力。

特色功能是指以产业为依托的“生产”或“服务”的核心功能；没有生产与服务就无法形成大量人口的聚集；文化是特色小镇的内核，形成了每个小镇独有的印象标识；以旅游激发小镇内在系统与外部系统的良性互动，实现兴业、安居、游乐等复合功能。

特色形态是指特色小镇需形成独特的风格、风貌和风情；小镇的风格是小镇的性格和个性。小镇的风貌是其独特的建筑与外观，都要与文化传承结合，与生态及自然环境一致。小镇风貌的确定，需在遵循生态原则的基础上，以小镇的“功能定位”为出发点，以小镇的“历史文化”为导向，以小镇的“地形地貌”为根据，形成个性化、艺术化、传承化、人文化的景观与建筑风貌，塑造“小而美”的小镇形态，文化是每个特色小镇的“内核”，文化基因植入特色小镇发展的全过程。

特色机制不仅是政府的行政行为，而且还以政府为主导、以市场（企业）为主体、社会共同参与的主办运营商开发模式；其商业模式是建设主体以大型企业为主，通过市场机制，引导民营企业参与建设，整合资源进行市场化运作管理。政府做引导、服务，负责小镇的定位、规划、基础设施和审批服务，相关方参与治理监督。

第一，发展“特色小镇”的区域定位和模式选择，要根植于资源要素禀赋，坚持集约化原则，注重发展特色产业，突出清晰的“差异化”功能特色定位，不能脱离产业发展、文化特色等核心支撑要素。

第二，发展“特色小镇”要和江苏产业转型升级进行有机结合，提升产业发展和“特色小镇”发展的协同匹配功能。

第三，发展“特色小镇”，要防止只追求数量、一拥而上，防止“换汤不换药”的刻意包装，人为造城、造境，防止“表面工程”，防止把特色小镇搞成新的商业地产项目，造成资源浪费。

第四，在新常态的背景下，政策要引导企业成为特色小镇建设的主角。小镇规划、专业设计、市场选址、企业选产业、投资者选项目等角色定位要清晰；政府要尊重市场的顺势而为，不能大包大揽，不能拍脑袋决策，不能借机扩充政府权力；要从供给侧发力创新“特色小镇”的体制、机制、模式、路径和对策等核心环节。

四、特色小镇的发展路径

每个特色小镇的特色不同，功能定位也有差异，其发展路径必然也会有所不同。研究特色小镇发展的路径，可以为其他小镇建设提供借鉴。目前，中国特色小镇的发展路径主要有以下几种。

第一个路径，从传统建制镇发展而来的特色小镇。绝大多数特色小镇以前都是有行政区划的建制镇，基本上是一级政府的模式，社会服务沿袭传统的政府管理模式，优点是小镇区域范围清晰，行政管理和社区管理机构完整，缺点是管理模式难免带上传统行政管理色彩，而且没有经过市场机制的资源配置组合，过于强调了行政管理的区域边界，与现代化小镇不完全契合，需要进一步转变政府职能，促进社会经济和城乡协调发展，从传统建制镇转化为现代化小城镇。

第二个路径，从产业园区发展而来的特色小镇。这类小镇往往是一些产业集聚明显的特色小镇，由于传统的城镇产业集中建设，让一些产业集中区比较成功的区域逐渐发展成为产业发展型特色小镇。特色小镇的发展模式为工业园区的转型升级提供了新的思路，是在经济社会发展到一定程度之后开发区治理模式的转型突围，可以作为未来开发区模式转型升级的经验借鉴。

第三个路径，随交通枢纽站场建设发展而来的特色小镇。比如很多的高铁新城、空港新城等，由于近些年国家大力发展交通基础设施，在铁路、公路、机场建设的大背景下，各地掀起了建设空港新城、高铁新城的热潮，从而在一些城市周边形成了以交通枢纽为依托的特色小镇和社区，这类小镇很多需要国家交通规划部门的参与，往往是当地政府、交通部门、企业、当地居民共同参与，并且与当地主城区形成互补，才能较好地发展起来。

第四个路径，城市功能分区型特色小镇。由于城市建设规模越来越大，早期城市建设过程中对功能区规划和建设可能存在空白或薄弱环节，因此，为了进一步完善城市功能，很多规模比较大的城市在规划建设时提出了金融中心、物流中心、国际社区、步行街、度假疗养中心、留学生创业园、大学城等概念，这些补充城市功能的社区逐渐成为现代城市的重要组成部分，但是又相对独立，与传统的城市中心区不一样，有的发展成类城市副中心或某一个功能中心，有效地连接了城乡，成为一些特色明显的现代城镇。

第五个路径，由特殊的资源禀赋形成的特色小镇。很多特色小镇由于拥有独特的自然资源、生态环境、民间传说、神话故事、历史文物、革命遗址等，有了自身独特的标签，具有不可替代性和独特性，在某一方面形成了垄断性，成为关于某一方面资源的代言人，形成了闻名中外的特色城镇。

第六个路径，由市场机制自发形成的特色小镇。很多特色小镇的形成并没有政府力量的过多介入，是由市场机制配置资源形成的，比较典型的是一些特色产业集散镇、区域性市场和物流中心，有些城镇的特色产业起初只有少数个体户和大户在从事，后来通过“传帮带”，一大批当地人从事同一产业，从而形成了颇具规模的特色产业镇，这个路径需要当地政府去引导和鼓励，促进“传帮带”，逐渐做大做强特色产业。

第七个路径，特殊的地理区位形成的特色城镇。这些城镇由于特殊的地理区位，吸引了一批产业和人口入驻，成为很有特色的现代城镇，全国很多县区非主城区的较大城镇，虽然不是主城区，但是由于特殊的地理位置，离主城区又比较远，在周边区域又没有其他大城市辐射和吸引，从而在周边一定区域内具有一定的辐射力和吸引力，成了当地除了主城区以外比较具有吸引力的大镇，较好地吸纳了农村人口入城，另外就是距特大城市较近又不隶属于特大城市行政区的一些乡镇也较好地发展起来，比如江苏靠近上海的花桥、河北靠近北京的燕郊等。

第八个路径，产业资本投资形成的特色小镇。这些城镇由于被一些拥有雄厚资金实力的产业投资集团相中，在一定区域范围内加大投入形成了规模经济和范围经济效应，从而出现了颇具特色的产业小镇，比如某某度假区、某某影视城、某某产业“谷”等，很多都属于此种发展路径，产业资本投资既有偶然性，又有必然性，必须符合产业资本逐利的要求，吸引产业资本的入驻，才有可能发展起来，因此，产业资本投资路径需要有专业的产业投资和规划团队，以及对宏观经济有研究的学者参与。

第二节　中国城镇化布局中的新模式——特色小镇

中国的城镇化建设已经经历了很长的一段路程，在这段具有开拓性和尝试性的道路上有失有得，在总结经验的同时，上层部门也不断地根据发展情况实时调整城镇化策略。城镇化建设在传统概念上跟农村是对立的，提高城镇化就意味着“拆村建城”，其实城镇化并不是让农村“消失”，而是要把小城镇、农村建设得更加美好，使其与城市生产生活环境的差距缩小，实现城乡统筹一体，给农村生活一个新风貌，有一个光明的发展前景。

在第一轮城镇化建设的推动下，出现了一些大拆大建、急功近利的现象，城镇化的进行千篇一律，导致“千城一面”的弊病，面对出现的问题政府和城市规划、建设部门也及时反思，目前政府出台了新的城镇化策略，即走精致特色化之路——“特色小镇、美丽乡村”的发展思路应运而生，保留城镇、农村的自身特色，地域差异化发展，真正走出时代新风貌新特色。正如冯骥才所说“新兴城镇化不应以瓦解农村文明为代价，更应该保护农村文化传承”。我们建立了千篇一律的城市，反思过去面向未来，要保留好中国广袤多彩的民族、文化、地域特色，保留好我们的村庄，将我们几千年的文脉和历史记忆传承下去。

一、特色小镇是工业化后期城镇空间布局的新模式

国家部委和浙江省下发的文件，用空间平台或创新创业平台来界定特色小镇。不可否认，空间实体意义上的特色小镇是产业与城镇空间布局的

一种类型。在本质上，特色小镇是进入工业化后期城镇化空间发展的新模式。城市地理与区域规划专家约翰·弗里德曼教授指出，当工业化进入成熟阶段，城镇化空间演化就进入集中的分散阶段。这一阶段规模较大的次级中心逐渐增多，扩散效应在某些中心开始占据优势地位，整个城市形成大小不等的城市区域。洛杉矶学派的后现代城市理论进一步用“基诺资本主义”来概括这种分散化和均质化的空间模式。代表人物蒂厄和弗拉斯提指出，信息时代的城市化进程表现为一个均质的栅格，每个地方拥有同样的发展机会，资本可以落在任意一个地块上而忽视附近具有同等条件的地块。

早期的城市产业聚集被地域不相邻、功能独立的随机拼贴替代。经过相当长的时间，这些相互隔离的地块有可能与其他开发地块有关系，呈现传统的城市景观。可是这种聚集并没有功能上的必然联系，只要仍然有发展空间，栅格就会朝任何方向无限制扩展。

在现代城市中，中心带动腹地发展是城市空间拓展的主要驱动力，城市密度和多样性从中心向外围以同心圆的方式不断衰减。在后大都市时代，传统城市的集聚动力发生变化，分裂与离心成为城市空间拓展的主要动力，城市从单中心变为多中心布局模式。

2015 年底，浙江省城镇化水平为 65.8%，全年人均 GDP 为 77644 元，三次产业比重为 4.3∶45.9∶49.8，全省处于工业化后期向后工业化时期迈进的门槛阶段。浙江省特色小镇的兴起，标志着杭州等大都市地区在全球化与信息化背景下，空间发展正逐渐从传统的集聚阶段演化到分散与集聚相均衡的阶段。在网格化快速交通体系的支撑下，大都市区地区的边缘与中心具有均等的发展机会，传统的城市边缘地区同样可以成为全球化资本的落脚空间，从而涌现出杭州梦想小镇、云栖小镇等都市区边缘的新城镇空间。

二、特色小镇是我国城市群规划建设持续推进的成果

2005 年以来，国家连续在三个五年规划中把城市群建设作为城镇化发展的重要任务。“十一五”规划首次提出，把城市群作为推进城镇化的主体形态，形成以若干城市群为主体，其他城市和小城镇点状分布，永久耕地和生态功能区相间隔，高效协调可持续的城镇化空间格局。“十二五”规划

提出了城市群规划建设的要求，即“科学规划城市群内各城市功能定位和产业布局，缓解特大城市中心城区压力，强化中小城市产业功能，增强小城镇公共服务和居住功能，推进大中小城市基础设施一体化建设和网络化发展”。

“十三五”规划，强调加快城市群建设发展，提出“建立健全城市群发展协调机制，推动跨区域城市间产业分工、基础设施、生态保护、环境治理等协调联动，实现城市群一体化高效发展”。三次五年规划中城市群政策的演变，反映出我国城市群发展从规划到建设、从蓝图向实施的转变。

在地方实施层面，城市群规划与建设成效显著。以珠三角为例，1994—2014 年，广东省先后编制了 4 版珠三角城市群规划，20 多年来珠三角规划在公共领域的实施成效显著。珠三角一体化高速公路网络基本成型；广珠轻轨、广佛地铁已经通车，广佛城际、穗莞深城际等区域轨道干线正在建设；珠三角绿道网络建设成为国内绿道建设的典范；广佛肇、深莞惠、珠中江之间分别签署了环境联防联治合作框架协议，跨市联合治污工作收效良好。

浙江省在 1996 年和 2010 年两版省域城镇体系规划中都确定了以都市区等为核心的城镇化空间格局，把都市区作为带动全省率先发展、转型发展的重要地区，也是全省加快创新体系、文化服务体系和综合交通枢纽建设的重点地区。

杭州都市区规划纲要中，围绕“协调规划”重点提出“七共”策略，即交通共网、产业共兴、设施共建、社会共享、环境共保、边界共融、机制共创，推进杭州与周边县市整合提升发展优势，实现一体化共赢发展。目前，杭州市在都市区范围内统筹进行高端产业布局卓有成效，通勤设施建设不断推进，以地铁、高铁、轻轨、高速、市区交通体系构成的内畅外联的综合交通网络正在形成。

以一体化发展为核心的城市群与都市区建设，尤其是基础设施、交通设施网络的一体化进程，缩短了大都市区城市中心与周边地区的时间距离，改善了外围城镇及乡村地区的投资环境。

与大城市中心区相比，特色小（城）镇同样处在网络化的交通体系之中，没有大城市中心区的雾霾和拥堵，却具有更低的土地成本和更亲近自然的生态环境，对于初创期的创新型产业，是很有吸引力的区位选择。

三、特色小镇是中国各地“块状经济”转型升级的战略选择

依托“块状经济”支撑产业和城镇发展，是浙江经济的显著特点。过去二十多年里，浙江省中小企业形成了近500个工业产值在5亿元以上的产业集群。“块状经济”造就了发达的县域经济，目前全省县域工业企业单位数和工业增加值均占全省的60%以上。由于传统“块状经济”存在着产业集群低端、空间分散、技术创新能力低等问题，浙江不断促进“块状经济”向技术密集、资本密集、人才密集的高端产业升级。特色小镇就是浙江在新常态背景下推动“块状经济”转型升级的战略选择。

据浙江省人民政府政策研究室副主任陈东凌介绍，受国内外经济形势影响，浙江省经济发展面临固定资产投资大、产业有效投资不足的问题。

原浙江省省长李强指出，在新常态下，浙江利用自身的信息经济、块状经济、山水资源、历史人文等独特优势，加快创建一批特色小镇，不仅符合经济社会发展规律，而且有利于破解经济结构转化和动力转换的现实难题。

特色小镇聚焦支撑浙江长远发展的信息经济、环保、健康、旅游、时尚、金融、高端装备七大产业，以及茶叶、丝绸、黄酒、中药、木雕、根雕、石刻、文房、青瓷、宝剑等历史经典产业，通过产业结构的高端化推动浙江制造供给能力的提升，通过发展载体的升级推动历史经典产业焕发青春、再创优势。促进传统产业和空间载体升级，是浙江规划建设特色小镇的主要目的。此外，在城市与乡村之间建设特色小镇，实现生产、生活、生态融合，符合现代都市人的生产生活追求。因此，浙江省特色小镇建设，既是促进传统“块状经济”产业转型升级的重要举措，也是破解城乡二元结构、改善人居环境的重要抓手。

国家发改委城市和小城镇中心副主任乔润令从五个方面分析了浙江特色小镇兴起的原因：一是民营经济发达、市场经济发达、民间资本雄厚；二是小城镇高度发达，三分天下有其二；三是城乡差别较小，省直管县体制下，县镇自主权较大；四是山多水少土地少，自然空间狭小，不适宜发展大城市；五是工业化基本完成，产业转型升级、发展新经济是主角。乔润令指出，由于各地发展阶段、客观条件不同，浙江特色小镇模式和标准不一定适用其他地方。

浙江特色小镇的兴起，既符合工业化后期城镇空间演化的普遍规律，又得益于我国城镇群与都市区规划建设的不断推进，更带有深刻的浙江特色。在浙江特色小镇兴起的众多原因中，基于民营经济、市场经济发展起来的块状经济和强县扩权、强镇扩权的行政管理体制，是浙江省区别于其他地区的关键因素。

四、特色小镇建设中出现的典型问题

自住建部正式公布第一批 127 个中国特色小镇以来，各地都积极培育特色小镇，形成了一股特色小镇建设潮流。而目前特色小镇在我国还是一个新鲜事物，特色小镇的建设还处于自主摸索阶段，并没有成熟的模式可以被广泛借鉴，各地必须量力而行。

由于一些地方未能与当地的风貌、文化、产业结合，在建设中出现了一些问题。忽视精神文化建设，不注重历史文化的传承。精神文化建设同样是特色小镇建设的重要内容。而在特色小镇的建设过程中，小镇的规划者为了立见成果，片面追求建设速度，虽然在老旧建筑改造重建方面下了大功夫，城镇的容貌在短期内有了很大的改观，但是规划者们常常对小镇的文化建设没有足够的重视，没有着力提升小镇的软实力水平。一些小镇在发展过程中把原本反映本地历史文化的民居、街巷全部拆除重建，新铺好的马路虽然宽敞又干净，却使特色小镇的文化内涵丧失，久之让居民失去了归属感。文化作为小镇的灵魂所在，必须和硬实力相辅相成、相互促进，小镇的建设才能有源源不断的创造力。

文化建设的长期缺失必然影响到经济的持续发展。产业定位不明确，小镇的培育同质化。“产业是小城镇发展的生命力，特色是产业发展的竞争力。”一些特色小镇找不到自身特色，没有明确的产业定位，没能把原有园区和支撑产业改造升级为特色产业，而是将几种产业园和功能区简简单单地堆叠，不仅不能集中经济优势，还削弱了发展的活力。还有一些小镇缺乏创造力，不切实际地一哄而上建设休闲旅游小镇。这些地方本来没有浓厚的文化底蕴和诱人的风景，更没有丰富的旅游资源和完整的产业链，却把当地并没有观赏价值的普通山水开发为景区，耗费的财力物力得不到回报，还失去了小镇原有的个性。产业分散，没有持续发展的动力保障。

小镇建设要以特色产业为基础，从特色产业中再次发掘小镇鲜明的特色文化，进而将特色产业转化为持续发展的动力，同时通过支撑产业的延伸对周边一定区域发挥辐射和带动作用。

但实际上有些小镇在建设中不切合实际地向大而全发展，没有落实特色小镇“小而精”的要求，把有限的资源分布得过于分散，产业虽多但难以做大做强，没有集中力量把特色产业真正打造成主导产业，因此导致产业带动力弱，对社会经济发展迟迟不见成效，更不能引领周边地区发展。缺乏与小镇运营配套的创新机制。特色小镇的建设以企业为主导、市场化的方式运作，为此要打造市场化机制以保证资金的充分利用和市场功能的充分发挥。同时教育制度、金融制度、养老制度、医疗制度也需要根据特色小镇的建设同步改进，为小镇的经济发展和百姓脱贫做出制度保障。

而事实上对于大部分建设中的特色小镇在机制创新方面还是一片空白，旧的机制已不符合小镇建设的要求，制度的缺失成为制约小镇发展的症结所在。

五、我国城镇化发展中的特色小镇模式

早在十八大就提出“四化同步”发展战略，坚持走“集约、智能、绿色、低碳”的新型城镇化道路，对提升城镇化质量，富裕农民，造福未来提出了目标。《国家新型城镇化规划》明确了建设的方向和道路，规划期至2020年，城镇化率达到60%左右，努力实现1亿左右农业转移人口实现“农转居”。

特色小镇的地位、功能、相互关系以及城镇化发展的动力等根本性问题。在不同等级城镇的关系问题上，我国理论界先后提出过五种不同观点，目前国家倡导的是重点发展中小城市并把小城镇放在非常突出地位，这将导致两个方面的偏差：一是违背世界城市化历史进程中大城市优先发展并带动城市群发展的普遍规律和趋势，将遏制中国城镇化的速度，影响城镇化的质量。这一决策忧虑的是“大城市病”的问题，而从中国的实际看，所有大城市在管理上都远远优于中小城市和小城镇，中小城市和小城镇在发展中存在的问题比大城市要多得多。大多数小城镇缺乏完善的交通运输、能源供给、信息传输等网络体系，企业的投资成本会大大提高，因而小城镇对各种生产要素的集聚和辐射功能都较差，想依靠小城

镇来解决数亿农民的转移问题是不现实的。小城镇应该发展，但必须择优。

2016年我国城镇化率数据是57.35%，虽然这一数字在逐年攀升，但是城镇化率带来的问题也越来越多，例如缺乏明晰的战略规划的引导，带来了一些新的矛盾和问题，主要表现在不少发展比较快的大城市、特大型城市交通拥堵、空气污染、房价极高，制约了城市的可持续发展。出现这些问题的原因，很大程度上是因为城镇化在各地经济发展的过程中自然形成，而非具有规划性、前瞻性，因此新型城镇化亟待被重视和发展起来。

在此背景下，由住建部、国家发改委、财政部联合发布的《关于开展特色小镇培育工作的通知》应运而生。通知中提出了到2020年培育1000个左右各具特色、富有活力的休闲旅游、商贸物流、现代制造、教育科技、传统文化、美丽宜居的特色小镇的目标。通知中要求特色小镇要形成特色鲜明的产业形态、创建和谐宜居的美丽环境、彰显特色的传统文化。

在随后的2016年8月，住建部村镇建设司发布《关于做好2016年特色小镇推荐工作的通知》，通知确定了2016年全国32个省市自治区特色小镇的推荐数量，合计共159个名额。通知指出，候选特色小镇近五年应无重大安全生产事故、重大环境污染、重大生态破坏、重大群体性社会事件、历史文化遗存破坏现象。

2016年10月，国家发改委发文《关于加快美丽特色小（城）镇建设的指导意见》，文中再一次强调了特色小镇要坚持创新探索、因地制宜，同时要坚持产业建镇、以人为本、市场主导，并提出要最大限度激发市场主体活力和企业家创造力，鼓励企业、其他社会组织和市民积极参与城镇投资、建设、运营和管理，成为美丽特色小（城）镇建设的主力军。

2017年4月，住建部再次提出，各级住房和城乡建设部门、建设银行各分行要充分认识商业金融支持小城镇建设的重要意义，坚持用新发展理念统筹指导小城镇建设，加强组织协作，创新投融资体制，加大金融支持力度，确保项目资金落地，全面提升小城镇建设水平和发展质量。

对特色小镇的提出，有业内人士肯定道，随着城乡资源和要素的双向流动，具有历史文化、乡村风貌、民族风情、青山绿水、传统建筑等的特色小镇，正越来越显示出宜居宜业宜游的优势，承接了城市发展的新动能。同时，特色小镇建设也是经济融合和共享发展的需要。特色小镇能承载互联网、农业、养老、旅游、文化、大健康、环保、时尚、民宿等产业，能扩大就业和吸引农村人口、城市人口居住，是聚集新经济发展的新兴基地。

在政策的大力鼓励下，特色小镇建设正以燎原之势在全国蔓延开来。其中，房地产企业成为特色小镇建设的主力军。碧桂园、华侨城、绿地、华夏幸福等品牌房企纷纷开始浓墨重彩地描绘特色小镇的未来。在开发商的笔下，特色小镇打上了智慧生态科技小镇、农业小镇、文旅小镇、生态小镇、影视小镇、汽车小镇、金融小镇、航空小镇、旅游小镇等不同标签。实际上，从建设主体的角度来说，拥有资金优势、建设经验的开发商是特色小镇建设的不二人选，特色小镇之于开发商也是转型的较好选择。此外，特色小镇既能解决开发商拿地难的问题，也能在发展中得到政策的鼓励。以环京市场为例，随着北京非首都功能的疏解，坐落环京的特色小镇承接产业功能是国家政策所引导和鼓励的，在楼市调控愈发严厉的当下，这也是开发商们所期盼的。

但面对其不好的影响，政策已经开始设防。2017 年 5 月 26 日，住建部办公厅下发了《关于做好第二批全国特色小镇推荐工作的通知》，要求第二批 300 个国家级特色小镇在 6 月 30 日前申报完成。这是继 2016 年 10 月公布了首批 127 个全国特色小镇名单后，住建部再次在全国范围内启动特色小镇的推荐工作。这份通知中明确要求，对存在以房地产为单一产业，小镇规划未达到有关要求、脱离实际，盲目立项、盲目建设，政府大包大揽或过度举债，打着特色小镇名义搞圈地开发，项目或设施建设规模过大导致资源浪费等问题的建制镇不得推荐。

六、特色小镇的发展模式评价

根据我国特色小镇发展的实践情况，我国特色小镇的发展模式主要有自然资源导向型、政府主导型、大企业主导型、产学研结合型与社会中介组织自发型五类。

一是自然资源导向型。远古时代，社会生产力水平低下，人们一般根据自然条件差异选择在土地平坦、水源充足、光热充足的区域群居，随着农业生产水平的提高和商业活动的发展，这些地区最先从部落逐步发展成为乡村、城镇、城市。当地所拥有的自然资源是这类城镇产生与发展的基础，依托自然资源优势，逐渐形成了当地特色产业。

我国早期城市主要分布在长江、黄河流域，这些地区土地肥沃，物产丰富，交通也比较便利，商业活动频繁，催生了一批具有特色产业的特色小城镇，例如长江中下游平原的越城黄酒小镇、龙泉青瓷小镇等便是基于其特有的自然资源优势，培育其特色产业，这些小镇文化内涵源远流长，支撑着小城镇的存续和发展。

二是政府主导型。这类小镇主要依靠政府积极推动而形成，政府通过制定小镇战略，对具备一定特色产业基础且未来发展空间较大的小城镇加以扶持，着力夯实特色小镇产业基础，从而推动特色小城镇的建设和发展。琼海博鳌小镇、萧山机器人小镇等特色小镇均是依靠政府政策推动产生的特色小镇，例如，博鳌小镇自从被政府选定为亚洲博鳌论坛总部永久所在地后，享有各级政府从基础设施建设到产业发展扶持等优惠政策，一年一度的亚洲博鳌论坛在此举办，为当地产业发展注入新兴活力，尤其是会展产业发展迅速。

三是大企业主导型。企业作为市场经济活动的主体，对产业发展、区域发展都具有重要作用，尤其是龙头企业对行业发展起到积极的示范带动作用，吸引产业链上下游企业集聚，不断提升行业生产经营效率。马歇尔指出，企业集聚在特定区位开展生产活动时，易于产生规模经济效应。企业在某一区域内集聚时，不仅能共享基础设施、降低生产成本与交易成本，还能稳固企业价值链，降低经营风险。在龙头企业的示范带动作用下，众多企业集聚于某地，围绕龙头企业形成以产业链为链接纽带的产业集群，能为当地产业发展与升级带来契机（如图 6—3 所示）。

坐落于杭州的云栖小镇凭借阿里巴巴集团在电商行业的龙头地位，吸引了众多电商行业中的优质企业集聚于此，不论是 IT 技术外包型企业，还是客服培训类机构，都在不断完善、延伸电子商务产业链，为当地带来产业发展新机遇的同时，也带动周边区域人口就业，吸引了众多优秀人才集聚于此，人力资本聚集优势十分有利于当地产业发展与经济增长。云栖小镇便是在龙头企业主导形成的产业集群发展基础上，借助电子商务产业、云产业等优势特色产业的发展，逐步发展成为优质的特色小镇。

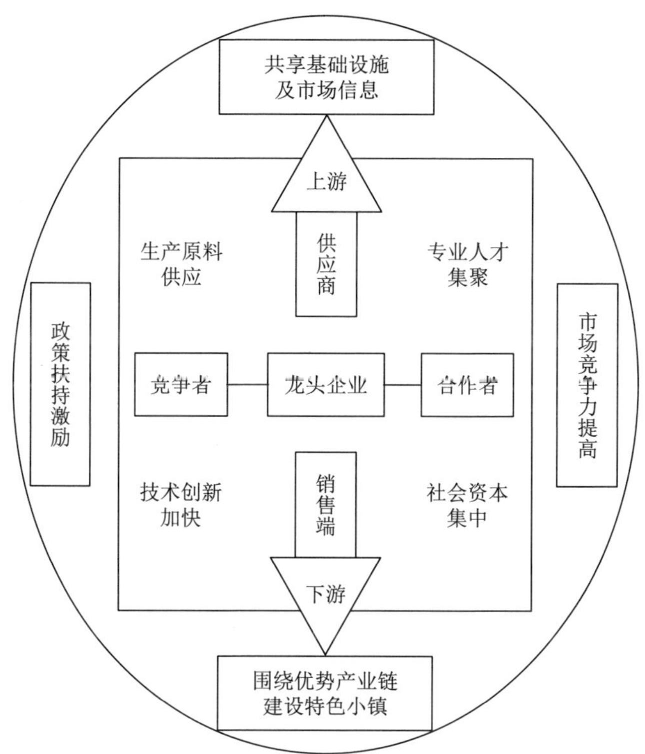

图 6—3　大企业主导型特色小镇生态圈

四是产学研结合型（图 6—4）。产学研是指产业主体、高校、科研机构之间相互配合，通常是以企业为技术需求方与以科研院所或高等学校为技术供给方之间的合作，发挥各自优势，促进技术创新所需各种生产要素的有效组合。高科技产业基于自身发展对人才、技术、知识等要素的需求，一般选择在各大高校、科研院所的周边区域进行布局，相关产业主体集聚于此后形成特色产业，并以此为基础形成了特色小城镇。

例如临安云制造小镇主要依托青山湖科技城，周边科研院所、创客企业众多，培养了一批具备创新意识和实践能力的人才，且毗邻装备制造业巨头，吸引了一批云制造技术研发、工程技术服务的企业及中介组织集聚，将制造业与技术创新有机结合，推动了智能制造的快速发展。

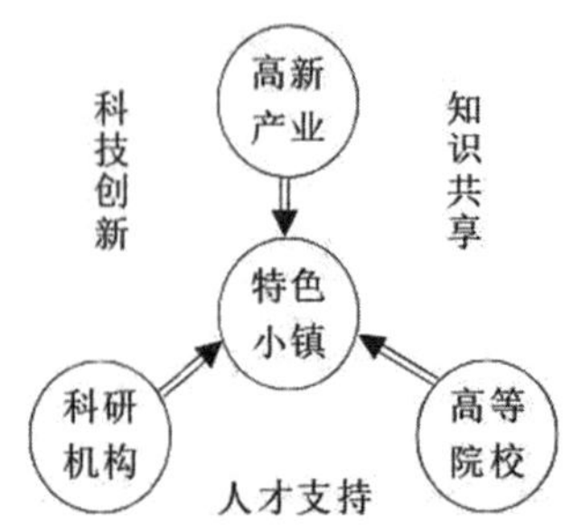

图 6—4　“产学研”主体在特色小镇发展中的作用

五是社会中介组织自发型。行业协会、商会等社会组织虽是政府与企业、社会利益体之间的中介，但其具有社会服务、沟通、公证、监督、市场调节等功能，是市场发展不可或缺的主体。社会中介组织在特色小镇的形成与发展过程中发挥着积极作用，尤其是在商会、行业协会组织规模较大、市场影响力较强的条件下，社会中介组织能自发推动区域特色产业的发展，带动特色小城镇的建设。

以低压工业电器生产为主的柳市镇被称为“中国电器之都”，是中国民企进入“中国 500 强企业”和“中国民企 500 强”最多的镇，龙头企业包括正泰集团、德力西集团等。随着企业数量的增长与经营规模的扩大，诸多行业协会相继成立，如电器行业协会、物流行业协会、柳市工商业联合会（商会）等，通过加强行业自律监管、组团应对贸易壁垒、举办“中国电器文化节”等方式从电器生产、市场营销等多方面共同推动小镇制造业走上新的台阶。
我国幅员广阔，区域发展条件不同，自然资源禀赋、产业发展基础、历史文化等存在差异，因此小城镇的发展条件各具特色，导致特色小镇的形成与发展模式具有多样化特点，但每种模式都具备独特的优势，如表 6—1 所示。

表 6—1　我国特色小镇的发展特征

模式	发展机理及特征	典型例子
自然资源导向型	1. 自然资源条件在小镇形成。发展前期起到导向型的作用，区域资源优势决定了小镇特色产业发展布局与规划 2. 政府政策在小镇发展过程中起到产业扶持作用，激励产业主体创新发展 3. 企业作为产业发展的主体，加强组织管理。生产技术创新推动产业发展 4. 高校，科研机构。社会中介组织等主体为小镇特色产业建设注入活力	越城黄酒小镇、龙泉青瓷小镇

续表

模式	发展机理及特征	典型例子
政府主导型	1. 自然区位条件是此类特色小镇建设与发展的基础条件 2. 政府在特色小镇建设过程中起到核心作用，一方面根据小镇区位条件制定。执行相应的产业政策。财政政策、货币政策来培育、扶植特色产业发展；另一方面则是通过加强基础设施建设、完善社会福利事业等方式方法提高小镇对人才、资金。技术等生产要素的吸引力，为特色产业创新发展提供支持 3. 企业在小镇发展初期主要靠政府扶持，但随着生产能力。市场份额的提高，企业在产业发展中占据更主动的地位，逐渐充分发挥市场主体的作用 4. 高校。科研机构在政府政策导向下也为小镇发展提供人力、技术支持 5. 社会中介组织作用有限	琼海博鳌小镇，萧山机器人小镇
大企业主导型	1. 自然区位条件依然是此类特色小镇建设与发展的基础条件 2. 政府在此类特色小镇发展过程中主要起到改策激励与市场监管的作用 3. 龙头企业是小镇核心，企业发展同小镇建设融为一体，不仅为区域产业转型升级带来机遇，还改善了区域就业、社会福利。基础设施状况，同时也吸引模纵向产业链上的企业集群，促进生产要素集聚，提高区域竞争力 4. 高校、科研机构为企业发展提供人才和技术支持，打造企业核心竞争力 5. 社会中介组织主要围绕龙头企业、在产业链各节点间开展社会中介活动	西湖云栖小镇、余杭梦想小镇
产学研结合型	1. 自然区位条件依然是此类特色小镇建设与发展的基础条件 2. 政府通过制定、执行政策，扶持企业。高校、科研机构三方主体的发展 3 企业作为“产学研”模式的核心主体之一，具备直接的生产能力，能将理论科技转化为产出，成为小镇持续运营的基础；高校与科研机构为企业提供人才与技术；保障三方主体之间实现人才流通、知识共享、科技创新 4. “产学研”模式中，企业、高校、科研机构三方主体间的相互关系较为稳定，社会中介机构起到的作用较小	临安云制造小镇、上虞e游小镇

续表

模式	发展机理及特征	典型例子
社会中介组织自发型	1. 自然区位条件是此类特色小镇建设与发展的基础条件 2. 政府履行市场管理者的职能 3. 企业大多为中小型企业，缺乏具备市场绝对优势的龙头企业 4. 高校和科研机构在区域内不集中，人才、技术优势不明显 5. 来自社会各界的主体自发组成各类社会中介组织，如商会、行业协会等。集聚了资本、人才等要素，引导产业发展的同时，中小企业通过兼并并购逐渐形成大企业，增强区域企业市场竞争力	温州市槟市镇、佛山市乐从镇

开发模式

小镇的开发模式有很多种，每种开发模式的要求都不同。

主题游乐园模式。这种模式很常见，国外以迪士尼为典型代表，国内以华侨城、万达主题乐园为范本。它们都是以乐园为卖点，吸引人流前来旅游，然后提升土地价值，最后售卖地产。这种开发模式对开发商的资金实力要求很高，目前国内的主题乐园模式也面临着 IP 缺乏、创新动力不足等问题，如何破解考验着大家的智慧。

农业驱动模式。在乡村旅游、休闲农业蓬勃发展的今天，这种农业驱动的模式也很常见。此种模式的核心是要让游客亲身体验和参与场景，体验农耕时代的礼仪和生活。值得注意的是，该模式不该只有农业，还应该补齐居住、教育等其他功能。

度假旅游驱动模式。这一类小镇一般是依托度假旅游发展起来的，如观澜湖。它的模式是先做环境，再考虑居住。此种模式最关键的是摸准度假人的需求，打造真正的度假功能。

产业驱动模式。此模式就是产业小镇模式。这种产业有两类，一是引进来的产业，如云计算、基金等新兴产业；二是利用当地的自然和人文资源挖掘出来的产业。小镇离不开产业，没有产业的小镇，注定昙花一现。这种模式的要点在于一定要引进与当地经济发展水平、自然环境相匹配的产业。另外，产业的培育是需要耐心的。

养老旅居驱动模式。这类模式以乌镇雅园为典型代表。做养老的小镇，一定要满足四个条件：一是自然环境较好；二是空气好；三是交通顺畅；

四是养老配套齐全。

古镇改造模式。很多小镇都是由古镇“改造”而来的。对于这类古镇一要保持建筑的“原汁原味”；二要寻找小镇的历史沧桑感。

文旅组合模式。因为项目规模大，单一的形态和业态难以支撑。所以，很多人就将更多的类别组合进去，也就是文旅是个筐，什么都往里面装。这样看似业态丰富、功能更全、风险更小，但如果顶层设计没有做好，风险也最大。此种模式关键要处理好几种类型的逻辑关系，将能够相互依存、相互提升的类别进行组合。如度假和养老的组合，观光和游乐的组合等都可以大大提升小镇的生存和发展能力。

总而言之，开发主题不同，其选择的开发模式就会不同。主题决定模式！而不同的开发模式决定项目的盈利模式，决定项目的存活率。

自 2016 年国家各部委颁布《关于开展特色小镇培育工作的通知》《关于加快美丽特色小（城）镇建设的指导意见》等支持特色小镇发展以来，我国特色小镇建设发展迅速，截至 2017 年 9 月，已确认 403 个国家级特色小镇名单。其中，自然资源导向型、产学研结合型、社会中介组织自发型的特色小镇数量较少，特色小镇大多为政府主导型、大企业主导型两类，主要有以下原因：

第一，我国特色小城镇建设起步较晚，大多数小城镇的特色产业不具备市场竞争优势，且社会基础设施及服务还不够完善，需要政府制定和实施相应的政策予以扶持，政策红利是当前我国特色小城镇建设与发展的最重要的契机。

第二，不论是区域层面，还是国家层面，都面临着产业结构优化升级的关键任务，企业作为市场经济的主体在这一过程中发挥的作用尤为重要。而龙头企业不仅能发挥其对行业的示范、带动作用，而且在技术创新、产品创新、市场开拓等方面都具备明显的资金、人才、技术等优势，区域政府对龙头企业的重视和扶持在一定程度上推动大企业主导型特色小镇的发展。

第三，我国城镇化进程虽由来已久，但农村经济发展相对滞后，特别是某些具备特色资源优势、特色产业发展潜力的农村地区在经济不发达、市场信息不畅通等因素的制约下，无法将自身特色资源优势同市场经济有机结合来发展特色产业，当地特色小城镇建设的步伐也就相对迟缓。

第四，“产学研”模式的布局和运作早于特色小镇发展规划的提出，但因存在区域经济发展水平、高等教育水平、科研支持力度等差异，“产学研”大多集中在东部经济发达的地区，中西部地区分布较少，且分布的行业较为单一，因而不均衡、不协调的“产学研”生态圈不能成为我国当前特色小镇的主流发展模式。

第五，我国市场经济体制改革正进一步深化，与市场主体建设、中介服务组织相关的法律还不够完善，行业自律性组织较少，组织章程松散、执行效率低下，未能发挥好监督、管理行业市场的效应；市场中介服务机构鱼龙混杂，既不能发挥对优化资源配置的引导作用，又对市场秩序造成影响。

经济功能的空间选择环境优越、交通便利、公共基础设施完善等是一般小城镇都具有的宜居性特征，区位因素对特色小镇的影响也很大，主要体现在小镇的功能定位和产业类型的选择上。

美国的巧克力糖果之乡“好时小镇”，其所在地哈里斯堡市横贯东西，货物运输到东西海岸的成本优势明显，是美国东西海岸货物贸易的中转站。同时，好时小镇畜牧业发达，可以为巧克力制造提供方便的制造原料。因此，吸引了国内很多糖果制造商，也孕育出本地的巧克力品牌。“萧山空港小镇”地处杭州空港经济区，连接萧山国际机场与杭州中心城区。当地政府利用这一地理位置优势，大力发展智慧物流，现已建成全球协同、绿色智能的空港小镇。

经营运作后的品牌效应产业特色是特色小镇的核心体现，摒弃“大而全”追求“小而精”是小镇产业定位的基本要求。特色小镇主导产业明确，一般以技术密集型的新兴产业或较高产品附加值的第三产业为主，且其他产业均与主题产业相关。如杭州的基金小镇，利用杭州财富资本高度集中的优势，以金融创新为主题大力发展金融服务，对小镇周边企业提供缴税、人社、办证各类行政服务。

由此实现了信息共享，接轨上海金融中心，吸引了国内外大量资金与人才，高端产业链初具规模。再如青岛啤酒花园小镇的发展，则是利用“青岛啤酒”这一现有的品牌价值，大大缩短了小镇的培育时间，将品牌价值转换为实际利润。

经济增长的新动力地域文化是特色小镇“特”字的另一个体现，相对于产业更能成为小镇的名片，是中国小城镇经济新的增长点。地域文化包括地方的特色建筑、文化名人、传统工艺等有形的资源要素，也包括风俗习惯、文化传统等无形的非正式制度。

这些都可以成为文化催生的主要资源，由此带动旅游业、特色产业、主题活动的发展。如日本的“越后妻有”，原来是一个快要荒废的小镇，人口大量流失，老龄化的现象严重，政府通过引入当代艺术，举办“越后妻有文化艺术节”，艺术家们和当地农民一起进行艺术创造，每年都有200多件艺术品留下。760平方公里的面积随处都可以看到艺术家们创作的痕迹。艺术家的进入也改变了小镇的面貌。小镇逐渐变成了全国旅游热点地区，带动了当地的经济发展。

韩国釜山地区的“甘川洞村”也是借助艺术文化进行棚户改造，变成著名的旅游小镇。

科学规划的顶层设计。我国的城镇化仍有巨大的空间和潜力，面对不同的时代条件以及我国小城镇的特殊性，特色小镇的发展需要科学的顶层设计。合理的政策是拓展发展空间、激发创新的主要动力。此外，政府应积极推进投融资改革，用好“政府与社会资本（PPP）”等新型融资模式引入资金完善基础设施建设，搭建公共服务平台；设立财政奖励金，探索股权众筹、互联网金融等多种融资途径，消除私人部门与公共部门的沟通掣肘，提高资源配置效率。如安徽小镇郝堂村就是制度创新的一个成功案例。专家通过研究植入一个内置金融体系，当地农民可以用自己的房屋、农田等进行抵押贷款。一方面农民获得自己生产生活的资金，另一方面政府利用整合的土地资源集体运作。由于是农民参股，所以工作积极性特别高，内置金融体系的成果显著。再如浙江基金小镇在完善要素需求、优化管理模式、更新领导结构方面的创新，正是顶层设计与地方政府的有效对接。

借鉴国内外小城镇成功经验，笔者认为特色小镇的建设应该规划先行，从环境、资源方面着手明确功能定位，其次通过顶层设计自上而下地做好特色产业发展、资源合理配置、空间优化布局三方面的统一。特色产业的核心是生产，创造就业岗位提高小镇人口吸引力，占领高端产业链提高小镇创新力。资源配置要求依据小镇比较优势合理分配要素，推进产业集聚，提高全要素生产率。空间布局方面应实现小镇宜居功能，优化生态环境。

小镇应该围绕特色产业，在教育科研、金融、先进制造、生物医药、

“互联网＋”、大数据等方面都要有所布局。

综合上述分析，可以得出特色小镇发展的核心要素：环境、产业、文化、制度。环境资源是特色小镇打造的前提，特色产业是特色小镇发展的动力，文化是特色小镇创新的重要依托，制度是特色小镇运营的重要保障。

除此之外，小镇的建设不能脱离市场，如何将四大要素优势转化为面向市场的核心吸引力是亟须解决的问题。在此基础上有机整合“产业＋文化＋旅游＋社区”四大小镇功能，落实城镇化要求促进产城一体化，最终辐射带动周边区域经济。根据上述分析提出特色小镇发展模式如图 6—5。

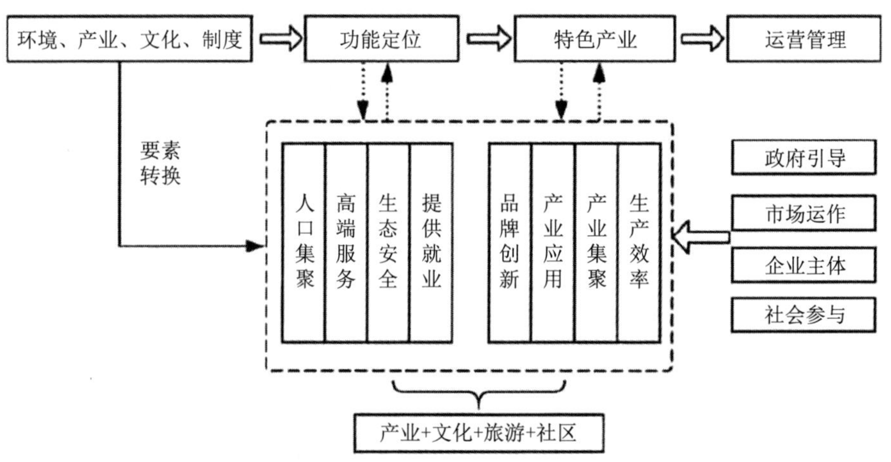

图 6—5　发展模式架构

特色小镇可以看作一种现代地域生产力要素的理论价值与现实发展的应用价值融合。在知识经济与中国经济结构转型的背景下，特色小镇作为一种新兴地域经济结构，在不断创新中寻求传统价值与现代价值的结合。同时特色小镇作为供给侧改革的新生事物，涉及政策法规、体制改革以及规划本身的技术要求，还存在巨大的研究价值与改进空间。

目前，我国小城镇形成以下几种比较有代表性的发展模式：珠江三角洲城市群模式、温州模式、苏南模式、工矿企业集聚型模式、风景旅游型模式等。珠江三角洲模式是指以广州、深圳等为中心的 14 个市县在政府引导下，大量引进外资，使民营经济快速市场化，达到国内国外市场的有力联动，大力发展当地经济，以此为动力带动城镇化快速发展的模式，它是以新工业化发展道路集聚形成的一种城镇化模式。温州模式的城镇化道路是以个体、私营经济为小城镇发展的主要动力，这种动力表现为当地的经济发展是自下而上的，以发展个体私营经济为主体、依靠几个大的专业市场带动，发展小商品起步的发展模式。费孝通最早在20世纪80年代初便提出了经济发展的“苏南模式”，它是指苏州、无锡和常州等地区通过发展乡镇企业实现非农化发展的方式，城镇化的苏南模式是指以这些乡镇企业的迅速崛起与集聚布局为主要动力引起的快速城镇化，集体经济发展和乡镇企业的积累是城镇建设资金的主要来源。工矿集聚型城镇化模式是某一地区以较大规模的矿工住宅区为基础，建设配套的交通运输、生产生活等基础设施，发展成为城镇。

在我国这种模式有两种形成类别：一类是依托矿业城市，即原已有城市，后因矿产开发使其原有的城市不断发展壮大，具有了矿业城市的主要特征；另一种是本来没有城市，因为发现了矿产资源，因开发而产生的城市，如：攀枝花、大庆等。风景旅游型城镇化模式是以区域内高价值的风景旅游资源为依托发展城镇，通过开发旅游资源，发展与旅游业相关的休闲、娱乐、餐饮、购物等行业，建设旅游主导型城镇，适度开发或延伸旅游产业链，发展旅游对地方经济的拉动作用。

第三节　特色小镇推动资源要素有效配置

我国正处于二元经济向一元经济转化的重要时期，城镇化是解决这个过程中产生的诸多问题的重要途径，更是社会发展不可逆转的潮流，我国现代城镇化建设从20世纪80年代兴起至今已有30个年头，但我国自然地貌多样、经济发展不均衡、国情复杂，城镇化进程还存在诸多问题，城镇化建设在把握一般规律之外还应该联系中国实际，走出一条具有中国特色的城镇化道路。

特色小镇通过产业政策，成为吸引要素资源的磁石。特色小镇建设要发掘、塑造能够形成磁力的要素资源，形成城市格局中的一极。特色小镇建设是磁极的塑造，通过改变各种“流”的走向，对现有的城市空间格局产生影响。城市在对资源要素的吸引上，发挥磁石的作用。在城镇化的背景下，城市一部分资源要素外溢，被特色小镇这一磁极承接，同时还有外部的资源流入特色小镇。核心城市和核心企业是大磁石，磁力次之的城市和企业是小磁石。

城市是空间位置相对固定的磁石，企业是空间位置相对可变的磁石。磁石的吸引力会随着吸附更多的磁石而增强，磁极会随着产业资源要素的分布调整而变化。特别的自然资源、地理禀赋也可能成为磁石。以特色小镇推动要素资源配置，实质上是选择一个区位，在此发掘、建设能够形成磁力的某类要素资源，以吸引、聚集相关资源，根据城市经济学理论，该集聚效应会自动加强，最终形成城市格局间的一极。当下发生在特色小镇内的高端资源汇聚，如梦想小镇的之江实验室等新型智库，正是加速要素资源汇聚的一环。

特色小镇作为中国城镇化进程的组成部分，对城镇化做增量以优化资源配置结构产生良好的激励，能加快打造“城区经济”而非过去的“园区经济”，促进居住环境的提升、实体商业的发展、高端人才流入和创新型产业发展。从某种意义上说，特色小镇是一个盛放要素资源的容器。特色小镇建设应当从人的需求出发，构建最佳生活体验特色小镇以推动资源要素集聚与配置为建设目标，强调地方性产业模式与生活方式相融合，是一种“地方精神”的表征。资源配置与人的需求对小镇功能空间提出了要求，必须为各类资源要素找到相对独立和完善的承载容器，即进行物理空间的落地，包括生产、办公、生活、休闲、生态和交通区域。最终，资源要素以“流”的形式突破独立的空间板块限制，在整个小镇中形成商流、数据流、人流、信息流、资金流、物流高密度交织与碰撞的网状格局，从而产生多元的活动体系。基于特色小镇紧凑空间范围导向下的新型邻里关系，当地居民、产业人群、导入人群和服务人群能在小镇内快速找到自身的角色定位，产生更多的社区交往活动，或达成生意合作与社会资源对接，然后通过一系列项目接洽产生商贸交易、研发设计、旅游休闲、文化体验等充分体现社交与尊重需求的活动。

第四节 特色小镇的 PPP 模式及发展

特色小镇项目具有综合性、复杂性和独特性。在政府财政压力加大，传统模式效益低下的背景下，尝试将 PPP 模式应用于特色小镇项目越发引起关注，也成为时下特色小镇发展的一股热潮。通过引入私营企业和民营资本，有益于实现特色小镇投资、建设、运营主体的多元化，提高特色小镇建设的整体风险控制能力，进而缓解政府在财政和债务上的压力，提升特色小镇建设的综合效益。

一、特色小镇建设的 PPP 模式发展背景

作为中国城市化的下一站，也是加快新型城镇建设的重要突破口，特色小镇势必将成为中央和各地方下一阶段的重要任务。其发展、建设所采用的模式对其取得的成效有至关重要的影响。在经济增速放缓，地方政府债务规模居高不下，财政压力逐渐加大的形势下，传统的建设模式存在资金来源过于单一、缺乏补偿机制和激励机制、小镇运营主体效率低下、缺乏创新思维和先进的管理经验等问题。因此，改变特色小镇发展模式，拓宽融资渠道，引入社会资本的资金、技术和管理，成为建设高效、高质特色小镇的关键。

在特色小镇传统建设模式的瓶颈下，PPP 模式在特色小镇项目融资、建设中引入社会资本的作用便体现出来。

二、特色小镇 PPP 的核心内容与模式

首先，需要认识到，并不是特色小镇中所有的公共产品都可以通过 PPP 模式提供，PPP 更多地适用于能产生稳定、持续现金流的部分准公共产品，适用于那些能识别受益主体、衡量受益程度进而具备收费条件的某些公共产品，如交通设施、公共事业设施等。

其次，基于 PPP 的核心要义——提质增效，特色小镇 PPP 项目的开展必须围绕以下两点：第一，政府成本要小于传统政府主导的投资建设模式，而开发的小镇质量、经济和社会效益要高于传统模式；第二，要能够产生高于成本的经济效益，使社会资本投资获得合理收益，以吸引社会资本。

特色小镇 PPP 操作模式

由于项目市场经营性元素差异，PPP 模式具体选择也会“因事而化”。特色小镇项目采用 PPP 模式进行投资建设时，项目的投资收益水平及项目性质对确定具体特色小镇 PPP 项目的操作模式具有重要的影响作用。

1. 经营性的特色小镇项目

针对经营性的特色小镇项目，例如基于特色小镇内部，可在主要出入

路桥、特色海港或码头等基础设施的基础上，产生运营收入的经营性项目，可采用政府授权社会资本通过 BOO 模式，建设运营项目。该模式的优点在于，在建设完成后，这些项目的所有权由社会资本取得，并持续拥有，有利于激发其积极性，带来更为优质、细致、高效的硬件及软件上的支撑。若因为项目经营性的特点，刻板地套用 BOT 或 BOOT 模式，尽管也会使社会资本方有一定的获利，但政府方难以继续发挥社会资本所拥有的技术、管理模式、建设思维先进的优点，而这些恰恰是发展新型产业、建设新型城镇化所需要的。因此对于经营性特色小镇项目，可大胆采用 BOO 模式开展。

2. 准经营性的特色小镇项目

就特色小镇的建设项目中介于经营性和非经营性之间的项目而言，这类项目具有部分规模较大、投资回报周期较长，短期内收益无法覆盖投入成本等特点，政府方需要采取措施来减少社会资本方的损失，或降低社会资本方的投入。首先，政府方可以在授予特许经营权的基础上，就社会资本方无法利用“使用者付费”机制获取足够回报的情况，给予可行性缺口补贴。同时，针对社会资本方的收益压力，政府方可以直接参股项目公司，在投入端弥补社会资本方投入与收益的差额。并在收益分配时，政府方对部分收益进行让渡，或者不参与项目公司的收益分配，从而提升社会资本方的收益回报和投资成本的比率。

3. 非经营性的特色小镇项目

特色小镇中的绿化、基础设施等项目的建设或改建项目，因缺乏使用者付费的基础，故通常较难吸引社会资本参与投资和建设，而主要是依靠政府付费来回收投资成本。政府方可以通过委托运营的方式，市场化运营该类项目，从而减轻参与合作的社会资本的压力。除此之外，政府也可以对此类项目搭配一定的资源，弥补社会资本的投入，达到平衡项目投入和产出比的目的。

而针对特色小镇中贴近居民公共生活的基础设施，还可以采用 SC（服务协议）＋专项管理机构＋公民参与的模式，即政府设立专门的特色小镇公众生活基础设施管理机构，来负责该类设施的运营和维护。并且可将该类设施的服务功能等外包给民营单位，让公民参与该类与其生活质量密切相关的项目的建设、运营和维护，从而更高效、细致、经济地提升特色小镇的居民生活服务质量，激发小镇居民建设小镇的热情，达到“产、文、人、城”融合的初衷。

三、特色小镇 PPP 模式的政策环境

2016 年，我国关于特色小镇建设，以及在新型城镇化建设中重视政府与社会资本合作模式（PPP 模式）的政策文件频频出台，而这一关于城镇化建设转型的重点思路也随之逐步落实和明确。

2016 年年初，国务院出台了《关于深入推进新型城镇化建设的若干意见》。《意见》强调深化政府和社会资本合作，广泛吸引社会资本参与城市基础设施和市政公用设施建设和运营。

2016 年 7 月，住建部、发改委、财政部公布的《关于开展特色小镇培育工作的通知》为 PPP 项目的应用提供了一个新的领域，将引导 PPP 模式在新型城镇化及特色小镇整体发展中的应用。该《通知》是关于特色小镇 PPP 模式的政策支持主力。

2016 年 10 月，发改委出台了《关于加快美丽特色小（城）镇建设的指导意见》。《意见》提出要充分发挥社会力量的作用，运用 PPP 等新型融资模式来建设新型城镇。

2016 年 12 月 12 日，发改委等多个部门联合发布了《关于实施“千企千镇工程”推进美丽特色小（城）镇建设的通知》（发改规划〔2016〕2604 号），进一步细化了 10 月发改委《指导意见》的要求，从“主要内涵”“主要内容”“组织实施”和“工作要求”四个方面对特色小镇的“千企千镇工程”进行了规定。

继 2016 年特色小镇建设浪潮袭击全国各地后，2017 年进入了实质性推动的一年。当然，随着各地特色小镇项目的不断兴起，2017 年又可谓是中国特色小镇发展从“增量”转向“保质”的一年，而这些政策的调整，也将不可避免地给 PPP 模式在特色小镇中的应用带来新的挑战和机遇。

2017 年年初，发改委和国开行联合印发的《改革委、国家开发银行关于开发性金融支持特色小（城）镇建设促进脱贫攻坚的意见》（发改规划〔2017〕102 号）中就提出在各地结合实际情况的基础下，可以通过多种类型的 PPP 模式，引入大型企业参与投资，引导社会资本广泛参与。

2017 年 5 月 26 日，住建部印发了《住房和城乡建设部办公厅关于做好

第二批全国特色小镇推荐工作的通知》（建办村函〔2017〕357 号），在这份文件中，直指当前特色小镇项目房地产化倾向严重的问题，一并减少了旅游文化产业小镇的申报数量。

2017 年 12 月 4 日，发改委联合其他多个部委印发了《关于规范推进特色小镇和特色小城镇建设的若干意见》，在该份《意见》中要求在开展特色小镇建设的过程中需要坚持“创新探索”“因地制宜”“产业建镇”“以人为本”和“市场主导”，并直接点名要求严控房地产化倾向，严防债务风险。但是《意见》也指出，要鼓励大中型企业独立或牵头打造特色小镇，培育特色小镇投资运营商，避免项目简单堆砌和碎片化开发。

从上述政策文件不难看出，中国特色小镇的发展即将进入“提高质量、控制数量”的阶段，国家也始终致力于将特色小镇打造成各地的经济增长点，从而带动区域经济增长，推动全面城镇化进程。在这一过程中，PPP 模式和特色小镇的结合必将大有作为，毕竟国家推行 PPP 模式的初衷就是看重社会资本高效、优质的运营服务与建设开发能力。

四、特色小镇 PPP 项目的困境与发展趋势

随着特色小镇建设的全面展开，各地特色小镇 PPP 项目在规划、建设中也不可避免地陷入一些困境中，这些困境也制约着特色小镇 PPP 模式的应用与发展，具体来说有以下几点。

1. 合作主体范围过窄

特色小镇 PPP 项目中的社会资本方以国企、央企为主。而国企、央企在小镇运营中存在着创新能力不够、管理模式陈旧等问题。特色小镇通过 PPP 模式拓宽融资渠道的目的达到了，但是提升管理和技术水平的目的却往往落空。

2. 应用领域比较单一

PPP 模式在特色小镇中的应用主要集中于基础设施建设领域，在特色小镇的产业建设、产业链发展和旅游资源挖掘等方面，PPP 模式的应用还不多，产业升级和产业融合无从谈起，PPP 模式提质增效更是流于形式。

3. 政府方意识不够

PPP 模式下充分发挥社会资本作用的理念尚未深入政府方的意识。虽然特色小镇 PPP 项目有社会资本方的参与，但是政府在引入社会资本参与

特色小镇项目的时候，更多地是为了拓展融资渠道，对社会资本方在特色小镇的产业培育和运营、小镇居民生活服务、旅游开发等方面的作用尚未投入足够的重视。

从以上三个方面不难看出，特色小镇 PPP 模式推广过程中遇到的问题具有明显的普遍性，即国企和央企为主、重建设轻运营、重融资轻效率。

发展趋势

PPP 模式在特色小镇建设中遇到的问题，成了束缚特色小镇发展的瓶颈，也是后期特色小镇 PPP 模式改革的要点，这些都需要政府方和社会资本方给予足够的重视与反思。结合当前中国特色小镇的发展情况，未来特色小镇 PPP 项目的发展将呈现出如下趋势：

1. 优秀经验进一步继承

特色小镇 PPP 项目在既有模式和现有发展的基础上，其特点将会有一段时间的惯性维持，原先的有益经验会被保留及进一步的改进。从而会使目前特色小镇 PPP 项目实践中的特点，尤其是优点，在一段时间内将继续得以维持和局部的改进。

2. 参与模式越发多元

随着特色小镇名单一批又一批地公布，特色小镇的多元化趋势明显，PPP 模式在特色小镇的应用上也会呈现更多的特点。因不同特色小镇的特色产业不同，PPP 模式会与不同产业在特色小镇的建设中融合，PPP 模式的适用范围会呈现多样化的趋势。

3. 外部环境日益规范

各级政府响应中央的号召，为推动新型城镇化和特色小镇的建设与发展，制定了更全面、更细化的政策文件，特色小镇 PPP 项目的政策环境日益规范。同时，为配合特色小镇 PPP 项目融资的顺利实施，政府将利用自身优势，培养和引进一批熟悉 PPP 项目和投融资的专业性人才，并加强特色小镇 PPP 方向人才储备。此外，政府会重点提供税收优惠政策和金融支持以降低社会资本的投资成本，逐步构建对应特色小镇 PPP 项目的金融体系，扩大银行的贷款力度，增加贷款利息补贴。

4. 内部分工更加合理

在政策环境宽松的背景下，政府方在特色小镇 PPP 项目中将会让渡更多的利益，社会资本占投资总额的比例会进一步提高。随着特色小镇 PPP

项目逐渐进行到运营、维护的后期阶段，将加强对社会资本方的运营能力的重视，逐渐加大其在特色产业建设及产业链发展、旅游资源的挖掘和利用、游客服务及居民服务等领域的应用。

PPP 模式是创新融资机制，是减轻政府在特色小镇建设中的财政压力、促进地方经济转型发展、实现新型城镇化的创新模式，更是提质增效的重要抓手。我国 PPP 模式应用已积累了丰富的经验，然而 PPP 模式在特色小镇领域中的应用才刚刚起步。PPP 模式需要结合特色小镇具体特点进行深入、细化的研究，充分发挥社会资本方逐利动机下的能动性，了解和把握市场需求，切实抓住特色小镇之“特”，促进特色小镇和 PPP 事业的健康可持续发展。

特色小镇的运营

（一）特色小镇的商业模式

1. 土地一级开发

仅做土地的一级开发，直接获利；进行一级土地开发，同事通过其他模式（如补贴方案等），享受升值收益结构。

2. 二级房产开发

包括六大房产结构：一居所地产、商铺型地产、客栈公寓型地产、二居所地产（周末）、三居所地产（度假）、养老地产。通过销售回收经营等方式形成销售运营模式。

3. 产业项目开发

一是特色产业项目开发，包括科教文卫等产业事业导入及产业园、孵化园等产业本身开发；二是旅游产业项目开发，包括旅游吸引核项目（如主题公园）、休闲消费聚集项目（如休闲商街）、夜间休闲聚集项目（如水秀表演等）；通过项目的运营获得收益。

4. 产业链整合开发

两大产业链：旅游产业链和特色产业链。两大产业链相互支撑，构建区域产业生态圈，包括金融、教育、居住人群、城市化机构和政府政策等。

5. 城镇建设开发

城市服务：公共交通服务、社会服务等；城市管理：城市智能化管理、政府政策等；城市配套：银行、学校、医院等。

（二）特色小镇的运营模式

以企业主体，政府服务，政府负责小镇的定位、规划、基础设施和审批服务，引进民营企业建设特色小镇。

PPP 模式从 20 世纪 80 年代开始引入国内，经过多年的探索、研究、实践，国内 PPP 模式应用范围不断拓展。2006 年，中国五矿与辽宁省签署建设产业园协议，成为国内第一个将 PPP 模式引入产业地产的项目。近几年掀起了 PPP 模式参与基础设施投资建设的热潮，环境保护、水利、轨道交通、棚户区改造等项目都有成功落地的案例。华夏幸福在地方城镇化实施过程中便是采用 PPP 模式，并开启了 PPP 模式下的特色小镇建设战略布局，以 PPP 市场化运作为机制，与政府合作共创新型特色小镇。虽然国内特色小镇 PPP 项目还在探索阶段，但可以通过借鉴国外成功 PPP 项目经验，引入专业的 PPP 咨询公司，结合我国特色小镇项目的实际情况解决应用中的问题。

特色小镇 PPP 模式运作方案

PPP 模式下的特色小镇建设，应该以“市场化运作”为机制，政府做好引导和政策支持，在规划设计、文化传承、环境保护等方面发挥积极作用，社会资本通过资源整合、招商管理、智慧化运作提供全生产链服务。

特色小镇 PPP 项目的参与主体包括政府、开发商、金融机构及咨询设计、工程施工、招商运营等专业企业。政府部门给予整体方向指导、行政便利支持和专项基金补贴，主要负责招投标、授予特许经营权、部分项目的付费与补贴、监管质量与定价等方面；社会资本可以是一家企业，也可以是多家企业组成的联合体，与政府合作成立特别项目的公司 SPV（Special Purpose Vehicel）作为 PPP 项目实施主体，主要负责项目融资，建设、运营与维护、财务管理等全过程运作；金融机构提供资金支持和信用担保。借鉴国外经验，引入服务 PPP 项目的专业机构，承担政策咨询、技术支持、能力建设等重要职能；引入第三方，对特色小镇建设全过程进行监督管理。

特色小镇 PPP 项目运作流程大致分为以下五步：

（1）确立特色小镇项目。

政府负责前期的考察立项等准备工作，对特色小镇进行初步规划，并进行可行性评估，分析该项目是否适合采用PPP方式。特色小镇PPP项目确立前期，必须进行详尽的调研确立盈利模式；进行项目全流程的建设以及运营模拟；根据建设运营模型进行精准的财务测算并统筹资金安排。组建一个项目实施团队，由政府牵头做好具体工作实施方案，根据城市总体规划来制订特色小镇建设的初步规划方案。

（2）项目招投标。

政府构建透明的PPP模式实施机制，制定公平、公正、公开的评标细则、评标标准，组织招投标，通过竞争性公开程序选出合适的候选中标者，根据小镇建设特点以及候选中标者的综合实力，选择最佳的合作企业；通过双方谈判拟定特殊经营期、投资比例及股权等；达成一致后，签订合作协议。

（3）项目融资。

政府与私营部门组建SPV，政府以土地入股，土地价格参照拍卖价格。项目公司、社会资本与地方政府签订PPP合同，明确约定各自的权责。政府为SPV予特许经营权，SPV负责融资的具体工作，融资方式主要有：通过项目进行融资；通过项目未来现金流进行债券信托、资产证券化等，要根据项目实际情况拓展融资渠道，尽量降低融资成本。

（4）建设与运营。

SPV在规定期限内负责完成规划、建设、招商和后期运营工作，可以通过招标方式将特色小镇项目分包给相关单位进行开发建设，通过第三方对项目进行实时监督，若有违反合同及时与项目公司沟通，并确定责任主体。工程全部经过竣工验收后，进入运营阶段。在约定的特许经营期限内，社会资本通过经营收入回笼资金，在此过程中，政府、贷款人、社会居民都有对项目进行监督的权利。

（5）项目移交。

特许经营期满后，SPV将项目经营权和所有权移交给政府，并办理清算手续。移交时，政府应对项目进行检查，确认项目是否与特许经营权协议中约定的情形相符，是否处于良好运营和维护状态；如果未达到移交标准，应由SPV进行修补以保证项目能继续运营、为后期提供服务。最后，SPV应将项目的各项资料移交给政府，并做好项目平稳过渡工作。

特色小镇 PPP 项目运作的关键问题：

（1）社会资本收益与公共利益。特色小镇建设属于政府为提高居民生活环境、改善百姓生活的公益性项目，而社会资本参与到 PPP 项目中，最大的目的就是从中获利，这就存在社会资本收益与公共利益的矛盾点。如何保证公民的基本利益，又能给予社会资本一定的效益成为特色小镇 PPP 项目的首要难点。

（2）合同履约管理。特色小镇项目回报周期长，其成功的关键在于政府和社会资本能否在项目的合约期内保持稳定、良好的合作关系。政府往往利用行政权力对项目进行干预，从而导致合作双方不平等。合约不能受到法律严格约束，随时可能被修改或者终止，这样也将造成社会资本的巨大损失，从而导致社会资本参与基础设施建设积极性严重下降。

（3）社会资本的运营能力。PPP 项目运作不是简单的融资，而是社会资本对项目全生命周期的参与，从最开始的设计建设到最后运营管理。PPP 项目运营周期长，要靠后期运营的收益来弥补前期投资，因此需要开发商具有很强的运营能力。特色小镇 PPP 项目成功的关键在于后期长达20—30 年的运营管理，良好的运营才能保证项目长期受益，开发商才能收回前期巨大的投资，实现政府和社会资本的互利共赢。

（4）PPP 运作模式。随着大量的 PPP 项目落地，PPP 模式被广泛采用，但也存在个别 PPP 项目企业不负责施工和后期运作，只提供资金，甚至一些项目没有稳定的现金流和明确的商业模式的问题，如果小镇的产业模式过于单一，必将在新时代下难以持续发展。同时也存在一些 PPP 项目基金明股实债，地方政府为融资平台出具担保函、承诺函等问题，以财政资金作为风险兜底的资金，实质上这也是地方政府变相举债。

促进特色小镇 PPP 项目建设的建议

目前，特色小镇 PPP 项目还在初步实践阶段，要大力发展该模式在特色小镇中的应用，PPP 模式在特色小镇项目的应用研究做好规划设计、基础设施建设、公共服务提供等工作，需要政府给予政策和经济上的支持，才能进一步推动特色小镇的建设。制度创新不能仅仅依靠政府，更多的要靠企业，企业是创新的主体，应与政府建立良好的互动关系，发挥主观能动性，利用企业较强的运营管理能力来提高整个项目的效率。

依靠产业，打造特色

特色是小镇的核心元素，产业特色是重中之重。特色小镇要有特色鲜明的产业形态，根据当地资源和区位特点，确立最有优势的产业作为主攻方向；特色小镇要有和谐宜居的美丽环境，打造具有高品质人居环境、完善配套设施和良好就业环境的现代化特色小镇，这不是简单的功能相加，应该将城市功能有机导入；特色小镇要彰显特色的传统文化，深度挖掘当地的历史人文特色，让特色小镇区别于普通的传统产业园区，做到真正的有特色。

建立灵活机制

在特色小镇 PPP 项目中，政府不能简单地局限在缓解债务压力上，把推广 PPP 当作又一次“甩包袱”。采用 PPP 模式时，政府的职能要从管理变为监督和合作，必须实行透明的阳光化运作，更加注重按合同办事，更加注重平等协商、公开透明。所以，应该建立相对灵活的机制，通过机制上的保障，充分调动 PPP 模式的积极性，激活特色小镇整体运作和管理。一是建立综合评价指标体系，通过绩效评价定量考核项目情况；二是引入专业机构提供政策咨询、技术支持、能力建设等服务；三是通过第三方完善监督机制，对特色小镇 PPP 项目进行全过程监督。

第五节　合理定价

特色小镇项目后期运营中定价要合理，实现各方利益的“最大公约数”。特色小镇项目事关人民群众切身利益，不能为了迎合社会资本，把项目竣工后的公共产品定价过高，要让百姓得到实惠。当然采用 PPP 模式也要保证社会资本有钱赚，如果项目运营前期利润率低于合同规定水平，政府应该通过政府补贴来保证社会资本得到合同相应的利润率。对合作期限进行较为灵活的组合设置，基础设施和公共服务部分的运营期可以为 10—15 年，产业运营部分的运营期可以为 15—25 年。

通过合理的回报机制，降低公共产品价格，但价格也不是越低越好，关键要看具体项目的公共服务质量、运营效率、社会公众满意度等。因此，应该建立健全法律法规，完善回报机制，明确各方责任，从而确保社会资本盈利但不暴利，实现各方利益最大化。

在经济新常态的形势下，建设特色小镇被视为破解经济结构转化和动能转换问题，推进供给侧结构性改革的重要平台和深入推动新型城镇化的重要抓手。特色小镇已经成为城镇化发展的新兴业态，通过“政府主导、企业运作、合作共赢”的 PPP 市场化运作模式，让特色小镇建设更加高效、富有活力。政府应该尊重市场对其发展的规则，减少不必要的行政干预，加快建设合理的治理机制。社会资本以 PPP 模式融入特色小镇的协作开发建设运营之中，应有较高的运营水平和工作效率，积极发挥社会资本的优势。2017 年特色小镇建设在全国范围内展开，采用 PPP 模式运作的需求也日渐凸显。特色小镇 PPP 项目实际操作过程中会遇到不少问题，如项目未来收益不确定性较高，融资风险较大等，这为 PPP 模式运作带来一定难度，要结合特色小镇建设的实际，有针对性地解决。

特色小镇开发中的资源导入模式

以产业链整合为模式，有效利用各种资源，突破原有的项目推进和开发时序，将后期导入前期，在进行策划规划设计的同时，引入后期的建造、成熟项目、营销、管理、服务、投融资等资源，使得策划规划过程也成为一个推动项目落地的过程。

结合项目落地、运营、投融资、营销概念的前期策划规划设计方案，将成为后期工作的有力指导。后端在策划规划阶段，将相关成熟的 IP、运营机构、管理团队、建造机构、投资机构等，以专家身份、投资商、服务商身份，导入进来，形成落地性极强的方案。

特色小镇的建设和落地，必须走产融结合的创新之路。在特色小镇的顶层设计中，要以特色产业为引擎、为核心，以金融为动力、为先导，再好的产业模式也必须依托于有效的投融资才能落地，才能变成现实，产业规划与投融资规划必须并行。

第七章　中国特色小镇的发展空间规划与合理布局研究

特色小镇要当作一个聪明的有机体来看待，去营造，才能让其有感染力和生命力。有机体不是多功能的大集会，目前很多特色小镇的设计都大同小异，基本是按照板块的方式进行叠加设计的。比如创意产业＋现代农业＋旅游产业＋大健康产业＋智慧产业＋互联网，等等。这种提法是不对的。在我国特色小镇的发展中，我们可以用的热词、热技术、热产业，太多了，但不是一味的叠加、追新，这是心智不自由的表现，必然不会有善果。我们要做国际一流，引领未来文明的事情，单靠一流技术的堆积是决不能达到目的的。我们如果想把特色小镇做成真正的人、居、产业、自然和谐的人类居住新模式，我认为首先需要将其真正视为一个有机统一的整体，一个生命体。这个生命体首先是神志、机能、秩序、物质载体的有机统一，其次，是有自主行为和沟通方式，然后，是有独到的人格魅力。

具体来讲，神志是小镇的灵魂，是文脉和新文化的融合；机能是功能构成，以上讲到的各类技术，产业植入都属于这一范畴；秩序是运营方式，开发模式的统一；物质载体，是形式构成，美学呈现的部分。这样的有机体认识，就把特色小镇从平面的功能堆积，向着立体的生命构成层面去发展了。

第一节　新常态下特色小镇建设中的问题和规划的重要性

目前，我国特色小镇已有127个、276个小镇分别入围住建部公布的首批、第二批全国特色小镇名单，综合政策信息获悉，到2020年，全国将培养1000多个各具特色、富有活力的特色小镇；“十三五”期间，各省共计规划了超过1370个特色小镇。客观地说，并不是所有特色小镇都能够最后成功，前瞻产业研究院衷心提醒，各地政府若能够真正用心去发掘和培育，而不是盲目地只是在数量上攀比，那么各地特色小镇成功的比例势必会更大，政府预期的效果也会更明显。

特色小镇作为新生事物，特色小镇的出现，打破了规划界关于规划对象的常规界定。按李强省长在《特色小镇是浙江创新发展的战略选择》一文中的诠释，特色小镇不是行政区划单元上的“镇”，也不同于产业园区、风景区的“区”，而是按照创新、协调、绿色、开放、共享发展理念，结合自身特质，找准产业定位，科学进行规划，挖掘产业特色、人文底蕴和生态禀赋，形成“产、城、人、文”四位一体有机结合的重要功能平台。这一描述性的界定使特色小镇显得更加不同寻常。严格意义上讲，这是一种关于目标的描述而不是对象的定义。对于习惯于面对具象实体的规划师而言，厘清特色小镇的内涵与需求是进行有效规划设计的重要前提。

一、多元复合下小镇规划面临的问题和挑战

特色小镇规划面临的挑战相比传统规划对象，特色小镇在空间载体、特色内涵、外部条件，以及规划内容、实施要求等方面具有明显的多元、复合特征，这也正是特色小镇规划的难点和创新出发点所在。

（一）空间载体的多样性

特色小镇是以现有的城乡空间为载体进行的目标创建，现有城乡空间的差异决定了特色小镇的空间载体具有多样性。从已有特色小镇创建名单看，有以产业园区或产业集聚区为载体的，如温州瓯海智创小镇，现状为梧田工业园的一部分，目标是将功能单一、产业低端的工业园区经过更新换代转换为功能综合、宜居宜业宜游的特色小镇；有以镇区或传统村落为载体的，如湖州丝绸小镇部分空间依托南浔区荻港渔村，目标是打造集桑蚕丝绸原生态旅游、桑蚕丝绸、文化展示、古村生态旅游等于一体的特色小镇；也有以旅游景区为载体，如淳安的乐水小镇、文成森林氧吧小镇等。基础迥异的空间载体决定了特色小镇不同的创建路径，必然对规划创新提出了更高的要求。

（二）特色内涵的差异性

特色小镇各有各的“特”。从被列入浙江省创建名单的特色小镇看，

"特色"的挖掘各不相同。有以文化或生态资源为依托打造以旅游功能为主的休闲度假型小镇，如天台山和合小镇，以和合文化为主题，打造集文化旅游和休闲功能为一体的特色小镇；有基于已有优势产业，进行上下游延伸和多元复合，强化产业特色，如以大唐袜业为依托的诸暨袜艺小镇，打造集袜艺体验旅游、展示博览、市场物流、创意研发、娱乐休闲为一体的特色小镇。总体来看，不同于传统规划的"千镇一面"，浙江省创建名单中的特色小镇无不个性鲜明、差异明显，这既是资源禀赋差异所决定的，也是差异化发展的客观要求。这就要求特色小镇的规划要有更深入的研究，更精准的判断，积极挖掘地方资源与潜力、合理引入创新点，通过规划的强化和延伸打造独有的小镇特色。

（三）外部条件的复杂性

从破解土地资源瓶颈和城乡二元结构的目标出发，特色小镇往往被选址在城市边缘地区，用地条件普遍较为复杂。或受交通分割，或地形起伏变化，现状居民点、工厂企业散乱分布，加之边界不规整，对规划设计形成很大制约。如杭州机器人小镇选址萧山区东北部边缘，地块受杭甬高速、绕城高速及机场快速路所穿越割裂，并带来视觉、空气、噪声等方面的影响，破坏了区块的整体品质。同样地，温州生命健康小镇选址温州老城区南部边缘，地块内甬台温高速、金丽温高速和温瑞大道贯穿，对用地造成严重分割。外部条件的复杂性需要规划不断创新思路加以应对，寻求突破。

（四）规划任务的紧迫性

特色小镇的创建有明确的时间目标与考核标准，实行"优胜劣汰"的原则和"追惩制"。以 3 年为限，要满足建设、投资、品质等多方面的要求，否则将面临指标倒扣。这对规划编制工作来说，意味着任务紧、压力大。因此，要求规划编制过程中，不仅要考虑空间布局内容的可实施性，还需兼顾到后期项目落地甚至招商引资方向。这样一个极其综合且充满创新的创建工程，对于习惯中长期思维的城乡规划而言无疑是一个非常大的挑战。

（五）规划内容的综合性

不同于传统城乡规划，特色小镇规划是一项没有明确规划任务书的任务。但特色小镇的创建目标，决定了其规划具有高起点、高标准和综合性、落地性的内在要求。这对规划的深度与广度也提出了新的挑战。从层次上看，既要有概念策划、总体规划、控制性详细规划，又要有城市设计和建筑、景观设计；既要有空间功能布局、又要有可落地实施的项目，甚至包括运作模式和招商引资意向，需要综合的全套解决方案。从内容上看，除了常规的空间规划内容，还包括产业规划、社区规划、旅游规划等，同时需突出生态、文化等功能。浙江省提出，特色小镇规划必须坚持多规融合，突出规划的前瞻性和协调性。结合特色小镇的资源禀赋条件，联动编制产业、文化、旅游"三位一体"，生产、生活、生态"三生融合"，工业化、信息化、城镇化"三化驱动"，项目、资金、人才"三方落实"的建设规划。

因此，特色小镇规划是典型的多层次规划交融、多专业规划综合的"多规合一"，是目标导向下各种元素高度关联的综合性规划和落地性规划。

特色小镇是新型城镇化领域内供给侧结构性改革的一种尝试。如果发展得好，既能产生新经济、新动能，又能创造宜居宜业的新的发展空间。但如果发展失当，量大面广造成的资源浪费和环境破坏的问题，处理起来可能比大城市病更加难。

发改委在调研总结经验、查找偏差的基础上，先后专门制定了《关于加强特色小镇建设的指导意见》和《关于规范推进特色小镇和小城镇建设若干意见》两份文件。其中，《关于加强特色小镇建设的指导意见》的目的在于明确特色小镇的发展方向，在该文件中明确界定了特色小镇和小城镇的形态看法，强调要坚持创新探索，防止穿新鞋走老路，要坚持因地制宜；防止一哄而上，要坚持产业建设；防止千镇一面，要坚持以人为本，防止形象工程。

同时，该份文件提出要坚持市场主导，防止政府大包大揽的"五要五不要"的基本原则，并在探索城镇发展新路径、打造产业发展新平台、培育经济发展新动能等方面提出了明确的发展方向和主要举措。该文件核心要义是要用新的发展指导特色小镇和特色小城镇的建设，规范引导各地区特色小镇和小城镇沿着政策的轨道前行，既要积极又要稳妥，更要扎实有序，绝不能盲目刮风，更不能遍地开花。

针对以上问题以及产生这些问题的深层次的原因，发改委会同有关部门在 2017 年 12 月 4 日出台的《关于规范推进特色小镇和特色小城镇建设若干意见》中提出了十项具体举措，涵盖准确把握特色小镇内涵、合理借鉴浙江经验、注重打造鲜明特色、有效推进三生融合、厘清政府与市场边界、实行创建达标制度、严控政府债务风险、严控房地产倾向、严格节约集约用地、严保生态红线等方面。综合来看，主要有以下几方面问题。

（1）概念不清，定位不准。一些地方把特色小镇当成一个筐，什么都往里面装，而且越到基层越明显。比如有些地区把特色小镇等同于一般的小城镇建设，在几十乃至上百平方公里的空间范围内推进建设。再比如把特色小镇等同于旅游景区、文化旅游或者企业运动的综合体项目，只注重单一功能，而忽视了它的综合功能。这些穿新鞋走老路的做法，混淆了特色小镇的概念，违背了特色小镇建设的初衷，很难实现在一个集聚的空间范围内助推供给侧结构性改革和产业转型升级的战略目标。

（2）盲目发展，质量不高。在国家鼓励政策带动下，全国多地创建特色小镇，有些地区出现了比拼数量、定位雷同的现象，在此过程中，如果缺乏理性规划和引导，可能会导致特色小镇建设出现重复和过剩，造成不必要的资源浪费。一些地区抱着抢抓国家政策红利和多报的心态，大干快上，层层加码。有些地方政府跟踪发展，只管要帽子，不管到底有没有基础，能不能建成，都要打造一个特色小镇。有些地方急于求成，破坏吸收在短短三年或者五年之内建成几十个甚至上百个特色小镇。建特色小镇并不是那么容易的事情，没有8—10年时间不可能建成。有些地方用地粗放，重增量的扩张，轻存量的改造，脱离原有建制镇区开辟新区来建设，引发新一轮用地冲动。有些地方生态环境保护不力，一些地区存在挖山填湖破坏山水田园的现象，这种做法难免会劳民伤财，影响环境。

（3）同质化严重，特色不鲜明。一些地区简单模仿，照搬照抄浙江的经验，学形不学魂，甚至是东施效颦，比如生搬硬套，很多小镇以文化旅游、休闲养生为主题，还有很多基金小镇，内容雷同，确定的形态和功能脱离实际。再比如自身特色挖掘不足，一个规划设计方案多次复制，在产业特色、建筑风格和小镇整体风貌上没有体现地区的差异性，失去了特色，小镇就失去了生命力，既可能浪费资源又会丧失发展机遇。

（4）政府主导倾向明显，市场化不足。一些地区依然沿用传统的开发思路，不注重发挥市场作用，中西部地区特别明显，比如以领导的意志替代市场的规律，一厢情愿发展自认为有前景的特色。再比如在融资方面，政府投资比例不高，依赖上级政策、资金支持。又比如混淆了政绩的角色，政府不仅在投融资方面给企业背书，还包揽了很多本该企业承担的职责，这可能导致小镇难以长期可持续运营，甚至出现空镇鬼镇的现象。

（5）重物不重人，搞形象工程。有些地区没有坚持以人为本，重物质建设和外观美化，忽视人的生产生活需要，比如重产业轻配套，强调发展高大上的产业，忽视环境营造和生活配套，缺乏对人特别是高端人才的吸引力。再比如为营造新景观，抛开原有的正确良好文化基础，按照建新城思路另起炉灶重新建新城。再比如一些地方讲原住居民集体迁出，忽略原居民的生产生活需要，这实际上是造新城的延续和变异，极易催生大量的形象工程，无法满足人民群众对生活的美好期待。

（6）盲目举债，积累财政风险。一些地区抱着借钱赚政绩，欠债下任还的心态，大量举债建设特色小镇，比如政府投入大，占比过高，少数依靠转移支付维持运转的建城区中心地区尤其严重，政府配套投入资金规模大大超出当年县级财政的收入。再比如，盲目攀比投资规模，或为了考核任务，利用县级平台公司融资，再比如对存量债务和新增债务缺乏统筹，对偿债资金来源缺乏考虑，这些不顾及本地财政实力的做法，会放大地方财政报表，增加地方政府财务风险。

（7）房企过度参与，小镇地产化。有些房地产企业以特色小镇之名，变相搞房地产开发，比如一些地方盯着怎样利用土地，怎样开发管理获取土地收入，再比如以发展产业之名圈地，小镇内房地产占比过高，产业及相关配套明确不足。再比如小镇商业模式不成熟，后续盈利能力堪忧。又比如房企不具备专业运营能力，存在跑路的风险。放任房地产圈地小镇，很容易形成一批新的房地产诉求，给政府带来维护和社会治理的负担。

二、特色小镇规划的主要意义

特色小镇要防止千镇一面，规划设计过程中要做到去标准化、去程式化、去地产化，防止照搬照抄，防止形象工程，真正做到因地制宜别具匠心。在这过程中，我们建议邀请文化学者、民俗专家和艺术家介入，让他们能够参与到项目的规划设计中，出谋划策，让小镇能够一镇一面，一镇一景，真正拥有独特的地域风貌、文化底蕴、个性特色、设计美感和审美内涵。小镇的规划设计不能全部任由地产商和设计院主导，也应该有文化学者、民俗专家和艺术家的介入和参与。

现在部分地产商和设计院，多以地产化的运作思维，设计规划出一批博得当地政府眼球的项目方案。这些落地的项目初看起来确实是有文化、有内涵、接地气，且具地标性，若放眼全国和世界就会发现，其中大抵多是复制性、程式化的，而这正是国内千城一面现象的根源，这类项目也正是这种现象最直接的始作俑者。

特色小镇从开发建设到品牌传递是一个长期运行的过程，其中小镇规划和治理是关键。规划是特色小镇创新发展的灵魂，通过规划先行深挖资源、找准定位，同时突出特色、形成品牌，塑造特色小镇的内在生长活力。特色小镇规划要在“多规合一”的基础上，更加强调产业规划、文化发展、生态管控、项目策划、政策谋划及空间设计有机融合的顶层设计。特色小镇培育建设中应做到精准治理，达到政府、企业、民众的多元参与和协同共享，搭建多主体、常态化、智能化、网络化的治理平台，推进新型城市化建设，打造社会治理的创新模板。

规划的核心，就是在认识环境、尊重环境、利用环境的基础上，融入具体建筑形象和功能，满足发展需求，创造和谐的生存环境，实现环境、建筑、产业、人的有机融合。规划应该追求一种境界。曲径通幽、欲掩还现、柳暗花明、别有洞天。不是故作迷宫、不是故设幔帐，一花一草、一砖一瓦、一屋一巷，总有道不尽的韵味、总有说不明的情趣，总有看不完的精彩、总有想不透的空间。这样的小镇规划设计才正是游客来了又来的最纯正的理由。

第二节　基于目标导向的特色小镇规划创新

面对特色小镇特殊的规划需求，亟须对传统的城乡规划从思维、理念、方法、内容及工作机制方面进行创新应对。

第一，规划思维创新——目标导向下的规划路径选择。城乡规划编制的思维方式一般分为两类：问题导向型思维与目标导向型思维。其区别主要在于规划技术路线设计中对于切入点的把握，前者以核心问题的判断为切入，后者以明确的发展目标为切入，规划的策略与路径是基于现状基础与目标之间的差距而设定。

通常在存量规划编制中，由于规划编制的需求主要来自空间发展的问题与矛盾，规划思维多以问题导向为主、目标导向为辅。而在增量规划编制中，多以目标导向为主。特色小镇虽大多属存量规划，但其性质决定了其具有强烈的目标导向性。因此，特色小镇规划是典型的目标导向型规划，是不同空间载体在“特色小镇”目标引领下的规划实施路径探索。

以温州智创小镇规划为例，规划的目标是助推功能单一的产业园区向“产业特色鲜明、人文气息浓厚、生态环境优美、兼具旅游与社区功能”的特色小镇转型。基于现状基础与目标的差距，规划针对性地构建了产业重构、功能植入、空间重塑、环境修复、文化再生及保障措施六大策略与路径。在温州探索以特色小镇创建为目标引领产业园区的转型升级，对同类产业园区转型升级具有重要的示范意义。

第二，规划理念创新——产业引领下的功能空间组织。特色小镇规划区别于传统城镇规划的关键在于强调产业规划的核心地位，而区别于传统产业园区规划的关键在于强调对于环境、文化、资源的友好态度，以及对于社区、旅游功能的兼顾，实现“产、城、人、文”的融合。因此，特色小镇规划理念的创新主要体现在三个方面，一是强调产业在激发空间活力方面的作用，以产业规划、项目策划引领空间规划，避免“空城”“死城”的出现；二是强调功能的复合，产业＋社区＋旅游，打造宜居宜业宜游的活力功能体；三是体现人文关怀，通过生态保护、文脉传承及空间尺度的把握，营造真正人性化空间；四是体现弹性，特色小镇创建强调市场与企业的主体地位，因此规划必须为市场的不确定性留出调整的空间，要懂得留白。

如温州智创小镇规划，聚焦传统产业的转型升级，从产业研究切入，以产业引领空间布局，并提出产业—空间耦合的规划方法。杭州云栖小镇规划，在“创新、科技、人文、生态”四大理念下，提出建设易就业易创业的生态云小镇的规划目标，规划完整的云服务产业生态体系。在这一规划理念的引导下落实各项规划内容，并采取了用地复合、小尺度街区、共享庭院空间、面向企业员工的配套设施体系等新的规划思路。

第三，规划方法创新——多规融合下的技术路线探索。目前，特色小镇规划主要分为两个层面，前期是以培育或创建为目标的概念性规划（创建规划），主要任务是制订创建方案，明确特色小镇的四至范围、产业定位、投资主体、投资规模、建设计划等；后期是以验收为目标的实施性规划（建设规划），主要包括规划范围约 3 平方公里控制性详细规划和核心区约 1 平方公里的城市设计。但在实际操作中，从利于小镇有效实施角度并不建议过于强调规划层次界限。就地方实际发展需求而言，特色小镇规划不宜拘泥于创建目标，而应从规划整体性与延续性考虑，将概念性规划与实施性规划纳为一体，编制包括概念策划、空间规划、项目计划、资金筹划“四划叠加”的综合性方案，真正实现“多规融合”，同时也有利于节省规划编制周期与经费。

本着探索与创新思考，一些特色小镇前期的概念性规划已经直接做到城市设计深度，甚至包括部分建筑、景观设计内容。如温州智创小镇概念性规划，围绕前期创建申报和后期实施需要，规划构建了从产业研究、项目策划到空间规划、城市设计、建筑立面与景观改造设计的“多规融合”综合解决方案。同时，围绕规划落地性要求，将后期的项目计划与资金筹划也纳入规划统筹考虑。

第四，规划内容创新——多元目标下的内容。体系构建相比传统的城镇规划，特色小镇的规划内容要求更多元、更复合、更联动，也更落地，因此需要通过内容体系的创新来实现规划的多元目标复合。在内容体系上，一是基于前瞻性要求，强化战略研究，找准功能定位，为小镇选择“特而强”的核心产业提供充足的背景支撑；二是基于产业平台的定位，强化产业研究，以产业（项目）引领小镇的功能组织与空间布局；三是基于 3A 旅游景区的创建目标，强化旅游规划内容，借此挖掘、整合小镇的特色自然与人文资源，并与小镇的生活、生产功能及环境空间有机融合，提升环境品位；四是基于落地性要求，强调以项目为抓手内容体系组织，从产业、项目到空间再回到项目，因此在成果表达上除了传统的一套文本、一套图则之外应强调实施项目年度计划表的重要性，形成“图、文、表”三位一体。

此外，由于小镇特色与需求的差异性，需在规划内容的构成、篇章内容的研究深度、规划重点的选择上进行创新，打破传统规划格式化的内容体系安排，针对小镇特色的差异性做到有所侧重。如天台山和合小镇规划中，针对和合文化的主题定位，侧重强调文化的挖掘及文化产业化的研究内容；杭州基金小镇规划中，针对基金产业的特殊性，侧重将金融企业的业态与空间需求作为研究重点；在杭州机器人小镇的规划中，针对外部交通条件的复杂性，规划重点强调交通组织的综合解决方案，创造性地引入“时光隧道”和“森林小镇”的概念，既突破交通包围、营造了环境，又紧扣产业主题，使之成为方案设计的亮点。

第五，工作机制创新——跨界协同下的专业团队架构针对特色小镇规划的目标多元性和内容复合性特点，规划编制需要在团队的组织模式上进行创新，采用多专业组合、多团队协作的模式，实现“跨界”合作。这将打破规划设计机构中常规以专业项目组为单元的团队架构。在天台山和合小镇规划中，我院打破业务部门界限，从策划研究中心、城乡规划所、农业生态规划所、建筑景观分院、交通规划分院等抽调人员，组成跨部门、跨专业的项目组，并以定期例会形式促进多部门协同。这在未来的特色小镇规划中必将成为常态化的组织模式。此外，从政府管理角度，特色小镇的规划建设涉及发改、规划、建设、旅游、财政等多个部门，需要跨部门的紧密合作与协同支持。而在规划实施过程中，由于特色小镇创建实行“政府引导、企业主体、市场化运作”的模式，政府、企业、社会的协同也同样不可或缺。

此外，除了思维、理念、方法、内容及工作机制等面临转变之外，特色小镇规划尚需技术手段方面的创新探索。特色小镇规划的综合性与落地性要求，对规划的基础调研与分析的广度与深度提出了更高的要求，其前提是要读懂宏观背景、读懂市场需求、做实基础调研、做透业态分析、做深空间设计，这都需要规划技术手段的同步创新。

全产业链分工的未来特色小镇的规划

新常态下的特色小镇规划是一项系统性的工作，因此前期规划人员只有在了解当地的地形、产业、文化、历史、风俗等多方面后，才能够做好新常态下的特色小镇规划工作。

一、特色小镇规划要点

第一，特色小镇规划有着相应的要点。

以下从分析小镇发展历程、明确小镇发展方向、确定小镇产业支柱、明确小镇文化内核等方面出发，对于特色小镇规划要点进行了分析。

1. 分析小镇发展历程

特色小镇规划首先需要对于小镇的发展历程进行全面透彻的分析。众所周知特色小镇的发展都有着独到的历程，因此规划人员在开始规划之前首先应当对于这些成功的案例进行全面的分析。举例来说，安徽省许多特色小镇的发展历程，通常都经过了起步研究、全面启动、实质推进等不同的规划阶段，因此在进行新的特色小镇规划时规划人员应当着眼于规划出景色精致宜人、符合地区特点的新形式小镇。

2. 明确小镇发展方向

特色小镇规划之前规划人员还应当明确小镇未来的发展方向。综合来看任何城镇的规划都是一项以土地建设为核心内容的综合性工作。在这一前提下新兴的特色小镇应当是一种创业创新生态圈的空间载体。在这一前提下通过该类型创业创新生态圈的扩展，能够进一步促进地域人文底蕴的演化与发展，最终在此基础上促进小镇整体公共服务、宜居环境、建筑风貌的持续提升。

在这一过程中需要注意的是，以安徽为代表的南方特色小镇的规划应当具有紧凑而明确的空间范围，以及建立起优势主导产业发展的集聚地，才能够为小镇今后的良好发展奠定坚实的基础。

3. 确定小镇产业支柱

特色小镇规划的关键点在于对小镇未来发展的支柱产业进行确定。在确定特色小镇的支柱产业时规划人员不能够仅仅追求产业生产环节的总量，而是应当在此基础上进一步强调新型产业链的全面覆盖。

在规划人员确定小镇产业支柱时还应当进一步强调“转型”和“创新”的含金量，从而能够给在此基础上确保小镇的支柱产业具有各种创新功能、服务功能、社区功能、文化功能等关键性功能。与此同时，规划人员在确定小镇产业支柱时还应当坚持以人为本的核心规划理念，从而能够在此基础上确保社区功能打造面向外来的创新创业人才，也能够更好地创造出更多的就业岗位，最终可以营造出统一的社区归属感。

4. 明确小镇文化内核

一个成功的特色小镇都有着自身相应的文化内核。任何特色小镇的健康发展都需要将其自身的文化功能作为发展的“内核”。但是在这一过程中成功的例子都没有单纯局限于对于地域优秀传统文化的挖掘、展示，而是更加强调对于传统文化的活化利用，并且赋予其时代精神，最终才能够真正的形成凝聚特色小镇的新的文化氛围。规划人员在明确小镇文化内核时还应当更加强调精细、美观而具有地域辨识性，从而能够在此基础上在“多规合一”的基本理念下，针对特色小镇特点开展的创新性实践，因此全面而系统的特色小镇规划措施就是必不可少的。

第二，新常态下的特色小镇规划措施。

新常态下的特色小镇规划应当有着全面、完善的措施，以下从统一规划范式、选择合适主题、发展优势产业、考虑周边影响等方面出发，对于新常态下的特色小镇规划措施进行了分析。

1. 统一规划范式

新常态下的特色小镇规划的第一步是统一相应的规划范式。规划部门在统一规划范式时首先应当合理地借鉴之前成功申报创建成功的特色小镇经验，从而能够在此基础上对于特色小镇规划所必备的实施方案、实施规划、创建方案、创建规划、概念规划等内容进行填充。其次，规划部门在统一规划范式时还应当将特色小镇规划作为一种创建概念性规划，并且在规划内容上采取务虚与务实互相结合的方式，来确保小镇创建期的各项规划目标在后期能够顺利的实现。

2. 选择合适主题

新常态下的特色小镇规划需要选择合适的小镇发展主题。规划人员在选择合适主题时首先应当选择好小镇的特色主题，这一工作是特色小镇冠以“特色”之名的前提，并且也是实现小镇产业定位目标的重要根基，因此可以将其视为在进行小镇规划时需要解决的关键性问题。其次，规划人员在选择合适主题时还应当从更大尺度范围的区域角度入手，在立足构建特色产业的同时进一步发挥当地的资源禀赋与文化底蕴，通过对于规划方案的梳理与提炼，在此基础上总结出符合小镇特征的发展主题，最终才能够将小镇中的各个特色优势产业进行全面有效的整合。

3. 发展优势产业

新常态下的特色小镇规划离不开对小镇优势资源的合理应用。规划人员在选择规划方案时应当优先选择以特色优势产业为切入点，或者说在此基础上以过去具有影响力的历史经典产业。以安徽为例子来说，就是茶叶文化、文房四宝、黄山文化为优势的茶叶、文化产业、旅游产业为主导产业。规划人员在选择规划方案时还应当确保所选择的特色主题具有较强的独特性，而不是人云亦云，这体现在规划人员即便选择了和其他小镇类似的同一产业，也能够通过差异定位和细分领域并且通过错位发展来为小镇产业支柱的形成奠定良好的基础。与此同时，规划人员在选择规划方案时还应当认识到小镇所属区域具有建设特色小镇的必要性，才能够在此基础上把握好小镇今后总体发展的方向性。

4. 考虑周边影响

新常态下的特色小镇规划需要考虑到规划对于小镇周边地区可能带来的影响。通常来说规划人员在小镇选址的过程中首先需要考虑的就是小镇建在哪里、具有多高的可行性、会对周边地区带来多大影响等问题。这一规划阶段中规划人员应当通过区位比选、周边影响、多规衔接等规划措施来综合研究确定规划小镇的合理位置与具体范围。其次，规划人员在进行区位比选时应当侧重于考量因小镇开发建设可能形成的正向效应，即该选址对本区域特色优势的发挥程度。

二、全产业链的内涵与特色小镇产业规划

“产业链”中的“链”字，不仅有“链条”的意思，还有“链接”的含义，这就要求健康城的建设必须以产业集聚理论为指导，形成以核心产业为主导、支撑产业和服务产业互动发展的健康服务业集聚区。

产业是特色小镇能否持续发展的基础和条件，是小镇保持永续动力的前提。在做小镇产业规划时，不能局限于眼前的繁荣，也不能盲目蹭热点，而是要对文旅资源进行深度挖掘和精炼，并形成可进入更广阔市场的产品，而且能迅速建立强大的品牌优势，这才是关键。比如，牡丹作为花海，是一种旅游资源，而提取出牡丹食用油或者精油，就是一种产品。水稻是一种农作物，也可以是观光旅游的重要组成部分，但利用高新技术制作成面膜或者其他东西就是一种可进入市场的商品。每个小镇都有自己的文化或者旅游资源，但要发现和开发出具有商品属性的产业，关键在于能否用心发现，而发现是需要智慧的。

在此基础上，要让商品有更高的价值，进入更广阔的市场，就必须注入文化因子。如，西南、中南地区都有过年吃香肠的习惯，在他们眼里，没有香肠就等于没有团圆饭。当香肠作为一种商品，走向全国甚至全世界

时，如何将它与文化结合在一起？可以在包装上打上“永远忘不掉的也许是你的乡愁”的标语，这就把文化因子联系起来了。

一个产业能否形成优势产业，关键在于创新以及品牌的力量。与此同时，在开发产业的基础上，还要不断培育主导产业项目，形成完整的产业链或者实现多产业融合。对于一个小镇而言，单一的产业容易受到市场波动的影响。即便是这个行业的“单打冠军”，一旦市场不行，产业产值下降也在所难免；而假如市场不在了，这类产业就岌岌可危。培育多个产业主体项目，形成完整的产业链，可以最大程度地发挥产业的规模效益，而这恰好是小镇抵御市场风险、推动自身发展的有力武器。

小镇运营

小镇的运营管理，既涉及小镇的建设和开发，又涉及小镇的持续经营和发展，从某种程度来说，小镇的运营更像是管理一个小型的城市经济综合体。小镇运营，应该善于利用自身优势，并引进外部资源，搭建各种产业发展平台，来促进小镇的运营效率和服务水平，这就是所谓的“平台化思维”。这些平台包括开发合作平台、产业发展合作平台、立体品牌推广平台、综合投融资平台等。

小镇服务体系

服务是更高标准的旅游需求，也是增加游客体验价值和提升满意度的重要方面。建立高层次、精细化的服务体系，是打造小镇旅游核心竞争力的关键。当然，小镇不仅服务于游客，小镇服务体系需根据不同的服务对象和需求，从硬件设施和软件服务两方面入手，硬件方面是建设相关的基础设施，而软件则是建立高标准的服务规范和制度。

小镇品牌

小镇品牌的重要性不言而喻，那么小镇的品牌到底如何打造？最重要的是产品和服务做得好。小镇品牌的产品有四大属性：一是特指性要明确；二是竞争性要从顶层设计开始；三是延展性必须注意产品的内在关联性，你可以让手机替代照相机，但你不能让手机替代化妆品；四是美好性要注意和人的情感相关联。产品的四种属性缺一不可。但仅有产品是不够的，品牌的另一大基础就是服务，再好的产品，没有好的服务绝对成就不了品牌，尤其是做文旅小镇。而服务必须有体系、有标准、有执行、有机制。

不同的小镇定位，其服务标准和内容肯定不一样。比如，产业小镇和文旅小镇的服务内容就有很大不同，产业小镇的服务更多的是在生产方面，如技术、物流、人才、原料、生产环境等方面做好支持，而文旅小镇则主要是生活和体验方面，如交通、住宿、餐饮、游乐指导、商业环境等。即使同是文旅小镇，观光和深度旅游又有所不同。观光主要在停车场、旅游线路、餐饮、人流疏导、景点介绍等方面做好服务，而深度旅游则更注重细节的服务，比如，咖啡吧从游客进门、落座、点单每一个细节是否与咖啡吧主题吻合，是否能应对游客的心理需求，包括你的环境设计、道具设计、问候设计，无不体现你的服务水平，更不要说酒店住宿针对不同层次游客的不同服务标准。

而真正的度假小镇更注重服务体系的完善和服务创新，具体到一座小亭、一张木椅、一个导示、一盆花草都表达着你的服务体系是否紧贴度假主题。有了好的产品、好的服务，品牌的建立才有了基础。但这只是基础，能否建立一个强大的品牌，还有更多环节和步骤。

小镇 IP

IP 应该是一种身份识别。任何商品如果没有 IP 就不会成为品牌，没有 IP 是永远长不大的。IP 有 5 大特性：一是最先想到；二是最快延伸的；三是最大想象；四是最美形象；五是最好故事。IP 的传播方法有四种：一是进入公众视野；二是制造新闻；三是强迫记忆；四是编好故事。IP 传播的方法大概以这四种常用为主，但不排除还有更好的，无论多少，有一点至关重要：怎样建立 IP 与人的情感关联关系，如何最快缩短受众从认识、接受到喜欢这三个过程？而好的传播渠道正是完成这三个过程的关键。IP 的传播渠道一般分为形象展示和心智占领两类。

情感关联在小镇发展中的地位非常重要。人的情感非常丰富，情感往往主导人们对事物的偏爱和憎恶。一旦被偏爱，即使瑕疵再多也会被忽略甚至被转换。没有偏爱就没有品牌，而偏爱就是情感关联。无论是产业小镇还是文旅小镇，无论是产品还是环境，都必须刻意地注重与消费者情感沟通，只要能让他们偏爱，小镇的生命才会长久。具体到小镇如何与消费者进行情感关联，至少要做好“五情”：强调小镇的情愫；创造小镇的情缘；营造小镇情境；设计小镇的情趣；培育小镇的情韵。

基于健康产业的小镇规划

核心产业中，医疗服务机构不再只是医院 1 个体系，而是按照生命周期、涵盖健康管理、治疗、康复、养老 4 大贯穿起来的体系，与此对应健康管理机构、医院（综合、专科）、康复中心、养老机构（老年病医院、护理院、临终关怀医院）4 大服务机构，形成以医养结合为特色，实现健康管理、治疗、康复、养老功能的健康城产业紧密层。支撑产业和服务产业是核心产业的衍生和配套，以医学、护理人才培养、研发转化为主的支撑产业，以医疗信息化、互联网健康、金融保险、旅游康体等细分产业为主的服务系统与商务展示、商业居住等功能共同构成健康城产业粘连层。健康服务业与其他服务业兼容性强，有力推动地区经济的发展和促进产业的升级，决定了以健康服务业为主的健康城与区域产业协同共生、服务资源协同共享的特点。健康城自身的发展既离不开城市区域医药制造、医疗检测、医养教育、食品加工、大数据、大旅游等产业基础，也将有效带动和促进相关产业的发展，从而形成相互关联的具有一定互补性和共生性的产业聚集区。

全产业链下的健康城规划策略

全产业链作为一种系统的、有机及整体的商业模式，为健康服务业自身的产业升级、实现健康城的可持续发展提供了较为合理的解决方案。

全产业链下的健康城规划策略具体如下：

(1) 依托资源优势，根据市场需求进行产业选择，延伸产业链，选择要研究和把握产业发展趋势，一方面要依据园区自身特色和健康市场需求寻求具有发展潜力的朝阳产业；另一方面要拓宽资源开发领域，最大限度地“拉长”已有的产业链条。构建健康服务业大格局，首要是促成“医养”平台支撑产业集聚，引入国内外知名专科医疗机构，形成特色专科医疗聚集区，引入有影响力的医药研究与养老服务机构、企业，扩大产业聚集效应。在此基础上，发挥地区特色优势，如金融、大数据、智能制造等产业，促进“医养”产业积极创新升级，同时，延伸产业链上下游，形成价值高地。

(2) 以产业集群为目标，以创新企业为统领，实现整个产业链的良性运转。产业只有集群化发展，才会激发出更大的能量。健康城的发展，必然从单纯的产业配套走向综合的产业开发，从片面的环境建设走向全方位的氛围培育，在打造一流的硬环境的同时，加强区域文化氛围、创新机制、管理服务等软环境的建设。

健康城在迁入医学院校中，管委会需要出面组织与大学、科研院所、医疗机构的联席会议，定向引导意向院校、科研机构迁入园区，酝酿医药产业学术氛围和人才基础，实现科教兴区。在导入医疗机构中，鼓励社会资金合办医疗机构并为其营造公平有序的竞争环境。大力引入研发、设计、中试企业，可争取政策，设立导向性科技产业发展资金、成果转化鼓励基金。鼓励在园区兴办各类小型创新型公司和中介服务企业。

(3) 通过规划布局，满足内在联系，节约供给成本健康城规划不仅要聚集健康产业链上各个环节的企业，还要厘清各个环节的需求和各个企业的性质，以及它们之间存在的内在联系。在规划布局上，不仅要考虑不同产业环节的企业需求，还要考虑相邻企业是否具有支撑与供给关系，要从布局上降低交通成本，并遵循动静分区的原则。

此外，优质的服务体验离不开良好的生态环境，在园区建设中应融入生态建设的理念，如医疗设备的无公害处理、综合管廊规划以及新能源的利用等。

产业体系构建

积极探索公私合作（PPP）关系的模式，发挥社会力量主体作用，鼓励发展民办养老机构、健康管理服务中小企业。

医疗研发培训产业要加大医疗卫生人才培养和临床转化研究。加强医教协同，争取与全国优质资源共建高等医学院校，扩大急需紧缺专业的招生规模，加强面向基层的订单定向医学专科生的培养。引入跨学科多专业研究团队，以解决临床治疗的关键问题为导向，搭建医学研究共用平台、交流平台、数据平台、实验平台，形成产学研一条龙发展模式。

智慧医疗产业推进“互联网＋”与健康服务业的融合发展。智慧医疗是“互联网＋”在医疗卫生服务体系领域的具体实践，主要分为医疗信息化、远程医疗服务、互联网健康（移动医疗）等细分领域，既是近年来投资热点，也是政策引导方向。

产业发展路径

第一阶段从内涵性医疗环节开始导入，先打造园区雏形，使规划区各类医疗健康产业要素紧密联系，形成以医疗为核心功能的综合体。

第二阶段再从外延性环节入手，同时引入一定城市功能元素，与农业、旅游功能融合，形成 1 个内向多级复合型的医学集中发展区。

第三阶段拓展医疗健康产业与外部其他产业的联动，与周边居住生活区、产业区、旅游区互动，形成具有可持续发展能力的协同共生型医疗城。图 7—1 是医疗健康城发展路径示意。

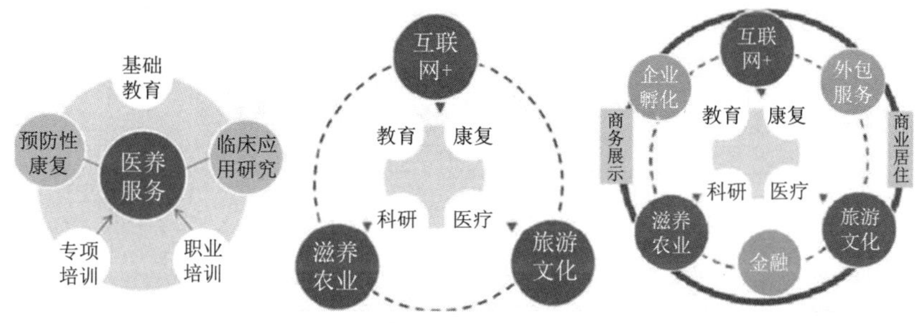

图 7—1　医疗健康城发展路径示意

与此同时，规划人员在进行周边影响分析时还应当确保规划选址对周边地区发展可能存在的不利影响程度，从而能够确保小镇与周边地区和谐健康发展。

特色小镇创建及其规划设计应当符合当地的实际情况与小镇的发展特点，因此只有通过推动小镇规划模式的不断创新转型，才能够在此基础上促进更多特色小镇得到创建与培育。

第三节　特色小镇规划特征与突出问题

目前，特色小镇处于初期发展阶段，盈利模式仍处在摸索过程。中国缺少成熟的产业运营商，在“去房地产化”和“产业立镇”的政策导向之下，对于来自传统地产领域的开发机构，无论是商业思维的转变还是产业要素的开发和导入，运营特色小镇都是巨大挑战。

所以，特色小镇的创建不是一朝一夕完成的。至少在十年或更长时间，甚至几代人的努力才形成。而且特色小镇的形成最好的评判不是来自政府的评选、批复和红色大印，而是来自市场的肯定和奖励。显然，通过三年至五年的创建，树立一千个特色小镇无疑就是揠苗助长，最后就是害死特色小镇经济的正常成长空间和内在生命规律。

产业定位，突出“特而强”，力求“聚而合”

特色小镇规划建设，首先要进行产业定位。实现“一镇一业”，“特”

就是主攻当地特色产业，而不是其他。“强”主要表现为围绕特色产业，加大投入，将特色产业培育成行业中的“单打冠军”。其次要将特色小镇功能集成“紧贴产业”，“聚”就是特色小镇一定要有产业、文化、旅游和社区四大功能的聚集。“合”就是四大功能都紧贴产业定位融合发展，而不是简单相加，生搬硬拼。

特色小镇的文化旅游社区功能，必须从产业中延伸和挖掘出来，特色小镇，它的文化和旅游功能就是从当地特色产业中挖掘。

特色小镇形态打造要“突出精致”，展现“小而美”。“小”就是规划面积一般控制在 3 平方公里左右，建设面积一般控制在 1 平方公里左右。“美”就是要建成 3A 级以上景区。

功能定位，适应大休闲时代的发展趋势

按照提升资源品质和旅游品牌、培育战略性支柱产业的内在要求，建设综合性、多功能、多业态的小型旅游区和生态养生居住区。重点发挥“三大功能”：生态养生居住功能，旅游、度假功能，产业培育功能。

宜建形态：未来最有潜力的小镇主流模式主要有以下两种：民居生活—生态旅游—产业发展“三位一体”模式和休闲、商务、度假等“驿站”模式。

民居生活—生态旅游—产业发展“三位一体”模式，以独具特色的民居、公共建筑和配套特色商贸业为“壳”，以特色民俗文化、生活文化、农耕文化为内核，以周边特色旅游资源（自然资源、特色农业、特色渔业等）综合利用为补充。

以具有区域特征的特色产业为支柱，形成生活气息浓郁，民俗、旅游、产业等文化相互交融的特色风格和既能自适、协调发展，又可承接规模旅游的特色格局。

休闲、商务、度假等“驿站”模式，以生态元素纷呈的特色建筑（如古色古香的民族建筑或风格别致的欧式建筑、现代建筑）为“巢”，吸引各类符合小镇预设功能的特色经营者（如商业、商务、运动、娱乐及度假酒店、各类馆吧等经营者）和部分富裕人士“进驻”小镇，打造成可供大众休闲、娱乐、度假的“驿站”，以及可供商务等特别活动的“基地”。

两种模式各有侧重，但并非完全绝对，根据需要，可以适当融合。由阳学文诗意建筑设计公司策划、规划的安徽宿州青藜生态小镇，以鲜明的产业特色香稻米为龙头，着力培育生态有机农业，推动粮经饲统筹、农林牧渔结合、种养加一体、一二三产融合发展；以鲜明的生态特色为载体，充分利用天然水库、山林、龙泉井水，注入休闲养生度假新理念；以农耕文化、民俗文化、禅文化的鲜活性为内核，形成乡村气息浓郁，农业、旅游、文化协调发展，让小镇散发出迷人的魅力。

规划设计，保持“特色小镇”的鲜明性和乡土文化的鲜活性

1. 保持小镇“特色”的鲜明性

特色小镇的特质在于“特色”，其魅力也在于“特色”，其生命力同样在于“特色”。因此，保持小镇“特色”的鲜明性，是打造特色小镇的首要原则。保持鲜明的地域特色。有的地方山水资源丰富，特色小镇的打造应体现“山谷”或“水乡”的地域特色。保持鲜明的产业特色。乡土地肥沃，农、林、渔资源丰富，特色小镇的打造，把所在地的产业优势糅合进去，着力培育支柱产业，或“农”，或“林”，或渔，形成自身的特色产业。保持鲜明的生态特色。茂密的生态林、发达的生态农业基地、绿色产业体系、生态型现代化城市交通体系、低碳的生活方式，决定了特色小镇的打造。必须符合“现代化生态庄园”的建设目标，保持其鲜明的生态特色。如在环境设计、建筑设计、资源的利用和保护、循环经济等都要注入“生态”理念。保持风格的独特性。不同区位、不同模式、不同功能的小镇，无论是硬件设施还是软件建设，都需与其产业特色相匹配，一镇一风格，不重复、不趋同，确保特色的唯一性。

2. 保持乡土文化的原生性、鲜活性

乡土文化是“小镇文化”的内核，也是小镇最有魅力的元素之一。只有外壳，而无鲜活乡土文化内涵的小镇是难有生命力的。所谓“原生性”和“鲜活性”，是指用独特的自然风貌、生活习俗和人的生产劳动等社会性生态元素，诠释小镇文化传统。可供挖掘的乡土文化十分丰富。如纺线、织布、蒸糕、做圆子等生活文化，土布服饰展示、传统婚庆仪式等民俗文化，推铁环、踩高跷等游戏文化，等等。只要善于开发、善于利用，就一定能够让小镇散发诱人芳香。

3. 务求与产业发展相融合

国内外许多成功经验告诉我们，特色小镇的打造，必须结合产业规划统筹考虑，这样才能有望保持小镇持久的繁荣。目前，许多小镇功能的衰退，便是一个反面例证。特色小镇的功能定位，限制了不少产业的发展空间。正因为如此，选择和培育一个适合小镇自身发展的产业，更显重要。一个有活力的产业，能凝聚人气，吸引人流、物流、资金流，同时能促进就业、繁荣市场。特色小镇的打造，必须把农业、渔业、林业、商贸业，以及饮食等各类服务业的发展结合起来全面规划，选择适合小镇发展方向的产业做强做大，逐步发育成为小镇发展的有力支撑。

4. 赋予小镇生态旅游功能

与传统小镇相比，特色小镇的一个显著特点，在于它不是简单地作为一种聚居形式和生活模式而存在，同时还是一种宝贵的文化旅游资源和贸易、休闲、度假的场所。因此，从道路、交通、环境、建筑风貌，到功能布局、各类设施，从休闲、娱乐，到餐饮、商贸，在充分满足居民物质和精神生活需求外。一切要从打造生态旅游小镇的思路出发，精心打造，务显“特色”，使生态旅游业、现代服务业，成为小镇赖以发展的产业之一，为小镇发展提供源源不断的经济收入。

5. 统筹思维，系统设计特色小镇的建设

耗时、耗力、耗钱，其建设的成败，直接影响小镇的发展步伐和群众的生活状态，关系重大，必须着眼城镇化、一体化要求，统筹思维，系统设计。

从小镇的功能定位、分布、产业发展方向到具体的数量、规模，从特色小镇建筑风格、功能设计、配套设施到文化挖掘。“特色”打造，从筑巢引凤到招商引资，从规划建设到管理服务，从小镇与城乡统筹发展的关系到与人民群众的切身利益之间的关系，都要系统思考，系统设计，以充分体现服务于特色小镇建设和改善人民群众生活的宗旨。

关于特色小镇的六点开发建议

（1）因地制宜，推进特色小镇发展。

要尊重三个规律，经济社会发展规律、城镇化发展规律和市场经济规律，适应城乡社会发展的需要，正确认识特色小镇发展的意义和作用。

既不能拔苗助长，又不能光开花不结果。既要定目标下指标，又不能唯目标唯指标，要充分发挥市场作用，发挥企业家精神作用。在结合各地发展实践的基础上，因地制宜，分类引导，通过政策引导发挥基层实践的积极性。

对于发达地区、特大城市和中西部省会城市周边，以特色小镇为载体；对于欠发达地区，偏远地区，以特色小镇建设为载体。

发挥二者在功能定位、产业主导、居住群体、吸纳人口、投资规模、消费层次等方面各有侧重的特点，形成互为点缀、互为补充的城乡一体化新形态。及时总结各地特色小镇建设做法，形成可复制、可推广、可操作的经验。

（2）控制规模，集约打造。

规模的大小服从于三个原则：经济原则、需求原则、集约原则。特色小镇的打造，不但要动用大量的人力、物力、财力，还要占用大量的土地资源，耗费极大，因此必须根据实际需要和控制规模，避免严重浪费资源。

此外，由于小镇的打造还是新生事物，市场认同需要一个过程，加上其他不可测因素，不宜盲目追求规模。经济型特色小镇不但资源利用充分，而且便于管理和调整产业策略，符合集约化原则，实现效益的最大化。

（3）政策护航，创新机制。

特色小镇的建设投入大，周期长，要确保特色小镇建设的高效、有序开展，必须有政策护航，并实现机制创新。

（4）设立机构，制订政策。

特色小镇建设，涉及经济、文化、政治、民生等大问题，必须由政府设立专门机构实施，并实行政策倾斜。

人员配置、资金投入、土地征用、安全保障等，都需要由专门结构去统筹、协调。此外，还要研究可能遇到的各类问题，制定相关政策和标准，为小镇建设扫除障碍和隐患。

（5）深化投融资体制改革，建立建设资金保障机制。

特色小镇建设投资巨大，政府必须广辟资金渠道，改革现有投融资体制。建议在政府参与的基础上，谋求战略性合作，鼓励国内各类企业、个人及外商，以多种方式参与特色小镇的基础设施建设、房地产建设、配套工程建设，形成特色小镇建设合力和资金的有效保障机制。

创新小镇后期业态招商机制，确保顺利“筑巢引凤”政府须着力创新特色小镇的商业、服务业、文化事业及符合小镇特色发展的其他产业的招商机制和运作机制，确保筑巢后“特色”的快速形成和小镇的繁荣。

（6）创新小镇居民招入机制。

除采取宅基地置换和商品房运作方式，以吸引本地村镇居民和其他区域部分富裕群体入“巢”之外，还可采取动员原有小镇居民“等面积”整体置换等方式，快速聚集人气。

此外，在首先满足本地居民入迁前提下，适当考虑放宽户籍限制，接纳外地和外籍人员入迁。部分房源打造成“特色度假屋”出租，以吸引“临时居”。

作为一种新举措，特色小镇打造的价值，需要人们要用长远的眼光去认识，功在今朝，利在长远。如能做到高起点规划，高品质建设，在不久的将来，特色小镇一定会变成最为诱人的地方。

特色小镇生于创新，也只能成于创新。改革作为制度创新，正是特色小镇的灵魂。让我们以观念创新为引领，以产业创新为基础，以要素创新为抓手，以制度创新为保障，以全面的创新发展，赢取特色小镇规划建设的新进展！

第四节　特色小镇规划编制的思路与方法

规划是引领有序发展的重要手段，特色小镇作为一项新生事物，是涵盖产业、生态、空间、文化等多个领域的系统性工程。因此，特色小镇规划是一项各种元素高度关联的综合性规划，不能照搬现有某个单一领域的规划方式和方法，而应在“多规合一”的基本理念下，针对特色小镇特点开展的创新性实践。

从目前浙江省第一批、第二批 79 个省级特色小镇的申报创建经验看，全省各地编制的规划名称有实施方案、实施规划、创建方案、创建规划、概念规划等多种，并无统一范式。我们认为，特色小镇规划应是一种“创建概念性规划”，内容上应采用“务虚＋务实”相结合方式，既要有作为顶层设计的战略性研究，又要有概念性空间设计和建设项目实施计划，并在主要的规划内容上与所在地的国民经济社会发展规划、城乡规划、土地利用规划和生态功能区规划进行充分对接。

一、特色小镇创建概念性规划

特色小镇创建概念性规划（以下简称“小镇规划”）的编制框架上，可围绕“主题选择”“小镇选址”“功能定位”“空间组织”“实施计划”等五个主要内容开展，并在此基础上汇总形成小镇创建期的各项规划目标，具体内容如下。

1. 选择特色主题

“特色主题”是特色小镇冠以“特色”之名，并实现小镇产业定位“特而强”目标的根基，也是小镇规划首先要解决的问题。

从规划角度看，“特色主题”包含了两方面的概念，一是大方向上主攻“7＋1”产业体系中哪个门类；二是在大方向下，某个特色小镇所具有的“独特性”细分领域。一般而言，确定某个特色小镇的特色主题，可以从小镇所在地、更大尺度范围的区域角度入手，立足“特色产业、资源禀赋、文化底蕴”这三个要素，梳理、提炼、总结小镇具有的特征，再将其与“7＋1”产业体系进行综合考量确定；这一阶段中，主要与所在地的国民经济社会发展规划和相关产业规划进行对接。其中，特色优势产业因素应是最核心的要素，浙江现有列入创建名单的79个特色小镇，其主题选择多是以特色优势产业为切入点：或是以过去具有影响力的历史经典产业，如“文房四宝”中的“湖笔”之于南浔善琏湖笔小镇；或是以当前优势主导产业，如“皮革服饰设计”之于海宁皮革时尚小镇；抑或是以未来极具潜力的新兴产业，如“互联网＋”之于余杭梦想小镇等。特色主题的独特性，还体现在即便主攻同一产业，也是通过差异定位和细分领域，来实现错位发展，比如同为信息经济类的云栖小镇、梦想小镇，前者以发展大数据、云计算为主题，后者主攻“互联网创业＋风险投资”。

2. 确定小镇选址

小镇规划在特色主题的确定阶段，实质上回答了两个问题，一是小镇所属区域具有建设特色小镇的必要性；二是小镇今后总体发展的方向性。而“小镇选址”则是回答“小镇建在哪里的可行性”问题。这一阶段，主要通过进行“区位比选、周边影响、多规衔接”等三类分析，综合研究确定规划小镇的合理位置与具体范围。其中：(1)“区位比选”分析，侧重于考量因小镇开发建设可能形成的正向效应，即该选址对本区域特色优势的发挥程度。(2)“周边影响”分析，侧重考虑小镇建设对周边区域整体发展的负面效应，即该选址对周边地区发展可能存在的不利影响程度。(3)“多规衔接”分析，侧重于考量该选址在 3 年至 5 年内实施开发建设的可行性，主要通过将 3 平方公里左右的小镇规划红线范围，与已有涉及此区块的法定城乡规划、土地利用总体规划和生态功能区规划等之间进行合规性比对。

3. 功能定位

“功能定位”是基于小镇特色主题的深化与细化，是小镇长远的目标愿景，目的是实现特色小镇功能叠加“聚而合”要求。这一阶段，可考虑结合《指导意见》中对特色小镇概念的定义，以规划小镇为对象，从“文化”“旅游”“业”“社区”四个不同维度，采用“先分项、后整合”方式，确定小镇具体细化的目标定位，并提出相关功能建设的发展策略。其中：(1) 进行多角度的分项研究和分析，提出不同角度下，小镇可能具有的相关功能内涵，及其可实现的作用地位。(2) 将多维度的分项结果进行整合，保留可共存、可融合，并能产生叠加效应的部分，完成小镇的规划功能定位研判。(3) 立足确定的功能定位，分别对产业、文化、旅游、社区等功能建设，提出相应发展导向、发展重点和发展路径等内容。

4. 组织空间布局

“空间布局”是塑造特色小镇特色主题和功能定位的空间组织手段，目的是实现小镇建筑形态“精而美”要求。在空间布局整个过程中，可考虑遵循“风貌控制、功能组合、场地拟合、形体设计”四个步骤来实施。其中：(1) 立足特色主题，针对小镇的历史文化传统和未来主导发展方向，筛选、提炼并确定相适宜的建筑风格、环境风貌，作为空间布局的设计导则。(2) 立足各项功能定位，进行功能空间形式的细分，并按照复合集约利用的导向，将其中可整合、叠加、聚集的功能空间类型进行归并设置，采用复合型建设方式，以期达到资源利用效益的最大化。(3) 立足场地环境特点，围绕场地自然环境与开发现状，布置各类功能空间，构建内外交通联系便捷，功能区块呼应紧密的功能布局总体方案。(4) 在三个步骤基础上，按照小镇风貌控制要求，落实总体性的概念设计方案和重要节点的意向效果，塑造完整、连续、有辨识性的小镇形态风貌。

5. 制订实施计划

特色小镇注重与实体经济紧密结合，强调有效投资和可实施性，因此“实施计划”是小镇规划的重要环节。我们认为，实施计划应包括建设项目策划、确定建设主体、安排建设时序、制定运营方案等四个部分。其中：(1) 建设项目的策划，依托规划的功能定位与导向，结合空间布局要求，确定创建期内各具体项目的内容、规模、选址和建设意向。(2) 建设主体的确定，按照目前招商引资引智的实际情况予以明确，并应区分政府性和市场性的投资主体。(3) 建设时序的安排，主要考虑建设主体的投资意愿和土地供给的可能性等因素，安排每个项目的年度投资和供地计划。(4) 运营方案的制定，可围绕开发模式、资金平衡、效益分析等方面展开，按照“政府引导、企业主体、市场化运作”的基本原则，结合每个小镇实际情况，提出针对性的运作方案。

综上所述，通过对特色小镇发展历程的回顾和对特色小镇内涵的解读，本文得出两个基本论点：(1) 特色小镇本质上是一种创业创新生态圈的空间载体，是“产、城、人、文”四位一体、高度融合发展的“复合生态系统”；(2) 特色小镇规划是涵盖产业、生态、空间、文化等多个领域，各种元素高度关联的综合性规划。而特色小镇规划的编制可围绕“特色主题”“小镇选址”“功能定位”“空间组织”“实施计划”等五个主要方面展开。

二、规划的总体空间战略布局

第一，基本形成“两纵一横”的弓字形布局框架。从城镇整体空间布局看，目前中国城镇主要分布在胡焕庸线以东，整体上和中国的人口分布以及自然资源的分布相契合。改革开放以来，中国从点轴理论出发，实行了“T”字型开发战略。目前基本形成了以沿海发展轴（从大连延伸到东北地区)、沿江发展轴（从上海向西到安徽、湖北再到重庆、成都)，以及沿京九线发展轴为主体的“两纵一横”的弓字形布局框架。同时培育了环渤海、长三角、珠三角三大核心经济区，初步形成了网络型的经济体系。在当前沿海地区生产成本不断攀升的态势下，主要依靠沿海发展轴已经难以支持中国经济的持续快速发展。未来中国城镇空间的总体布局要在“两纵一横”的基础之上，通过新型交通设施的建设打造新的发展轴线，构建“网络型”的城镇布局框架，带动区域的协调均衡发展。

第二，城市群正成为城镇布局的重要形式。目前，全国已经基本形成了京津冀、长江三角洲、珠江三角洲三个规模较大的城市群，另外，在辽中南、成渝、山东半岛、中原、武汉都市圈、长株潭等地城市群也迅速崛起。这些区域以占全国不到3%的土地面积产出了占全国50%以上的国内生产总值，已经成为我国城镇人口最密集的区域和经济发展最为活跃的地带，也是带动和辐射其他区域的重要增长极。从东、中、西、东北四大区域来看，目前比较成熟的三大城市群都位于东部地区，东部地区的三大城市群加上山东半岛城市群和海西城市群，以占全国1.01%的土地，贡献了占全国31.5%的GDP，城市群的发育已经比较成熟。其他区域的城市群还处于萌芽或者初步发展阶段，对各自区域发展的带动作用逐步显现，但对整个国内生产总值的影响还比较有限。

第三，城镇体系分布有待进一步完善。城镇体系是在一定区域范围内，以中心城市为核心，各种不同性质、规模和类型的城市相互联系、相互作用的城市群体组织。从空间分布看，中国城市联系网络的连接点主要集中在环渤海地区、长江三角洲地区和珠江三角洲地区。这三大城市群的最重要的节点城市分别是北京、上海和广州。以上述三大地区为核心体系，可以将中国的城市体系划分为北京体系、上海体系和广州体系三大体系。

按照离相应体系核心城市的距离，将三大体系核心区域以外的区域划分为外围区域和边缘区域。其中离核心体系核心城市的距离在300～600千米以内的为外围区域，距核心体系核心城市距离超过600千米的为边缘区域。

北京体系是控制区域最宽的体系。该体系的核心区域是京津冀城市群，受其辐射的外围区域包括河北、河南、山西、内蒙古中东部、辽宁等地。上海体系的核心区域是长三角城市群，外围区域包括山东、合肥、福建、江西、江苏北部、浙江南部等地。广州体系核心区域是珠江三角洲城市群，外围区域包括广西壮族自治区、湖南省、海南省。三大体系辐射边缘区域主要包括新疆、宁夏、陕西、内蒙古西部、甘肃、湖北、四川、重庆、吉林、黑龙江、贵阳、云南、西藏、青海等地区，这些区域距离三大核心体系的距离较远，受到其辐射较弱。

第四，城镇布局的人口—资源—经济不匹配日益凸显。由于中国城镇主要布局东部沿海地区，而且特别集中于个别大都市区。造成这些地区的人口、资源环境和经济之间的矛盾日益凸显。中国东部地区大都市区已经面临严峻的城市建设用地紧张、生态环境压力大、资源环境承载力受限等问题。“大城市病”有集中爆发的态势。大中小城市和小城镇协调发展策略：一是鼓励人口向规模不足的城市聚集、限制人口流向已经达到最优规模的城市聚集皆有助于城市经济发展水平的提高，因此“发展中小城市及小城镇、合理控制大城市尤其是特大城市发展规模”，通过放开中小城市户籍限制，引导农村人口向中小城市流动。二是着力提高服务业的比重，通过促进城市服务业的发展来提高城市（尤其是特大城市）的最优规模水平，提高城市人口承载力，通过产业结构的调整来破解“大城市病”。三是制定差异化的城市政策，通过适度的政策倾斜，引导资源合理流向中西部地区，缓解东部城市人口压力，释放中西部地区城市发展潜力，促进东中西部城市协调发展。四是实施扁平化的城市行政管理体制，减少政府干预尤其是将资源配置的方式与城市的行政等级脱钩，实施由“政府为主导”转向以“市场为主体”的资源配置方式。

第五，重点推进地区——中西部地区。我国中西部地区由经济地理中的中部地区和西部地区构成。具体来说，由 20 个省级行政单位组成，其中包括 14 个省、5 个自治区、1 个直辖市。与东部地区相比，在自然条件、生态环境和社会基础方面呈现出不同特征：该区多数地区，自然条件较为恶劣，干旱少雨，平均海拔高，地势不平。在社会基础方面，较为偏僻，远离经济中心地区，地理位置十分不利，交通受阻，教育、卫生等基本社会服务水平较低。中西部地区特殊自然环境和相对落后的社会经济发展水平影响到城镇化进程。新型城镇化，于国于民皆重要，但行愈远，阻力愈大，尤其是中东西协调发展，同步推进，难度更大。中西部山区有其自身特点，推进城镇化的方式有别于平原经济发达地区，应结合自身优劣势，走出一条适合山区区情的新型城镇化道路。

（1）以农业现代化带动新型城镇化。以农业现代化带动农村就地城市化，强调的是在农村农业区不放弃农业优势、不转移农业人口、不改变农业性质，实现传统农民就地市民化、传统农业区就地城市化。城镇健康发展离不开农业现代化水平的提升，没有农业现代化，遑论高质量的城镇化。农业劳动生产率的提高带来农业剩余产品，为一切劳动部门独立化提供自然基础，促进分工的形成。农业愈发达，提供的剩余劳动就愈多，促使更多农村劳动者进入城镇，从事第二、三产业，推动城镇化健康发展。发展现代农业是推进中西部山区新型城镇化的突破口和重要保障。中西部山区新型城镇化应走出一条以农业现代化为基础的新型城镇化路子，这不仅是农业现代化的特征所要求，更是地区社会经济发展水平所决定的。

（2）建立并完善城镇化的制度保障。长期以来，城乡二元结构制约我国城乡一体化的发展。具体表现为，由于社会保障制度、教育制度、医疗制度、户籍制度、土地流转制度等一系列制度约束，城市居民和农村人口在社会保障、教育、医疗等方面所享受待遇存在较大差异。然而，城乡二元结构的打破必须建立科学的制度保障。应渐进式改革二元户籍制度。即逐步淡化户口的作用，保留户口管理制度。彻底消除户籍制度的“等级”功能，驱除户口附加值，打破城乡藩篱，使户籍制度只承担单纯社会管理和人口信息统计功能。同时，大力发展乡镇企业，以产业为支撑，缓解国家社会保障财政拨款压力；探索以土地作为社会保障的基本手段，解决养老、失业等特殊生存问题。

（3）加快区域中心城市的建立。根据条件许可，助推规模已达到小、中型城市的地级行政区所在地发展成为区域中心城市，增加其辐射带动能力，加快山区新型城镇化进程。总之，在未来中西部山区城镇化进程中，保证每个县有一座城市，在提高城镇数量的同时，大力建设城镇基础设施，提高城镇功能。

第六，一般类型地区。坚持以人为本原则。“人”是城镇化的主体和核心。以人为核心的新型城镇化关键是推进农民工完全市民化。基于当前农业转移人口多维度的需求，市民化应采取户籍制度改革，实施差别化落户和积分制政策，让符合条件的农业转移人口落户城镇。要积极改造城中村和棚户区，解决内部农民的市民化问题；要全面放开小城市的落户限制，鼓励家庭式迁移，促进农业转移人口就地城镇化；要逐步放宽大中城市的落户条件，合理引导转移人口落户大中城市的预期和选择；要鼓励超大城市和特大城市设立科学合理的积分入户制度，统筹转移人口落户与控制城市人口规模的关系。

坚持效率优先原则。随着时间的推移，低效率的要素驱动型发展模式已经难以对城镇化形成持续的推动力。我国新型城镇化要向高效率的城镇化转变，提高劳动、土地和资本要素的使用效率，促进生产要素在城城之间、城乡之间以及城市内部优化配置，增强城市的要素集聚能力和创新能力，实现城镇化的持续健康发展。要通过一系列土地制度改革，强化城市增量和存量土地的高效利用。应逐渐消除不同土地市场的分割，逐步实现工业和住宅用地、城镇和乡村建设用地一体化。要用市场化的价格机制来引导非“公共利益”土地资源的合理配置。地方政府要做好新增用地项目的审批、管理、监督，对用地项目的合理性进行缜密论证，确保落地项目能够存活并产生良好的经济效益，有效管控新城新区和开发区无序扩张，严格控制新增建设用地。

坚持绿色发展原则。绿色发展理念必然要贯穿到城市发展的方方面面。要调整优化产业结构和能源结构，转变经济发展方式，推进城镇化向绿色发展转型。一方面，要改善能源结构，通过技术创新提高现有能源利用效率，降低清洁能源的开发和使用成本，向资源节约型、环境友好型的生产方式转变。另一方面，要调整产业结构，既要完善促进传统产业绿色化的倒逼机制，建立差别化的产业进入机制，进一步提高“三高”产业和产能过剩行业的环境准入门槛，加快推进传统产业改造升级；又要着力推进绿色产业经济化，推进新型城镇化与新兴产业发展深度融合，在综合考虑资源禀赋、市场环境、科技水平、环境保护、物流条件等因素的基础上，因地制宜地培育、引进和发展节能环保产业和绿色服务业，不断推进绿色科技和服务模式的创新，扩大节能、环保产品和服务供给，进而对其他产业的绿色发展产生巨大的带动作用，实现经济效益、社会效益和生态效益的统一。

以城市群为主平台。“做好”大城市群和“做多”中小城市并重，实现大中小城市协调均衡发展。要加快城市群建设，建立健全城市群发展协调机制，明确城市群的功能定位，推动跨区域之间形成合理的产业分工，实现基础设施、公共服务设施互联互通、共建共享，推进产业同构、无序竞争、地方保护的“一群城市”向城市群一体化高效发展转变。要优化提升东部城市群，扩大东部沿海城市群的空间外溢效应，通过推动产业的有序转移实现对内陆城市群的带动，进而实现区域共赢。要充分发展核心城市，提高核心城市国际化水平，通过发挥核心城市的集聚和扩散效应，带动腹地经济发展，加强省际、城际间的互动合作，增强城市群的经济实力；通过推动核心城市向周边城镇延伸产业和服务链，形成带动区域发展的增长节点。

坚持市场主导原则。新型城镇化要重新塑造政府与市场的关系，厘清政府与市场的职能边界，构建“市场主导、政府引导”的城镇化健康发展体制机制。一方面，要更加尊重经济规律和城镇化发展规律，依靠市场机制的力量推动各种资源要素在区域、行业、部门间自由流动进而实现资源的有效配置和动态平衡。另一方面，要切实转变政府职能，实现由管理型政府向服务型政府转变，推动政府在规划制定、制度设计、公共服务、环境保护、市场监管、社会管理六个方面有所作为，为城镇化营造良好的法律和政策环境，充分发挥市场“无形之手”和政府“有形之手”的“双手”协同作用。

积极推进小城镇体制改革。在城市与乡村之间建设特色小镇，既是促进传统“块状经济”产业转型升级的重要举措，也是破解城乡二元结构、改善人居环境的重要抓手。我国小城镇应积极推动促进小城镇发展的体制改革，通过改革赋予小城镇在土地、财政、税收、融资等方面更为普适的自主权，激发自下而上的发展活力，使小城镇成为经济新常态背景下，促进产业转型升级和城乡统筹发展的重要主体和空间平台。

第七，特殊类型地区——民族地区。新型城镇化是推动民族地区跨越发展战略中加快崛起的重大举措，是实现全域全面发展、科学发展、加快发展的重大战略，也是促进民族自治州经济社会全面协调可持续发展的有力抓手。近年来，民族自治州城镇化步伐加快，但仍然存在“总体水平仍然较低，工业化、城镇化良性互动局面尚未形成，城镇体系和结构不尽合理，设施建设相对滞后”等问题。因此，建议突出特色，结合“一带一路”，走出一条具有民族地区特色的新型城镇化道路。

结合国家“一带一路”建设契机，构建新型城镇化的创新模式。作为新型城镇化基础薄弱的民族地区，不能简单复制经济发达地区的传统模式，必须在实践中探索城镇化、农村农业现代化、工业化共同推进的新型城镇化模式。在发展动力上，由外力助推逐步过渡到内力主导的双轮驱动发展模式。在路径选择上，民族地区的城镇化建设应与西部民族地区整体目标和发展战略紧密结合，使民族地区的城镇发展与产业支撑、人口集聚、就业转移以及传承文化相统一，最终实现产业结构合理、文化特色突出、城乡融合的新型城镇化道路。与此同时，城镇化建设要高度重视保护和治理城镇生态环境，体现人与自然的和谐发展；高度重视发展各种公共服务设施、基础设施，体现经济与社会的协调发展；高度重视人民生活水平的提高，体现以人为本的发展观。结合西部民族地区丰富的文化内涵和旅游资源优势，科学地将民族特色与现代化的内涵有机结合起来，建设独具风情、体现浓郁民族文化特征的新型现代民族城镇化模式。

突出新型城镇化中的文化传承与民族交融。文化和民族问题也被一些学者认为是“一带一路”建设当中的重要问题之一。在新型城镇化发展中，要更加注重民族地区新型城镇化中的文化元素，体现民族特征，传承不同区域的优秀文化特色，以新型城镇化促进文化认同、民族交融。首先，构建统一的新型城镇化思想，引导地区各族各界人民共同以新型城镇化带动经济发展的一致目标。其次，针对地区独特的民族文化特点，加强优势旅游资源和特色文化的宣传工作，将地区的宜人风景和多彩文化发扬光大。最后，加强对民族人士和宗教人士的培养和教育，提高其道德素质和文化素质，有计划地选派优秀的少数民族人士和宗教人士到东部发达地区、各类院校进行学习和考察，开阔他们的视野并发挥模范带动作用，依法推进健康文明的民族活动和宗教活动。

实现人口集聚与产业布局相协调的产城（镇）融合模式。结合“一带一路”建设，基本实现城乡产业协调发展格局，建立新型工业化与农牧业现代化互动推进的城镇化格局，实现人口集聚与产业布局相协调的产城（镇）融合模式。逐步在民族地区建立统一开放、竞争有序、城乡一体的劳动力市场，结合户籍管理制度和社会保障制度的改革，取消限制农牧民进城的各种歧视性规定，拓宽农村劳动力向非农产业和城镇转移的渠道。在此基础上，加快推动劳动力密集型产业的发展，依托各地的资源禀赋和特色优势，以招商引资推进工业项目和工业园区建设；加强发展传统服务业，推动旅游、餐饮等具有民族地区特色的产业集群发展；采取政策扶贫等措施，鼓励、引导地区农牧民发展本地特色农产品的再加工，推动农村非农产业的发展。

建立城乡一体的公共资源统筹共享机制。以“一带一路”建设为纽带，基本实现城乡公共服务均等化，加大公共服务资源投入，形成新型投融资体制，基本实现城乡一体的公共资源统筹共享机制。推进民族地区公共服务均等化建设，首先，要继续加大对公共服务均等化程度较低领域的基础设施投入力度，要继续加大对城市供水、排水、道路、桥梁、广场、园林绿化、灯光、垃圾处理、防灾等市政基础设施的投入和建设。其次，结合户籍、社保等制度的改革，积极建立民族地区城乡之间的公共资源统筹共享机制。最后，资金来源上，中央要进一步加大对民族地区的财政转移支付力度，在增加财政转移支付总量的同时，进一步完善财政转移支付制度。

同时，制定和完善支持西部民族地区基本公共服务事业发展的一系列政策，形成多渠道和多元化的投资和融资体系。

第八，特色小镇建设的基础在于构筑良好的“产业生态位”。

现有关于特色小镇的讨论，有从项目及其产业化运作切入指出要以产业链思维运作特色小镇，也有从“产城人”融合发展角度来谈论特色小镇建设的理念、路径、形态等方面的创新，还有将特色小镇建设视作城镇化道路的重要环节和突破点，等等，主要是基于如何加快推进特色小镇这一重大政策举措的落实，但对特色小镇这一经济现象的内涵、特征及其在区域产业转型升级的地位作用很少论及。其实，特色小镇在发达国家甚为常见，尤其是在欧美，特色小镇更是以其独特的产业及其深厚的历史人文底蕴显示出强大的生命力及其对整个区域经济的支撑意义。

纵观许多闻名全球且以其强劲的持续发展能力而获得关注的特色小镇发展轨迹，我们可以发现，构成以产业为核心的特色小镇的重要基础是良好的产业生态系统，或者说，嵌入特定区域及其历史人文背景下的“产业生态位”是这些特色小镇核心竞争力得以持续提升的关键。产业生态位是包括产业生存、发展和演变的生态环境，它为产业演变发展提供了各种所需要的资源，进而决定了产业的成长机制、组织形式、核心竞争力和可持续发展能力。

产业生态位决定了资源要素甚至产业性质的差异，是产业间共生互补或竞争关系的基础前提。即正是产业生态位决定了特色小镇的产业“特色”，欧美国家的特色小镇无一不与其相应的“产业生态位”紧密相关。浙江特色小镇建设，是基于推动产业转型升级、增强区域发展新动能、引领经济新常态的战略选择，但从本质上说，则是顺应浙江区域经济发展阶段演变、重构产业生态位、优化区域产业生态系统的内在要求。

第五节　我国特色小镇规划及四大趋势

按照国家级规划，2020 年在全国范围内培育 1000 个特色小镇，潜在市场规模预计超过 5 万亿市场规模：根据住房城乡建设部、国家发改委、财政部《关于开展特色小镇培育工作的通知》，计划到 2020 年培育 1000 个特色小镇；从已初步建成的部分小镇统计看，平均一个特色小镇的投资在 50 亿元上下，故 1000 个特色小镇总投资额将达 5 万亿元。

支持政策：多规合一（国民经济与社会发展规划、镇总体规划、土地利用规划等）、资金扶持（专项建设基金、奖补、政府加大特色小镇建设投入等）、创新融资模式（加强与金融机构合作、支持用于特色小镇建设的债券发行、鼓励 PPP 模式等）

第一批特色小镇：肥西县三河镇、罍街文创小镇等共 21 个

特色小镇的出现，契合了国内当前阶段城市与经济产业发展的几大趋势。

趋势 1　大城市郊区化发展：一线、部分强二线城市城镇化率已达 70%左右，开始启动城市郊区化进程。

我国部分城市已处于城市郊区化进程中：我国城镇化率达 57%，一线城市和部分发达省份城镇化率已超 70%；根据国际经验，当城市人口占比达 60%～70%时，由于城市病的出现，城市郊区化随即出现。

趋势 2　传统产业转型升级：如特色小镇发展典型的浙江省。

浙江近年来经济总量上升，但增速不断放缓，经济转型压力大；事实上，浙江工业经济总量 70%都是传统产业，其中最大的是纺织服装。传统产业亟须进行转型升级也是浙江省提出特色小镇的重要原因之一。

趋势 3　城镇化发展过程中破除城乡二元对立，城乡一体化发展城乡二元化。

主要问题：1. 城乡收入差异较大；2. 农村衰落、小城镇的空心化等现象愈发明显；3. 农村人居生态环境不断恶化。

主要原因：1. 农业基础较差：农业起步较低，且地形复杂、机械化农业推广困难大；2. 城乡资源分配不均：如基础设施建设投入差异大、公共服务资源配置不均等特色小镇是一个突破口。特色小镇建设包含城镇建设与美丽乡村建设，还包括产业提升、公共交通、水电气等公用设施、文教卫体等城市公共服务功能的建设和完善，特色小镇建设将会促进城乡要素互动，缩小城乡差距，提升城乡统筹发展水平，加快推进城乡公共服务均等化进程，进而实现城乡联动发展、设施互通、产业互融、功能互补的城乡一体化发展格局。

趋势 4　多重因素的旅游业迅猛发展。

人口结构变化、收入水平提高、交通改善、休假制度保障等因素促进旅游行业发展特色小镇与建设的重点。

（1）特色产业是小镇的核心所在。特色小镇首先是产业之镇，是一个产业的空间载体。特色小镇的建设必须与产业规划统筹考虑，小镇的发展壮大离不开产业的有效支撑。以产业为主导的特色小镇不能等同于现有的产业集聚区、产业园区；从产业本身来看，传统产业园区或者产业聚集区是一般性的产业的集聚，而特色小镇所承载的产业更具创新性，体现了更强的产业叠加效应。

（2）特色文化是小镇的灵魂所在。特色小镇的文化特色建设，要注重结合小镇地域文化特色，充分挖掘文化内涵，提炼文化元素，形成小镇特有的文化，并将这种文化植入特色小镇建设的各个层面和领域，从而增强居民与游客的文化认同感与归属感。纵观全球的知名特色小镇，都可以发现一个共同的特征，即小镇建设的核心均在于文化，没有文化便没有灵魂。

（3）特色旅游是小镇的活力所在。旅游功能并不一定是特色小镇的核心功能，但拥有一定的旅游功能作支撑，能有助于提升小镇知名度，小镇也将会更有生命力。小镇的自然风光、古村落、特色民居、地方民俗、人文历史故事和特色产业等都可以是旅游题材。小镇打造特色旅游，是调整产业结构和促进就业、增收的一项重要举措，是推进城乡一体化统筹发展和新农村建设的有效途径。这就要求完善旅游基础设施，提供完善的乡村旅游综合服务，整体提升乡村旅游服务质量。

（4）优质社区是小镇宜居生活功能的体现。小镇的发展应该造福于当地人民，改善民生是特色小镇建设的出发点和落脚点。因此，特色小镇的建设，应该坚持高标准规划、高起点打造。无论是环境建设、功能服务，还是设施配套，都应从人性化的角度着手建设，切实改善居民居住生活环境，这样既能吸引和满足小镇居民工作和生活的需要，也能使其感觉小镇生活的舒适与自在，增加居民的幸福感及心理归属感。

（5）智慧生态是小镇运营效率的体现。将“智慧城市＋智慧产业＋智慧科学”的理念植入特色小镇运营建设管理中；以城镇的生态化、数字化、幸福感为出发点；实现小镇智慧发展，打造智慧城镇。加快产业城镇、文化城镇、科技城镇建设；推动城镇经济社会同步发展。

特色小镇战略规划十大类型布局

1. 历史文化型小镇

打造历史文化型小镇，一是要小镇历史脉络清晰可循；二是要小镇文化内涵重点突出、特色鲜明；三是要小镇的规划建设延续历史文脉，尊重历史与传统。历史文化型小镇有：莲都古堰画乡小镇、越城黄酒小镇、龙泉青瓷小镇、湖州丝绸小镇、上虞围棋小镇、南浔善琏湖笔小镇、朱家尖禅意小镇、奉化布龙小镇、天台山和合小镇、古北水镇、平遥古城、茅台酿酒小镇、馆陶粮画小镇、石鼻古民居小镇、湘西边城小镇、三都赛马小镇、永年太极小镇、新兴禅意小镇。

2. 生态旅游型小镇

打造生态旅游型小镇，一是要小镇生态环境良好，宜居宜游；二是要产业特点以绿色低碳为主，可持续性较强；三是要小镇以生态观光、康体休闲为主。仙居神仙氧吧小镇、武义温泉小镇、宁海森林温泉小镇、乐清雁荡山月光小镇、临安红叶小镇、青田欧洲小镇、景宁畲乡小镇、杭州湾花田小镇、万宁水乡小镇、龙江碧野小镇、廊下田园小镇、莲麻乡情小镇、锦洞桃花小镇、联溪徒步小镇、丽江玫瑰小镇。

3. 城郊休闲型小镇

打造城郊休闲型小镇，一是要小镇与城市距离较近，位于都市旅游圈之内，距城市车程最好在 2 小时以内；二是小镇要根据城市人群的需求进行针对性的开发，以休闲度假为主；三是小镇的基础设施建设与城市差距较小。城郊休闲型小镇有：安吉天使小镇、丽水长寿小镇、太湖健康蜜月小镇、黄岩智能模具小镇、永嘉玩具智造小镇、下城跨贸小镇、临安颐养小镇、瓯海生命健康小镇、琼海博鳌小镇、旧州美食小镇、花桥物流小镇、小汤山温泉小镇、大路农耕文明小镇、龙溪谷健康小镇、钟落潭健康小镇。

4. 资源禀赋型小镇

打造资源禀赋型小镇，一是要小镇资源优势突出，处于领先地位；二是小镇市场前景广阔，发展潜力巨大；三是对小镇的优势资源深入挖掘，充分体现小镇资源特色。青田石雕小镇、定海远洋渔业小镇、开化根缘小镇、西湖龙坞茶小镇、桐庐妙笔小镇、磐安江南药镇、庆元香菇小镇、仙居杨梅小镇、桐乡桑蚕小镇、泾阳茯茶小镇、双阳梅花鹿小镇、陇南橄榄小镇、怀柔板栗小镇、通霄飞牛小镇、金山麻竹小镇、宝应莲藕小镇、花都珠宝小镇。

5. 交通区域性小镇

打造交通区位型小镇，一是要小镇交通区位条件良好，属于重要的交通枢纽或者中转地区，交通便利；二是小镇产业建设应该能够联动周边城市资源，成为该区域的网络节点，实现资源合理有效的利用。建德航空小镇、萧山空港小镇、西湖紫金众创小镇、新昌万丰航空小镇、九龙山航空运动小镇、安吉航空小镇、宁海滨海航空小镇、北京新机场服务小镇、人和航空小镇、千年敦煌月牙小镇、深沪海丝风情小镇、博尚茶马古道小镇、秦栏边界小镇。

6. 特色产业型小镇

打造特色产业型小镇，一是要小镇产业特点以新奇特等产业为主；二是小镇规模不宜过大，应是小而美、小而精、小而特。大唐袜艺小镇、吴兴美妆小镇、嘉善巧克力甜蜜小镇、桐乡毛衫时尚小镇、玉环生态互联网家居小镇、平阳宠物小镇、安吉椅业小镇、温岭泵业智造小镇、东莞石龙小镇、信阳家居小镇、文港笔都工贸小镇、亭林巧克力小镇、吕巷水果小镇、王庆坨自行车小镇、秀全珠宝小镇。

7. 新兴产业型小镇

打造新兴产业型小镇，一是小镇位于经济发展程度较高的区域；二是小镇以科技智能等新兴产业为主，科技和互联网产业尤其突出；三是小镇有一定的新兴产业基础的积累，产业园区集聚效应突出。余杭梦想小镇、西湖云栖小镇、临安云制造小镇、江干东方电商小镇、上虞 e 游小镇、德清地理信息小镇、余杭传感小镇、秀洲智慧物流小镇、天子岭静脉小镇、枫泾科创小镇、新塘电商小镇、太和电商小镇、黄埔知识小镇、朱村科教小镇、福山互联网农业小镇、菁蓉创客小镇。

8. 高端制造型小镇

打造高端制造型小镇，一是要小镇产业以高精尖为主，并始终遵循产城融合理念；二是注重高级人才资源的引进，为小镇持续发展增加动力；三是突出小镇的智能化建设。萧山机器人小镇、宁海智能汽车小镇、长兴新能源小镇、江北动力小镇、秀洲光伏小镇、海盐核电小镇、江山光谷小镇、新昌智能装备小镇、南浔智能电梯小镇、城阳动车小镇、中北汽车小镇、路桥沃尔沃小镇、窦店高端制造小镇、爱飞客航空小镇。

9. 金融创新型小镇

打造金融创新型小镇，一是要小镇经济发展迅速的核心区域，具备得天独厚的区位优势、人才优势、资源优势、创新优势、政策优势；二是小镇有一定的财富积累，市场广阔，投融资空间巨大；三是科技金融是此类小镇发展的强大动力和重要支撑。上城玉皇山南基金小镇、梅山海洋金融小镇、富阳硅谷小镇、义乌丝路金融小镇、西溪谷互联网金融小镇、拱墅运河财富小镇、乌镇互联网小镇、房山基金小镇、南海千灯湖小镇、万博基金小镇、花东绿色金融小镇、新塘基金小镇。

10. 时尚创意型小镇

打造时尚创意型小镇，一是小镇以时尚产业为主导，并与国际接轨，引领国际时尚潮流；二是小镇应该以文化为深度，以时尚为广度，实现产业的融合发展；三是小镇应该打造一个时尚产业的平台，促进国内与国际的互动交流。

第六节　特色小镇规划案例：规划、设计、战略布局与落地

中国旅游业迈入万亿投资的文旅时代，文化旅游产业的发展已势不可挡，不但提供了一种全新的生活方式，成为这个时代下的消费主流，也为众多企业转战旅游行业带来千载难逢的时代机遇。如何抢占文旅产业先机，指导文旅项目顺利开发？这里借助五矿哈施塔特小镇与韶山银河旅游区两个项目，通过阶梯分析四步推进法，从开发角度，看顶层设计如何助推文旅特色小镇项目战略落地。

一、把握需求：明确企业“文旅时代”诉求

文旅时代，企业面临的经济形势更趋复杂，但同时机遇与挑战并存，也开启了大企创新、万企创名的时代。在不断创造自我品牌价值的同时，两类企业成为发展文旅项目的重要企业。

（1）品牌升级需求。多为大中型房地产企业，这类企业有实力、有经验、有视野、有运作力，房地产开发经验丰富，易于接受新产品并勇于尝试，开发文旅项目在于探索易于复制的模式，延伸产业链条，提升品牌生命力，实现企业的多元化发展。这类企业需走出适合自己发展的路子，形

成独具特色的开发模式，如万达、恒大、海昌、碧桂园、绿城、五矿等企业。

（2）跨界整合需求。多为上市、国营等企业，这类企业原有主业与旅游地产相关性不高，跨界进入文旅产业在于寻找新的增长点，摆脱现有经营困局，或者寻求新的产业延伸，实现企业转型、品牌创新，进而资产持续增值。如华谊兄弟、复星集团、福星科技、韶灌工程管理局等。

二、找准方向：破题突围实现“文旅开发”

从开发的角度采用倒推分析法细分项目难点与重点，最短时间解决“文旅开发”核心问题，寻找最佳突破口，迅速破题。

1. 创建模式转型扩张需求

项目简介：五矿哈施塔特小镇位于惠州博罗县，总规模 1800 亩，总投资 60 亿元。其中住宅 115 万平方米，商业配套 2 万平方米。依托哈施塔特小镇建筑风貌以及未开发的土地资源，需明确小镇未来开发方向，打造传统景区，旅游地产还是主题公园？同时如何建立“五矿模式”，便于复制与品牌输出？

解决策略：小镇已具备一定的产业基础和大游客量基础，在对比交通区位、资源条件、消费群体与场地条件等分析后，我们认为项目具备开发文旅产业的条件，确定打造一站式全龄全包全时度假综合体，以此为突破口，形成可复制创新性五矿模式。

2. 跨界融合多元发展需求

项目简介：韶山灌区位于湖南省湘潭市，流经湘乡市、湘潭县、韶山市，长度约 52 千米。作为湖北省最大的引水灌溉水渠，通水 50 年以来，以续建配套工程与节水改造为主。2016 年韶灌工程管理局明确转型方向，将韶山灌区打造成为全国现代灌区示范试点——韶山银河旅游区。开发难点在于如何拓展灌渠的功能，进行最佳产品组合与产业融合，以求最佳综合效益，实现良好的招商。

解决策略：从投资角度分析，较强的招商吸引力和商业价值，在于凸显产品的特色、发展潜力和综合收益。

三、核心创意：有效凸显利用“文旅资源”

避开撒网式、雷同式开发，因地制宜，从资源特色出发，对地块“文旅资源”进行有效开发与利用，提炼开发较为成熟且具有潜力的地块做引爆点，打造一系列精品旅游线路，串联逐点突破。

1. 地产项目的“文旅”升级

五矿哈施塔特小镇要解决的是一个典型的地产项目如何实现“文旅”升级。从五矿哈施塔特小镇升级为一站式全龄全包全时度假综合体，我们制定了四个步骤。

第一步：注入强大的产业支撑，全产业链下产品落位。建立七大产业链条，产业互补，实现产业闭环。构建两大核心产业：文旅地产＋幸福文化创意产业。形成五大支撑产业：休闲商业＋商务会议业＋健康运动产业＋生活服务产业＋亲子教育产业。

第二步：明确特色鲜明主题文化。

三大维度明确小镇发展文化内涵

第三步：创新运营模式，为企业定制可复制推广的运营模式。

第四步：量身定制、化繁为简，提供一站式服务。

一站式一价包服务

包括接送机服务、住宿、一日三餐及全天候茶点饮料、运动和娱乐项目、演出和晚间娱乐活动等，关注和迎合客人需求。

2. “不沾边”旅游项目的“文旅”复兴

韶山银河旅游区作为惠民工程，50 年来以蓄水、灌溉、泄洪抗旱、供水发电等为主要功能，从韶山灌渠升级为韶山银河旅游区，我们制定了六个步骤。

第一步：细分研学旅游与休闲度假两大主力市场客群，精准满足客户需求。指导产品设计。

第二步：拓展产业链，挖掘具有开发价值的产品，注入新的产业增强旅游区活力。

第三步：体现地块资源价值，打造情景体验、营造即时的历史现场感，与非红旅游联动。

第四步：组团式开发，主题化打造，取舍有道，注重旅游＋运用。

第五步：立体交通串联景区内外，解决最后一公里问题，实现畅达旅游体验方式。

第六步：开发模式注重长中短期结合。

采用综合价值最佳的开发模式：最值得想的旅游项目（人气、品牌）＋最值得做的地产项目（溢价、升值）＋最值得拿的水电项目（短期见效，收入稳定，风险小）。

综合价值最佳的开发模式见图 7—2。

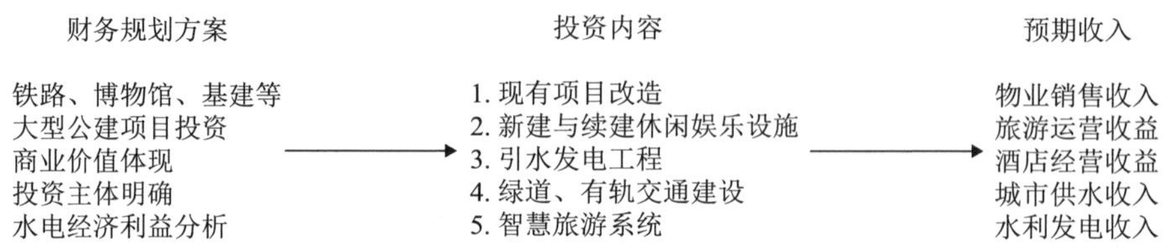

图 7—2　综合价值最佳开发模式

四、量化效益：谋划“文旅价值”效益最大

根据企业资金状况与投资需求，长线与短线收益结合，谋求“文旅价值”综合效益最大化，制订最佳财务规划。

1. 价值溢价、低投入高回报，立见成效

目前五矿模式——一站式全龄全包全时度假模式正在构建中。

2. 体现大投资、惠民工程与经济效益结合

目前湖南建工集团已与韶灌工程管理局签订韶山银河旅游区战略合作，计划投资 65 亿元，重点打造“全国生态水利先导区、现代农业样板区、产业融合示范区、城乡统筹引领区、改革创新探索区”的现代灌区新模式。

文旅一直是一个有情怀有温度的话题。文旅项目的运营模式和盈利模式，也是当下热点探索创新课题。中国的文旅产业发展迅猛，投身其中的企业坚持产品创新、运营创新、商业创新、金融创新，为文旅产业高速发展文旅项目持续发展提供了强大的实力保障。

第八章　特色小镇与产业发展的互动融合

整个特色小镇区域的发展动力核心在产业上，通过聚集高端要素形成良好的产业生态系统，联动发展小镇的其他方面，在功能叠加上讲究“聚而合”，在建设形态上讲究“精而美”，在产业定位上力求“特而强”。

特色小镇的产业选择机制如何健全？看到这个问题，很多研究者一下子就会想到产业经济学当中十分著名的一个理论——主导产业选择基准理论。应该说，这也是探讨特色小镇产业选择机制问题的理论基石。

主导产业选择基准理论中最负盛名的三大基准理论，是以研究提出相应理论的经济学家的名字命名的，分别是赫希曼基准、罗斯托基准、筱原二基准。赫希曼基准是指产业关联度基准，要注重选择培育发展那些前向关联度与后向关联度大的产业，综合带动上下游产业联动发展，从而最大效益地促进当地经济社会整体发展。罗斯托基准是指扩散效应基准，应该选择扩散效应强的产业作为主导产业，以优化产业部门结构，促进地区经济全面发展。

综合上述经典理论，主导产业选择基准可以参考四条标准：关联度要大、带动性要强；市场的现实需求要巨大、未来需求潜力要可观；创新能力要强、技术进步要快；特色要明显、优势要突出。

第一节　特色小镇的产业定位与产业选择

“特色小镇”最早由浙江省政府提出，旨在搭建新型产业平台，培育特色小镇，促进新型城镇化建设和产业发展。特色小镇的概念特征可以总结为：相对独立于市区，区别于行政区划单元和产业园区，具有明确的产业定位、文化内涵、旅游和一定社区功能的发展空间平台，具有特色鲜明、产业发展、绿色生态、美丽宜居的特征。在此需要指出，特色小镇并不是农村的放大版，而是城市的缩小版。正如业内专家所说，特色小镇是地域文脉的彰显，是生态自然的凸显，是城乡一体化的节点，是新型城镇化的新模式。

与传统工业园区相比，特色小镇是一个融产业和生活为一体的综合区，具有明确产业定位、文化内涵和旅游功能，是一个以产业为核心，以项目为载体，生产生活生态相融合的活生生的生命体。目前，部分地区仍以工业园区、产业集聚区的传统思维谋划特色小镇建设，对其产业、文化、社区等多种功能的融合考虑不够；有些地区创建特色小镇不深入挖掘传统产业特色和人文地理环境，寄希望于商贸综合体等新建或重新整合包装的载体。这些无疑会步入概念认知的误区，对特色小镇的建设有害而无利。

一、特色小镇的产业定位

特色小镇首先特在产业——特色产业＋旅游产业；其次特在功能——产业＋文化＋旅游＋社区；再次特在形态——独特的小镇风貌＋错落的空间结构＋自然的生态环境；关键特在机制——以政策为引导，以政府为主导，以企业为主体的市场化开发运营机制。特色小镇的“特色”至少有两个维度，一个维度是特色的“广度”，即小镇拥有多少新奇别具的特色；另一个维度是特色的“深度”，即唯一性，指的是某个重要产业或者空间特色是具有本地区“唯一性”，还是具有全省、全国乃至全球“唯一性”。与莫干山小镇相比，不得不说，目前大部分的特色小镇缺乏特色产业支撑。特色小镇建设具有投资周期长、回报慢的特征，需要长时间和大规模的融资支持，没有支柱性的特色产业必定难以为继。那些靠简单复制、简单克隆、无中生有、空降奇兵而成的小镇有着先天造血功能不足的缺陷，如果跟风盲从而不注重深度引导和培育，其中大部分走不长远。

产业是特色小镇的核心，文化则是特色小镇的灵魂，而非遗是文化当中最核心的部分，是小镇发展特色旅游产业的根本所在。

文化尤其是非遗，是特色小镇的灵魂，也是未来小镇品牌输出的基础。文化与旅游是特色小镇的必备功能，产业＋旅游是特色小镇创新发展的重要途径。特色小镇要有旅游，对此我们提醒——除非旅游小镇，特色小镇绝不能以旅游为起点，但旅游绝对是终点；旅游，是小镇特色产业的辅助。

旅游说到底是文化的比拼。特色小镇文化的挖掘，借助具有广泛共识的 IP（知识产权），能够具有更广泛的知名度和认可度。特色小镇要去做有情感的 IP，有故事的 IP，有深度的 IP，以此将自己的文化、情感和对生活的理念有效传递出去，赢得粉丝和人气。针对当下一些小镇的做法，我们提醒：从土地里生长出来的不是 IP 而是农产品。比如荷花小镇龙虾小镇，对于这种类型的小镇来说，荷花不是 IP，龙虾也不是 IP，只有结合地域性文化对荷花龙虾进行深度挖掘与衍生，才可能形成富有小镇鲜明特色的 IP，才能有助于形成小镇的特色旅游。

对于具有历史文化特色的小镇，我们建议采用业内“金缮”和“织补”的理念进行修复。所谓“金缮”，就像传统的瓷器修补一样，将那些破裂残缺的文化遗址、文化碎片修整成一个新的整体，尤其是老建筑、老街区等，从而具有新的文化功能。所谓“织补”，就是将过去的、现在的、新的、旧的文化有效衔接达成平衡，延续过去，立足现在，织补未来。这其中，文化不变，民俗当先，修旧如旧，新旧共生。不能像之前一些古镇开发，或一味仿古，或一味翻新，或异想天开。保留并改造历史建筑让其有机生长，是对记忆的尊重，对历史的传承。跨空间、跨时间的情感链接是最具人性与个性的“特色”，没有任何两个小镇的历史和文化完全相同。在这样的小镇里，自然与现代共存，小镇不再是一个产品而是一件作品，它充分体现独特的设计文化：根植传统文化，活用现代设计，将本色彰显到最大程度，呈现出让人向往的魅力。

特色小镇是一个完整的生态链，从根子上说，它不能是一个商业项目而应该是一个生活社区，其核心并不是“镇”，而是“人”，它的文化核心是构建和谐的社区邻里关系，营造人与人之间的温情关系。

特色小镇是产业的，也是文化的，也是生态的，说到底是生活的，它不该是一个商业气息浓郁的旅游区，也不该是一个冷冰冰的特色产业区，应该是一个以人为本、和谐融洽、人情温暖的生活社区。在产业和旅游功能之外，特色小镇一个突出功能应该是社区。在这个社区里，人们以一种安心稳定的生活方式生存，过着生态美、功能全、生活慢、人情暖、体验足的诗意生活。社区有旅游，但少了旅游区的喧嚣和混乱；社区有产业，但比产业园区生活的气息更为浓郁。重视社区文化的构建，重视人情的构建与人性的构建，重视人与人之间关系的构建，重视社区功能的营造：造境、造心、造人、造失去的邻里关系，社区因此有了人的温度，存在的温度和生活的温度。我们希望，全新的“特色小镇”是一种新的发展模式，新的生活空间，新的社会理念与社会实践，而不是从一开始就变异为一个有待日后彻底修正的、毫无生活气息的、冷冰冰的产业体和商业体。

特色小镇的产业定位是在特色小镇的建设过程中，对自身现有的资源的认识、分析、归纳与总结，从而提出未来的发展可能，确定特色小镇以某种产业为主导，指明发展方向。精准的产业定位有助于产业的发展、产品的开发、满足客户的需求，进而赢得市场。

一个特色小镇的打造，不是无中生有，而是要以当地产业为基础，市场为主导，资源的整合集聚，从而为这一产业做大做强，产生上升动力。特色小镇如何定位？可以从以下两种主要定位法出发，来确定自己的产业发展方向。自身特色定位法通过分析自身现有的某种产业特征、资源特色、市场的占有率、和同类竞争优势，整合产业上下链，形成完整产业链。社会需求定位法通过分析社会当下及未来的需求，结合自身的地理位置，人才资源，布局资源型产业、需求型产业前瞻型产业。例如，新能源是全球性话题，未来趋势。有产业、市场等基础的地区，可以整合布局。

所谓定位，就是主体依据外部客体的要求科学合理地确立自身位置的行为与过程。由此推导，产业指向的特色小镇定位，从其基本内涵来看，是指特色小镇这个主体在建设发展过程中，为适应、推动乃至引领产业这个外部客体的发展，科学且合理地确立自身的经济命脉、对外形象、总体功能等位置选择的综合行为。

事实上，产业指向的特色小镇定位对其建设发展乃至兴衰成败都具有决定性的意义。这将关系到能否科学合理地把握好特色小镇自己的经济命脉——经济来源、经济动力、经济质量效益、经济数量规模等——关系到特色小镇的对外形象，关系到特色小镇功能的选定，以及为达成这些建设发展目标所必需配套制定并实施的有关方针政策等。

如何进行定位有所阐述：一是自身优势特点定位法，即主要考虑自身的优势和特点，并把这种优势和特点凸显出来。二是社会需求定位法，即以社会需求为导向，强调迎合社会需求，而不拘泥于自身现有的条件。三是自身优势和社会需求综合定位法。

基于以上提出三种有利于实现特色小镇之创建与产业发展之双赢的特

色小镇定位法。

（1）小镇自身禀赋特色优势定位法——这是产业指向的特色小镇定位的基础与前提。特色小镇为培育发展产业而进行的定位，必须首先是建立在特色小镇自身的资源禀赋之上的，这种资源既包括自然资源，也包括人文资源。离开特色小镇自身资源禀赋而实施的定位是“空中楼阁”，没有根基，难以牢固。从产业指向来分析，“空降产业”下培育发展的产业，难以存活，更难以壮大。然而，现代产业特别是高新技术产业，对每一个区域而言，难道不都是崭新的吗？不，别忘了，绝大多数地区已经为迎接现代产业包括高新技术产业以及新兴产业的到来做了好多年的各方面准备。要发展现代产业，至少在教育、科技、人才等方面是必须时刻准备着的。

（2）基于社会需求、市场需求以及小镇自身发展需求定位法——这是产业指向的特色小镇定位的延伸与拓展。如果产业指向的特色小镇定位只能一直甚至永远是基于自身资源禀赋而进行，产城融合的结果必定无法长期发展。原因很简单，特色小镇要发展、要提升，必然相应会对产业的更新换代发展提出要求。这决定了单纯依靠自身资源禀赋而生长的产业是绝对满足不了这一发展要求的。现实而合理的情形是，传统产业转型升级、新兴产业培育壮大，从而使得产镇融合在更高层面上实现有机统一，相辅相成、交相辉映。特色小镇形成发展本身有阶段性，注定了产业培育发展也一定有阶段性，基于资源禀赋还是发展需求决定特色小镇的定位，实际上就是一个硬币的两面，互为依托，相互支撑。

（3）小镇资源禀赋与各类发展需求相结合的定位法——从最简化的角度，可以认为有这样三种产业划分：资源型产业、需求型产业、前瞻型产业。资源型产业可以细分为矿产资源型、旅游资源型、人文资源型等，需求型产业可以细分为餐饮需求型、娱乐需求型、服务需求型等。因此，特色小镇的定位必须是综合的，既考虑资源，又考虑需求；既考虑当下，又考虑长远；既考虑经济，又考虑生态。如此产业指向的特色小镇定位才是科学合理的，才可能是可持续发展的。

产业形态定位要精准。产业定位精准，特色鲜明，战略新兴产业、传统产业、现代农业等都是特色小镇建设的产业选择范围。产业要向做特、做精、做强发展，产业链要素集聚度要高；充分利用“互联网＋”等新兴手段，推动产业链向研发、营销延伸。

空间布局定位要协调。空间布局与周边自然环境要相互协调，整体格局和风貌要总体协调，土地利用要集约，小镇建设与产业发展要步调一致；同时，美丽乡村建设定位要突出。充分依托与利用资源、气候、地缘、人文等方面的优势，打造具有浓郁特色的现代农业小镇、商贸小镇、生态小镇和旅游小镇，并以特色小城镇为依托，发展特色文化、特色经济，开创特色发展之路。

文化定位要辨识度高。文化定位要彰显传统文化、地域特色和富有较高的辨识度。传统文化得到充分挖掘、整理、记录，历史文化遗存得到良好保护和利用，非物质文化遗产活态传承。形成独特的文化标识，要与产业融合发展，优秀传统文化在经济发展和社会管理中得到充分弘扬。

体制机制定位要创新先行。发展理念有创新，经济发展模式有创新。规划建设管理有创新，鼓励总体协调，建设规划与土地利用规划协同，社会管理服务要力求创新。省、市、县支持政策要“垂直”创新。创新体制机制，促进小镇健康发展，激发内生动力。

功能定位要协同发展。城市化将从过去中心大城市建设的“单核”模式向“中心城区+特色小镇”的“双核”或“多核”发展模式过渡。其中特色各异的“特色小镇”，大多属于城乡接合部和新城新区，发展活力最强的区域。拥有产业发展功能的独特优势，以产业发展带动特色小镇建设的开发模式，体现产业和城镇协调发展、双向融合的理念，其形成路径是通过产业园区化—园区城镇化—城镇现代化—产城一体化，实现产业与城镇的匹配和融合发展。实现是“以产带城，以城促产”的产城融合模式，即“产业、生产、服务、消费”等“多点支撑”的特色小镇发展模式。形成多功能协同的公共服务设施完善、服务质量高，教育、医疗、文化、商业等服务覆盖小镇全域，甚至对周边要有带动和辐射作用。

立足这两年特色小镇的发展状况，2018 年特色小镇的发展趋势或将会出现以下几大变化：首先，特色小镇的产品线将更加清晰。经过 2017 年的产业发展趋势分析及产品模型研究，特色小镇建设始终坚持产业先导原则已成为业内共识，而产业的发展前景和特色性直接决定了未来小镇的活力。所以，选择特色小镇的战略发展方向是产业研究的核心。经过一年的探索实践，特色小镇的产品线已逐渐明朗，具备行业前瞻性的开发商已抢先发布自己的小镇发展白皮书，为抢占特色小镇高地绘制了宏观发展蓝图。根据我们的行业观察及深度研究，我们认为无论未来小镇开发主体如何变化，特色小镇将围绕以下几个最有前景的产业方向进行突破：

（1）以康养为主要产业的康养特色小镇。

（2）以生态农业为主要产业的田园特色小镇。

（3）以体育运动为主要产业的体育特色小镇。

（4）以教育为主要产业的教育特色小镇。

（5）以文化旅游为主要产业的特色旅游小镇。

（6）以高科技研发为主要产业的特色科技小镇。

综上所述，特色小镇未来将围绕健康、旅游、体育、文化、农业、高科技等几个主要产业方向发展。

二、优势产业在特色小镇培育中的主导作用

优势产业是特色小镇建设的重要支撑和集中体现。按照帕森斯的结构功能主义视角来看，特色小镇建设离不开四大系统的支撑，即以创新要素为核心的产业支撑系统，以目标建构为核心的政策导向系统，以共建共享为核心的社会支持系统，以精神铸魂为核心的文化引领系统。在这四大系统中，产业支撑系统，毋庸置疑是占据核心主导地位的。以产立镇、以产带镇、以产兴镇，实现产镇统筹和协调发展，促进特色小镇从资源、到产业、到经济的融合发展，为特色小镇建设提供源源不竭的动力和支撑。

1. 优势产业是特色小镇发展的主引擎

挖掘、扶持并培育优势产业，是特色小镇建设的根本性问题和关键性目标。要准确分析区域资源禀赋和区块产业特征，科学研判区域社会需求和小镇发展要求，明确特色小镇优势产业培育的方向和重点，差异定位、细分领域、错位发展，在智能制造、高端农业、旅游文创和新能源、新材料、新科技等方面都要有所布局。要通过发展特色产业，培育创业创新主体，充分发挥特色小镇在区位、资源、经济、市场、技术等方面的比较优势，加速科技创新，加大技改投入，大力发展辐射带动力高的龙头企业，打造市场竞争力强的拳头产品，并努力提高专业化、规模化、品牌化和集约化水平，培育具有鲜明区域特色的支柱产业和特色品牌，以优势产业提升特色小镇的核心竞争力。要突出优势产业在拉动有效投资、促进就业转移、提高人均收入和统筹区域、统筹城乡发展等多方“溢出效应”，为特色

小镇的裂变发展提供强劲动力。

2. 优势产业是要素科学集聚的耦合器

特色小镇的“特”，同样来源于各类生产要素的科学集聚。优势产业成为要素集聚配置的根本力量和重要途径。要聚焦优势产业，充分发挥、放大优势产业的虹吸效应，增强特色小镇对要素集聚优化配置的吸引力和带动力。要充分发挥特色小镇在连接城市、农村和融合一、二、三产业的桥梁和纽带作用，发挥土地费用、投资门槛、交易成本、落户条件和生活成本较低等诸多优势，谋划实施一批创新能力强、比较收益高、辐射范围广的优势产业和特色项目，耦合资本、人才、科技、管理、营销等高端生产要素，做大做强特色小镇产业支柱。要完善特色小镇的基础设施，优化政策环境，强化功能载体，通过就地、近程和远程等多种方式，加速要素科学聚集，优化要素协同合作，改善公共服务功能，促进特色产业发展和产业集群的形成，打造加速特色小镇发展的经济磁场和集聚高地。

3. 优势产业是加速转型升级的动力源

特色小镇的“特”，更来源于区域整体提速换挡和经济转型升级。当前，要解决一些地区、一些领域发展的不平衡、不充分等问题，依托优势产业，建设特色小镇是途径之一。

要遵循创新、协调、绿色、开放、共享的新发展理念，以科技进步为支撑，以科技创新为动力，全面改造升级传统产业，做特做精做强新兴产业，实现“产、城、人、文”功能融合，达到经济、社会、文化和生态效益的有机统一，防范和杜绝一些地方在特色小镇建设中重“形”轻“魂”、急于求成而导致的“形象工程”和“房地产化”倾向。要在充分发挥市场无形之手决定性作用的同时，更好地发挥政府有形之手的作用，积极引导、鼓励和支持企业充分发挥好自身的竞争优势和主体作用，根据不断发展变化的市场经济环境，及时调整优化特色产业发展的战略；同时，完善政府的领路人角色，加强政策扶持和顶层设计，厘清特色小镇的“政策边界”，打造良好的发展生态和精神体系，为特色小镇发展和区域转型升级打造强劲动力源。

三、特色小镇的特色产业的选择

特色产业是特色小镇发展的重要支撑，要经历科学选择、合理规划、核心培育，再到集群辐射，最终提升到产业品牌的发展路径。针对产业的选择有四大要求，第一要符合未来发展趋势；第二要接近于市场；第三是关联性强；第四是易于形成规模化的结构。

产业选择——科学论证进行选择，重在尊重现实基础、尊重市场需求；

产业规划——把握产业发展战略，重在空间布局规划、分阶段发展目标；

产业培育——发展壮大核心支撑，重在龙头企业的招商和培育、产业链的打造；

产业集群——强化产业辐射带动，重在围绕特色产业“补链补强”；

产业品牌——增强特色城镇竞争力，重在产业文化和整体形象。

定位“特色”产业。特色小镇的“特色”产业发展首先要做好产业的选择工作，目前全国各地“有条件要上，没有条件创造条件也要上”的乱象普遍，很有可能产生恶性竞争。因此在产业选择方面，各级政府应以客观的眼光尊重本地发展现状和市场需求；以敏锐的眼光和科学的思维把握产业发展前景；以超前的眼光突破传统深化产业的选择、培育与导入改革，加强创新驱动，促进特色产业领先发展。

在城市主导产业选择基准理论的基础上，笔者结合市场与科学机制，提出了以 6 大原则引导的多层指标选择体系。

（1）特色产业的六大选择原则。

适应原则——要与小镇发展相适应，做到因地制宜、适应市场；

特色原则——特色要明显，优势要突出；

关联原则——产业关联度要大，经济带动性要强；

创新原则——创新能力要强，技术进步要快；

生态原则——要平衡产业发展与环境保护的关系；

需求原则——产业的现实市场需求要大，未来需求潜力可观。

（2）特色产业的七大选择指标体系。

根据以上六大原则，我们从产业本身发展层面及外部市场导向层面，给出了特色产业选择的七大指标体系——产业发展基础、产业关联度、技术创新性、产业特色性、产业环境影响、市场需求、外部支撑。整体采用专家评分法与客观数据赋分法，最终通过加权计算，选取得分最高的产业为特色产业。

现在没有固定的指标。但不会像“撒胡椒面儿”一样先设定每个省的固定指标，而是根据实际情况因地制宜，根据小镇的特点，符合条件的就可以多给，不符合条件的一个没有也有可能。总之，特色小镇是个“奢侈品”，不是什么地方都可以建的，还要看当地的禀赋。当然，一定要有产业基础才可以。

四、特色小镇产业选择机制与模式

由此，在我们研究看来，特色小镇产业选择既是一个空间问题，又是一个时间问题。从产业落地、转移与替代的空间布局角度来看，特色小镇产业选择模式概括有三种类型：本土培育型、外来移植型、内外结合型。从产业兴起、发展与演化的时间序列角度来看，特色小镇产业选择模式概括有四种类型：自然生成型（先天型）、地区资源长期依赖型、转型升级型（后天型）、没落淘汰型。相应地，特色小镇的产业选择可以积极建立健全以下三大机制：

特色小镇产业选择科学且准确的保障机制。其目的十分明确，就是为了确保所选择的产业是能够更加合乎所需的、更加立得住脚的、更准确的。否则，如果选定的产业都不是这个特色小镇需要的“那盘菜”，岂不是要落得无米下锅？各个产业是具有水土性的，与当地功能不相适应的产业，轻则水土不服，重则一蹶不振。这一机制的关键就是要建立健全能够深入细致研究并准确把握特色小镇基本区情的相关职能部门与规章制度。

特色小镇产业选择行为理性化的约束机制。其目的是使得产业选择时能够更多依靠科学决策而不是拍脑袋、拍胸脯，必须更加理性。选择产业绝对不能操之过急、仓促拍板，特别是不能头脑发热、好大喜功。如，看到外地某个产业开始红火，不问青红皂白就要模仿外地。这种不理性的冒进盲动式产业选择病，恰是特色小镇产业选择之大忌。关键就是要建立健全产业选择的科学决策程序与相关制度。

特色小镇产业选择与时俱进的创新机制。产业选择不是“一棍子买卖”，也不可能“毕其功于一役”，必须随着特色小镇自身以及时代、社会的变化发展而发展。这就需要创新，要在产业选择中更加明智。说到底，特色小镇产业选择既是一门科学，又是一门艺术。科学是讲理性的，当然也讲创新，但相较而言，艺术则更讲创造。如果特色小镇产业选择仅仅讲科学、讲理性，产业的发展当然基本上不会出现什么偏差，但也很可能产业发展只是中规中矩，难以对当地经济作出突破式贡献。只有同时结合智慧、创造乃至远见，所选择的产业才有可能推动当地经济发展的质的飞跃。所以，这一机制的关键就是打好促进特色小镇的产业实现转型升级发展的政策组合拳，以及加快建设适应市场经济制度化、法制化要求的现代化产业经济治理体系。

虽然当前国家推行的“特色小镇”建设，赋予了传统产业转型、新兴产业培育等重任，但“特色小镇”仍然需要回归到现代城镇体系，唯有此，“特色小镇”才有生命力和竞争力。在如今房地产业两极分化、三四线城市房地产业“去库存”的背景下，以房地产企业主导的“特色小镇”建设非但不可行，而且势必会导致房地产库存增加，只有小镇产业发展的特色化，才能使“特色小镇”可持续发展。

第二节　特色小镇的核心是产业运营

特色小镇的特色产业发展第一要做好产业的选择，各级政府应尊重本地发展现状和市场需求，加强创新驱动，促进特色产业领先发展。第二是产业规划，第三是进行产业导入与培育，既要导入又要培育。

在特色产业的培育中，应用集中突破的产业链思维，用一个核心产品带动产业链结构，由人才、技术、资金、开发、信息等资源的导入，培育研发、生产、应用等全产业链体系，构成规模优势产业。因此在资源体系的导入架构中，人才资源、技术资源、信息资源、开发资源、营销资源的导入是我们做孵化器的核心。

一、“特色”产业的培育

“集中突破”是特色产业发展的关键。小镇的特色产业选定之后，就要遵循特色小镇的培育要求，将主导产业做精做强。先采取“集中”策略，重点突破，将战略的注意力集中于产业链思维上，挖掘深加工潜力，延伸产业链条，把特色产业逐步做精做强，发展产业的核心优势。

“规模优势”是特色产业稳定发展的保障。规模效益是在产业发展基础上，全面提高“低成本生产优势”和“低成本运作优势”，在产业研究、产业应用、产业服务、产业营销方面形成集群发展，在市场竞争中形成规模优势，保持竞争优势，获得持续稳定的发展。

“集中突破”的产业链发展思维。特色产业的产业链可以比作特色小镇的线形核心，核心的重点在于产业主体项目的培育，像栽培树木一样，做到“选得准”，重点突击，保障“立得住”“长得大”。“选得准”就是要符合产业的整体发展战略，找到最适合的项目/企业种子；“立得住”就是要重点培护，保证龙头项目/企业能够在小镇扎根，做到本土化运营；“长得大”就是要最优化成长，能辐射带动新枝，也具备良好的可持续发展效益。

产业核心产业链的完善发展，就要梳理产业链思维，强化产业链配套，营造良好的产业生态。

“规模优势”的产业集群发展思维

特色小镇的产业集聚不同于区域产业集聚1.0和2.0，是要形成一个在核心产业支撑下的融研发创新、文化创意、成果转换、体验应用于一体的全方位立体化特色产业生态系统。一是横纵联合，特色产业的规模发展优势除了自身“纵向”产业链的壮大完善外，还要在“横向”完成资金、人才、科技、信息等高端要素的集聚，挖掘历史人文要素的集聚，充分体现特色小镇的创新导向，推动经济要素与人文历史要素的高度契合，融合产业链和创新链于一体，构建良好的产业生态圈，增强区域内生发展动力，从而保证特色小镇的特色化、创新化和可持续性发展。二是内外合力，特色小镇的产业发展不同于产业园区，更具有开放性和系统性。一方面对外通过与创新网络的连接，可以将最新的产业创新信息、新业态、新商业模式甚至创新人才源源不断地引进到特色小镇来，推动产业生态圈的实现。另一方面，对内通过协同机制推进特色产业创新战略平台的建设，不断完善特色小镇企业主体的创新合作交流机制，促进信息和成果的互通共享。通过内外合力推动产业生态系统的创新增长极。

通过横纵联合、内外合力，推动特色产业集聚生态圈的形成，进而将实现特色小镇产业功能、创新功能、生态功能、文化功能、旅游功能和现代社区功能的有机融合。

二、“特色”产业的导入

产业是特色小城镇的“魂”。对于如何“产业建镇”，这要分两方面来说。一是本身就有产业基础的小城镇，就像浙江省的很多已具备产业形态的特色小城镇，应继续完善相关配套建设，形成产业集群；二是没有产业基础的小城镇。这类小城镇是发展的难点，未来怎么样把产业导入没有产业基础的小城镇才是核心。

如何导入产业？也就是如何使产业落地。2016 年 12 月，国家发改委、国家开发银行、中国光大银行、中国企业联合会、中国企业家协会、中国城镇化促进会拟组织实施美丽特色小城镇建设“千企千镇工程”。希望镇企“结对子”，从区域要素禀赋和比较优势出发，培育壮大休闲旅游、商贸物流、信息产业、智能制造、科技教育、民俗文化传承等特色优势主导产业，探索以厂兴城、以城带厂、厂城融合的特色小城镇发展新模式。未来，我们希望通过 3—5 年的努力，培育 1000 个“产、城、人、文”融合发展的美丽特色小城镇。

如何导入特色小镇的核心产业是一大关键问题。例如，众多房企涌入特色小镇领域，如何找到自己的特色至关重要。除了最基本的市场调研之外，企业在挖掘本土地域特色和民俗文化的基础上，也要从多年的开发经验中提炼出自己的核心产业系统，进而提升到战略层面进行全国复制。

任何的特色小镇项目，势必会涉及很多农地和流转的土地问题。在整个特色小镇开发过程中，企业需要把政府当作开发团队的一员。政府、村集体、企业三方成立合营公司，多方控股，形成利益共同体，带动整个区域的发展、人员需求氛围的形成。企业、政府、百姓都要努力扮演好自己的角色。企业重点着手产业导入、前期的会员整合，市场的运营和资源整合等任务。政府则要更加注重基础建设问题，村民合理统筹问题，上下级沟通问题，并且在一定程度上给予充分的经济政策支持。同时，老百姓更需要充分认可特色小镇。企业、政府、百姓共同发力才能建设好特色小镇项目。

对于特色小城镇“特色”这方面。“千镇一面”是要避免出现的问题，同时，还要避免特色小镇的房地产化。为了正确引导美丽特色小城镇有序发展，我们成立了中城特色小镇规划研究院，帮助小城镇依托当地禀赋，形成“千镇千面”“一企一镇”的格局。另外，文旅小镇目前太多了，不应再大力推广。而且，文旅小镇门槛较低，是个小城镇都可以做“文旅”，但是，文旅小镇投资周期较长，资金回报率也比较低，风险很大。目前全国那么多文旅小镇，又有几个做成了古北水镇和乌镇。因此，未来特色小城镇的发展出路还是在产业结合上。

如何培育小镇产城融合，我们与国家发改委一起建立了信息服务平台。运用云计算、大数据等信息技术手段，打造了“一网两库三平台”，即“千企千镇服务网”、开发企业产业转移及转型升级数据库和全国特色小（城）镇数据库，以及三个资金服务平台为推动企业等社会资本与特色小（城）镇对接提供基础支撑。通过信息服务平台组织企业与镇线上线下合作，由他们自愿“结对子”，企业可以根据自身经营方向，优选最佳合作城镇，城镇也可发挥资源优势，吸引企业落户，实现供需对接、双向选择，共同打造镇企合作品牌。

另外，对于入了我们“两库”的企业与小城镇，我们将采取“以投代奖”的方式培育小镇建设。当然，“入库”也需要审核。企业与城镇要自愿向“千企千镇工程”办公室和“千企千镇服务网”提交项目入库信息：企业提交本企业拟投资特色小城镇项目情况、本企业基本情况（资质、经营范围、综合实力、财务信息），并保证信息的真实性；小城镇提交本镇的基本情况（地理位置、交通、人口、面积、总产值等指标）、拟建设的特色小城镇项目情况（总体规划、土地资源、支柱产业、传统工艺、文化资源、历史名人等独特资源以及当地政府支持特色小镇建设的优惠政策等）。然后，等千企千镇工程办公室负责对申报入库资料进行审查核实后，就可以得到免费的服务。其实，具体申报流程我们已经在千企千镇网上发布了实施导则。通过审核入库的企业（小城镇）可以通过千企千镇网结成“对子”，经过充分接洽、考察，协商一致，并由千企千镇工程办公室组织专家对合作项目进行充分论证后，双方正式签订合作协议。合作协议报千企千镇工程办公室备案后，该项目就正式纳入“千企千镇工程”培育计划。

列入“千企千镇工程”培育计划后，便可得到由国家开发银行、中国光大银行提供的融资服务。另外，在合作项目完成投资并正式投入运营后，由千企千镇工程办公室组织专家召开评估论证会，对特色小镇创建提出评估报告。对评估合格项目，确定为“千企千镇工程示范小镇”，并授牌。

这个问题应该不存在。各部门出台政策出发点都是好的，都是希望引导各地方因地制宜，循序渐进地建设特色小城镇。符合体育小镇产业的做体育小镇，符合林业的做林业小镇。但是特色小城镇绝对不是搞房地产。

另外，各部委之间也是有沟通交流的。我们跟国家发改委、国家开发银行、光大银行有一个部委联席办公室，住建部也会参加，各部门坐下来一起讨论解决城镇化的问题。

其实，在培育特色小城镇方面，国家发改委系统与住建部是有些差异的。住建部的侧重点是建制镇，建设范围较大，有的达 100 多平方千米，另外，建制镇投资也很大。而我们是倾向培育 3～5 平方千米的非建制镇。另外，对于特色小城镇住建部施行“挂牌”，而发改委系统不采取“挂牌”模式。

最后，特色小城镇一定是要“宜居宜业”，不能是有了产业就没了生态。何为“宜居宜业”? 就是怎么让老百姓在这个小镇里面生活的更方便。因此，我们的特色小城镇一定要做到智慧的、生态的、绿色的。下一步，我们的工作也在这些方面推出特色小城镇建设标准。

毫无疑问，浙江特色小镇建设作为新常态下区域经济转型升级的一种新现象和供给侧结构性改革的重大战略举措正被越来越多的目光所关注。在经济新常态背景下，如何认识特色小镇这种经济现象在区域经济转型升级中的地位和作用，不仅对于加快特色小镇建设，而且对推进供给侧结构性改革、促进区域可持续发展都具有重要意义。尝试把特色小镇作为一种产业空间组织形式来阐述其特征、作用及建设发展中需要关注的问题。

三、“特色”产业的运行

(1) 特色产业的服务平台运营架构。特色产业发展过程中除了要发挥企业的主体作用，还要有效发挥政府的引导作用，政府要在“纵向”“横向”产业集聚的发展战略下，注重从土地空间利用、生态环境保护、服务能力提升等方面建立全方位、立体化的服务运营平台架构，从企业需求出发，匹配高效、便捷的产业服务，健全产业生态系统的发展格局，提升区域整体竞争力。

特色产业的运营服务是以招商运营（企业）为核心，融合了投融资平台运营（资金）、资源平台运营（技术）、人才服务运营（人才）、互联网服务运营（信息）等的一个多元化运营体系。

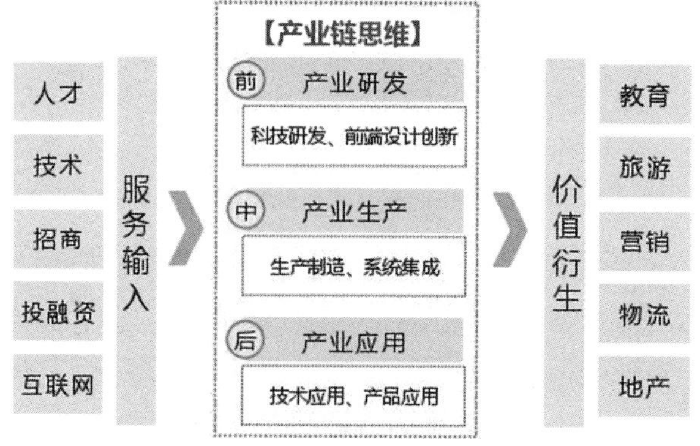

图 8—1 特色产业集聚生态圈

(2) 高品质可持续运营平台——从“引”到“留”再到“聚”。抓好招商服务平台建设。围绕特色产业的发展目标，完善政府主体、上下联动、激励推动的招商促进机制，开展全程跟踪服务。一是建立项目引入评审机制。建立由牵头政府领导、招商、发改、规划、国土、环保、财政等多部门参加的招商引资项目联合预审会议制度，并对重大项目施行专题协调会的方式解决。二是建立和完善项目促进机制。建立牵头人和各部门负责人参与的重点招商项目联席会议制度，定期召开，重点解决项目引进和实施中存在的具体问题，确保招商项目顺利落户。三是建立促进工作监督机制。目的在于通过督查对影响落地和实施的人、事进行责任追究，并对创新工作思路行为进行鼓励，确保招商项目顺利落地。

抓好投融资平台建设。依托政府、企业、金融机构的合作，通过直投基金、政府引导子基金、产业基金等方式，打造产业发展金融平台，助力特色产业的产业聚集。一方面，为需要资金支持的企业，提供方便优惠的融资渠道和金融服务，助力企业发展，推动产业落地；另一方面，扶持产业研究领域，实现产学研一体化，从技术创新的角度，推动产业的发展。

公共资源交易平台建设。确保公共资源交易公开、公平、公正，实现公共资源交易服务专业化、效益最大化，应推进特色小镇的公共资源交易平台建设。

主要包括农村产权流转（农户承包土地经营权、“四荒”使用权、农村集体经营性资产、农业生产设施设备、小型水利设施使用权、农业类知识产权等)、环境能源交易(节能减排技术等)。

人才服务平台建设。人才是特色产业发展的智慧力量,应充分发挥人才在特色产业中的支撑作用。政府应鼓励和支持搭建人才服务平台,实施“人才引领、创新驱动”的发展战略,做好人才引进、人才培养、人才服务工作。人才引进方面,可通过搭建人才引进交流大会,可与高校合作打造人才库,并出台人才引进相关政策,推进人才的“落地生根”。人才培育方面,创新人才培养模式,在特色产业的发展趋势和方向深入分析基础上,对产业发展下的人才新需求进行思考,从而针对性地对产业人才进行培养和提升。人才服务方面,各项配套和支持需同步,尤其是住房保障和福利待遇保障,可针对人才的贡献率设立人才扶持资金。

智慧服务平台艰涩。特色产业的发展过程中,需要借助科技来动态跟踪规划、投资、建设、运营情况,搭建以产业大数据为核心的智慧服务中心。利用互联网技术、大数据挖掘技术、GIS 技术搭建特色小镇网,为特色小镇规划、建设和运营提供智慧服务。

第三节 特色小镇建设重在打造特色产业及其生态

中国各地的特色小镇虽各具特色,但都有一个共性特点:有独具特色的产业,走的是产城融合模式。产业特色是小镇特色亮点的重中之重。小镇建设不能“百镇一面”。即便主攻同一产业,也要差异定位、细分领域、错位发展,不能丧失独特性。

一、特色产业的内涵及基本特征

特色产业就是要以“特”制胜的产业。特色产业是一个国家或一个地区在长期的发展过程中所积淀、成型的一种或几种特有的资源、文化、技术、管理、环境、人才等方面的优势,从而形成的具有国际、本国或本地区特色的具有核心市场竞争力的产业或产业集群。

特色产业的理想状态无疑是“产业集群”。集群本身是一种特色。聚集主要有两种模式:一是纵向型。围绕成长起来的特色产业,众多上游、中间、下游企业聚集起来,形成一个个完整的生产链;二是横向型,即同类或相似企业、产品聚集,形成专业生产、销售中心。聚集降低了企业生产成本，减少了市场的信息不对称，形成经济增长极，提升了经济竞争力；不仅带动相关产业的发展，而且增强市场机制，激发人们的创业意识，最终促进产业经济全面发展。“特色”就是“独有”，就是“区别于其他”，也就是独一无二之“魅力”。“特色”的形成不会一蹴而就，更不可能靠当权者“拍脑袋”“想当然”。“特色”的东西是历史的积淀、文化的传承，是由其赖以产生发展的特定具体环境所决定。特色就是质量，特色就是效益；人无我有是特色，人有我强是特色，人强我新是特色。要确实研究和把握本地区的“特色”优势，才能为市场提供具有特色的产品和服务。

特色产业具有以下特征：

第一，具有鲜明的地域性。特色产业通常是在特定的区域条件下形成的，如果特色产业广泛分布的话，它就不能称为“特色”。第二，具有市场导向性。特色产业的发展必须立足本地市场和外地市场，满足国内市场和开拓国际市场。第三，产品具有独特性、优质性、多样性。特色产业追求的是产品的独特品质，“人无我有”“人有我优”，追求优良的品质，产品具有多样化的特点，能够满足人们日益增长的多样化需求，这是特色产业能够发展壮大的市场基础。第四，以效益为中心。推动特色产业发展的驱动力量是对经济效益的追求，企业是为了获得更高的投资回报。第五，以创新为前提，实现产业发展领先的地位。遵循创新、协调、绿色、开放、共享的新发展理念，最终实现经济、社会、文化和生态效益的统一。

发展特色产业对特色小镇的发展具有特别重要的意义。首先，通过发展特色产业，能够充分发挥区域比较优势，形成区域化、专业化生产，以特色产业来提高特色小镇的综合竞争力。根据比较优势原则，每个特色小镇都有自身现实的或潜在的优势，要充分发挥区位、资源、经济、市场、技术等方面的比较优势，扬长避短，大力发展具有市场竞争力的特色产业、优势产品，并努力提高其市场化、专业化、集约化水平，逐步形成具有鲜明区域特色的主导产品和支柱产业。其次是有利于居民增收。特色产业及其产品特色明显，市场竞争力较强，其快速发展有利于增加当地居民的收入，并且，发展特色产业拓展了新的就业空间，也为居民增收创造了环境和条件。最后，通过发展特色产业，能够明显增强特色小镇吸纳周边农村剩余劳动力就业的能力，带动农村发展。特色小镇的“溢出效应”大。特色小镇不是一个行政区划，而是一个集聚平台、发展载体。特色小镇特色产业的发展，不仅能够为特色小镇经济社会的发展奠定基础，促进经济转型升级，同时还能带来有效的投资增长、促进城乡一体化、推动改革创新迈向纵深等多项“溢出效应”。

特色小镇的特色产业与产业新城不同。产业新城是新型城镇化背景下，以人为核心、以产业发展为基石、以“产城融合”为标志的城市发展创新模式和人本的城市开发哲学，为中国的新型城镇化提供了可资借鉴的模式样本。当然，产业新城与特色小镇是两种不同的空间概念，所解决的问题也不尽相同。顾名思义，与小镇不同，产业新城规模则要大得多，其实际上是相对独立于主城区，具备容纳大规模城市移民的新城市。很多产业新城动辄数十乃至数百平方千米，规划面积甚至远远大于中心城市建成区面积。

首先，规模不同决定了两者在城市格局中扮演的角色并不相同。例如杭州的千岛湖畔的啤酒小镇，3 平方千米的面积囊括了啤酒体验馆、千啤大街、啤酒花园、啤酒文化长廊等，足以形成啤酒文化的完整体验。其次，产业构成不同决定了城市经济格局中战略地位的不同。特色小镇以某个细分领域的特色产业为支柱，向产业链纵向上下游两端延伸。比如浙江就明确提出，每个特色小镇都要锁定信息经济、环保、旅游、慈善、金融、高端装备等七大新产业以及茶叶、丝绸、黄酒、中药、木雕、根雕、石刻等历史经典产业中的一个产业，主攻最有基础、最有优势的特色产业的建设。而产业新城基于空间、规模和人口的承载能力，决定了其产业结构不能单一，要具备多重支撑体系。比如固安产业新城目前已逐步构建了以航空航天、生物医药、文化创意、高端装备制造、新材料、电子商务、节能环保等 12 大重点产业的产业平台生态系统。因为产业构成方式的不同，特色小镇无法脱离中心城市而独立存在，其主要目的是分散中心城区功能，提升产业层级。

此外，产业塑造模式不同决定了两者产业类别亦不尽相同。基于产业构成方式的不同，产业新城的支撑体系往往锁定在资本密集型、技术密集型的前瞻性产业以保持中长周期的竞争力。

尽管产业新城与特色小镇的功能、角色、定位不尽相同，但其开发和运营的理念却如出一脉：全要素生产率、消费结构与要素价格相平衡，新增生产力与消费力所需的空间与城市扩张的速度相对应，城市功能与要素禀赋相适应，即所谓众所周知的产城融合。这是中国新型城镇化的必然要求，也是对土地城镇化历史的纠偏。

二、发展特色产业与打造特色产业

小镇只有1平方千米的建设用地，产业过于分散，肯定形成不了特色。在打造产业特色过程中，要着眼长远，聚焦前沿技术、新兴业态、高端装备和先进制造，突出科技含量、高新技术的比重、高端制造业的高端水平上。如高端装备制造业小镇，要把新材料、新能源、机器人、智能装备、航空航天等作为重点；健康小镇，要把生物医药、大型建设医疗设备领域等作为重点；环保小镇，要把能源环保作为重点。只有这样，才能在引领转型升级上作出示范。

综上，积极推进特色小镇，必须发展特色产业。在实践中应重点做到以下方面：

树立产业立镇意识。在经济发展新常态下，必须转变观念，摈弃单纯的GDP观念，全面树立特色产业发展观，树立绿色意识、市场意识、质量意识、品牌意识。产业定位要精准，特色要鲜明，产业向做特、做精、做强发展，新兴产业成长快，传统产业改造升级效果明显，充分利用“互联网+”等新兴手段，推动产业链向研发、营销延伸。产业发展环境良好，产业、投资、人才、服务等要素集聚度较高。

选择和培植有小镇特色的主导产品和支柱产业。主导产品往往是一个小镇特色产业最基本的要素和标志。要立足资源优势，突出小镇区域的特色，因地制宜地发展具有明显优势的特色产业，形成规模，创出品牌，进而发展成为支柱产业。

充分发挥龙头企业的作用。龙头企业要延长产业链条，不断推动特色产业结构升级；要注重企业核心业务与小镇发展相结合的创新生态系统构建，如西湖云栖小镇，以云计算为科技核心，以阿里云计算为龙头，拟打造一个富于科技人文特色的云计算产业生态小镇；要特别注意特色产业培育建设和运行中各方面利益的衔接。

依靠科技创新发展特色产业。特色产业之所以“特”，不仅在于产业的地域特色，更重要的是产业自身的“质”要有特色，而这在很大程度上取决于科技含量的高低和科技创新力度的大小。因此，发展特色产业必须要以科技进步为支撑、以科技创新为动力。要加快对技术人才的培训，真正提高劳动者的素质。

充分发挥市场的决定性作用和更好发挥政府作用。特色产业是一个相对动态的概念，随着国内外经济和社会条件的变化，特色产业发展的外部环境条件也将发生变化，从而也会对特色产业提出新的更高的要求。因此，在市场经济条件下，只有适应这种产业发展环境的客观变化，不断调整特色产业发展的战略，才能保证小镇经济发展的持续性。否则，小镇特色经济的发展就可能成为“昙花一现”。同时，政府的大力引导和支持是小镇特色产业发展的重要保证。在当前全面深化改革的关键时刻，特色小镇成为各项改革创新的“试验田”，政府要做好“制度供给”。在特色小镇的培育过程中，政府要进一步厘清与市场的边界，既要积极规范引导地方做法，做好政务生态系统、创业创新生态系统、自然生态系统和社会生态系统的打造，又要充分发挥企业在特色小镇建设过程中市场主体的作用，不要大包大揽，更不要越俎代庖。

警惕“政绩小镇”和“房地产化”。要抑制人为造“镇”的冲动。近两年，特色小镇建设发展快速，但也存在着有些地方打造“政绩小镇”、重“形”轻“魂”，急于求成、流于“任务工程”“形象工程”，行政干预不当、阻碍市场主体发展等问题，导致特色小镇特色不足。必须遵循规律，有重点、有特色地发展，不能一哄而上。同时，有的特色小镇建设中有“房地产化”的倾向，对此也必须加以防范。

围绕“时尚”谋划特色产业。（1）时尚设计产业。鹿城可依托深厚的文化底蕴、中心城区的区位优势和人才优势，围绕打造“设计之区”目标，积极吸引服装、鞋革等服饰设计，家装、景观等装修景观设计，美容美发等个人形象设计，广告、VI等营销设计以及工业设计、城市设计、软件设计、品牌设计等设计产业要素集聚，培育和引进一批设计企业、设计工作室和设计人才，形成区域性的设计产业中心。（2）教育培训产业。在巩固和发展现有的儿童早教产业的基础上，主要引进和培育网络经济培训，如跨境电商培训、淘宝大学；专业英语培训，如新东方、老罗英语等雅思、托福英语培训；管理咨询培训，如企业管理、物流管理、营销管理等培训产业，巩固和发展鹿城在温州的“知识中心”地位。（3）文化传媒产业。重点引进和培训出版、图书、影视、广告、模特、策划、咨询、艺术品鉴赏交易等企业和工作室。

围绕“信息经济”谋划特色产业。发展信息经济、网络经济已成为浙江省、温州市的重大发展战略，鹿城区可将以下几个产业作为“特色小镇”的主导产业。①软件和信息服务业。鹿城是温州软件产业的核心，但与杭州等先进地区相比差距较大。依托传统产业转型升级、网络经济一号新产业发展，重点引进培育发展行业应用软件开发、工业软件、智慧城市软件等，满足温州主导产业“机器换人”和自动化提升的需求。②云计算和大数据业。积极追踪杭州等先进城市做法，依托政务云、健康云、商务云、媒体云、教育云的应用开发，以市场为卖点，吸引一批外地云计算、大数据服务商，培育一批本土服务提供商，大力引进和培训云计算和大数据服务业。③数字内容产业。重点支持影视制作、广告制作、动漫制作、游戏制作、音乐制作等基于数字化的媒体文化产业发展。

三、小镇特色产业的核心是打造特色产业的生态

产业生态一般有前端、中端和后端，沿产业链一体化发展的，除此之外，还有人文、旅游等其他功能要素的叠加，构成一种产业的生态圈。在特色小镇建设过程中，如果还只是停留在制造环节，是不可能形成产业生态的。目前，各地不缺产业，但缺的是产业的生态，尤其缺的是特色产业的生态。在特色小镇创建培育过程中，要重视研究和探索如何打造特色产业的生态，这是摆在特色小镇建设面前的基本问题。

打造特色产业生态的关键在于推进业态创新。特色产业生态的形成，最重要的是靠什么？关键是靠业态的创新，尤其是产业业态的创新。传统制造业如果没有工业设计的业态、品牌营销的业态、智能制造的业态，没能把这些元素叠加进去，没能把这些业态创新出来，还是围绕制造环节，即使是高端的制造，也是难以形成特色产业的生态。

制造业特色小镇是产业业态创新的重中之重，需要引进创客类、设计类、研发类、品牌类、营销类等这些新兴业态，如果没有这些业态创新突破，是不可能打造特色产业生态的。那么，制造业特色小镇产业业态创新的着重点在哪里？主要抓住三个方面：抓新兴产业业态的培育和构建。这是当前的重头戏，在新兴产业特色小镇显得尤为重要。加快培育和构建“互联网＋”为核心的新产业业态是当前的重点。比如，云栖小镇依托于阿

里大数据和富士康发展大数据、云计算、移动互联网等新兴业态；“汽车小镇”发展智能汽车与车联网的业态。抓传统优势产业业态的提升和完善。传统产业转型升级的基本出路在哪里？就在业态创新上。比如把原来许多劳动密集型的轻工定义为时尚。既然定义为时尚，就需要在微笑曲线两端的工业设计、技术创新、品牌创建和网络营销等方面进行业态创新。

总体上看，制造业需要在“产品换代”“机器换人”“制造换法”“商务换型”“管理换脑”等“五换”业态上下功夫，积极探索业态创新的具体路径和方法。抓历史经典产业业态的重塑和丰富。丝绸、黄酒、中药、木雕、根雕、石刻、文房、青瓷、宝剑等产业，既然定义为历史经典产业，重在工艺的传承、文脉的延续、底蕴的挖掘，核心在于工匠精神的重新恢复和发扬光大、工艺大师和美术大师的引进和培养，同时要引入现代元素进行业态创新，与历史人文元素进行有机结合、融合发展。

打造产业生态和推进业态创新的切入点在于培育和集聚核心要素。打造特色产业的生态，推进业态创新，切入点在哪里？例如，特色小镇是破解浙江高端要素聚合度不够的重要抓手。要把推进要素结构的转型升级作为特色小镇培育发展产业特色的切入点，抓住核心要素做关键性文章，主要在四个方面取得突破：引进和培养高级人才，形成适应新型业态发展需要的人才结构。发展新兴产业业态，比如像梦想小镇、云栖小镇引进一大批创业创新人才，同样的，传统优势产业业态要实现提升和丰富，必须要突破原有人才结构，引进工业设计人才、品牌营销人才等。历史经典产业的重塑和丰富，更是需要国家级大师、世界级名家来小镇扎根耕耘。特色小镇建设要加大力度引进和培养高端的科技研发人才、高层次的管理人才、高水平的网络营销人才和高技能的工程师。加大产业有效投资，形成特色产业生态的支撑力量。新型业态需要有顺应新型业态发展的投资，引导民间资本扩大对新兴产业与高技术服务业的投资。例如要加大总部基地、创新基地、新兴产业基地等产业发展平台的投资，扩大塑造品牌、兼并重组、营销网络等市场开发平台的投资，要把它们作为特色小镇产业生态或业态创新的标志性载体来抓，抓出特色、抓出亮点。要特别重视软投入在打造产业生态中的重要作用，探索建立特色小镇软投入统计评价体系。精心谋划重大项目，形成特色小镇特色产业生态的产业基础。特色产业生态培育与发展必须落实到具体的项目中去。注重引导特色小镇加强项目载体的谋划，重点谋划建设一批产业类、业态类标志性项目，着力发展新兴产业与高技术服务业的投资建设项目。推广“互联网＋”应用，形成特色小镇特色产业业态新模式。“互联网＋”的前端是工业设计，中端是智能制造，后端是网络营销。特色小镇要利用互联网技术积极探索业态创新。实施“互联网＋”行动，推行“大数据＋云服务”，推进商业模式、产业组织模式、小镇运营管理模式创新；实施“制造业＋互联网”，发展智能制造，推进制造模式创新；实施“制造＋服务”，推进生产型制造向服务型制造转变；实施“知识＋资本＋经营＋管理”的创业创新模式，建立民营资本与新兴产业对接机制；实施“‘三名’培育试点企业＋特色小镇”，探索特色小镇投资建设和运营新模式。从经信领域特色小镇建设的初步实践来看，特色小镇建设重在打造特色产业的生态，特色产业生态的打造重点在于推进产业业态的创新，而培育和集聚核心要素是打造特色产业生态和推进业态创新的切入点。

第四节　特色小镇的产业联动发展

在当今中国新城新区开发的版图中，最火的莫过于产业新城与特色小镇了。特色小镇进入公共视野始于2014年，浙江云栖小镇首次被提及，此后经发改委、住建部反复调研，2016年，浙江特色小镇经验开始在全国推广，自此各地特色小镇建设进入了高峰期。

在当下中国经济转型的过程中，特色小镇发展的新空间的需求依然强烈，企业和人对生产和生活空间的改善与升级的需求也更加强烈，产业新城与特色小镇因为具有明显社会资本色彩为各地新区开发所追捧，因此，也就成为中国新型城镇化进程中具有标志性意义的空间形态。那么，在产业新城与特色小镇共舞的时代，它们当如何联动支撑起中国城市的未来呢？

一、五个先行是关键

时尚智造小镇、生命健康小镇先后列入浙江省级特色小镇创建名单。而市级的财富小镇、智创小镇、肯恩小镇以及一些区级特色小镇建设也正加快推进。实现特色小镇的联动，五个先行是关键。

在特色小镇建设中，特色产业是基础。特色小镇首先是一个产业平台，而且必须是特色产业平台。其次，特色小镇还应该是一个产、城、人三者融合的平台。一方面是产业基础和产业特色，另一方面是因为这些特色小镇都处于城郊接合部，这里环境优美，历史人文底蕴深厚。特色小镇建设必须要做好五个先行，即坚持规划先行、基础设施先行、环境改造先行、征地先行和招商引资先行，只有这样，特色小镇的各项工作才能比较好地展开。

特色小镇大投资年，两个省级小镇——时尚智造小镇和生命健康小镇一些项目都已经谋划成熟。时尚智造小镇设计学院、会展小村以及时尚总部三个工程正在加快全面推进。生命健康小镇已经正式引入世界顶尖的研究机构美国杰克逊实验室。

二、依托产业优势

在谈到市级特色小镇时，例如，温州肯恩小镇以“国际研学休闲”为主题，按照“政府主导、市场运作”的原则，引入国际教育交流、异国文化体验、欧美风情休闲等旅游业态，打造“一所大学，一座小镇”。瓯海智创小镇计划采取旧厂房“腾笼换鸟”改建和小微园新建方式，打造以信息经济、创意设计为主导的智慧化众创空间。瓯海财富小镇位于瓯海城市中心区，计划引入私募金融、互联网金融、创业创新金融等打造最具活力的财富驱动中枢。

事实上，瓯海不仅有省级和市级的特色小镇，区级的特色小镇也做得有声有色。据王振勇介绍，梦创小镇以茶山工业小区为核心，规划面积3.5平方千米；瓯海皮艺古镇以国际真皮大世界为小镇之“芯”，发挥真皮产业和皮艺研发等特色优势。

另外，依托温州30多年的眼镜发展历史，瓯海还在力推眼镜小镇。他们计划依托眼镜产业基础，打造产城融合、宜业宜游的国际知名眼镜小镇，争创国家级特色小镇。

三、助力经济社会发展

在谈到特色小镇对地方经济社会发展作用时，主要体现在两个方面，一是在城市建设方面，通过小镇的创建，各种基础设施、环境综合整治，包括道路、绿化、村容村貌都得到了极大的改善；二是在经济发展方面，不仅对传统产业的动能进行了修复，如通过引进信息化、智能化等新技术，实现了传统劳动密集型产业的转型升级，而且培育了新经济，如各小镇的众创空间孵化的企业大多为生命健康产业、新材料、智能制造、信息化等新兴产业企业。

对于特色小镇的未来发展，要把特色小镇做成品牌、立成标杆，实现省、市、区特色小镇三级联动，让特色小镇成为瓯海转型升级的主平台。按照“健康之芯、养生养老区、休闲配套区”三大功能设计，将生命健康小镇打造成为辐射浙南闽北的医学人才创业福地、医学成果转化阵地、学城联动合作腹地、智慧健康产业高地、生态休闲养生基地。

四、构筑良好的“产业生态位”

现有关于特色小镇的讨论，有从项目及其产业化运作切入指出要以产业链思维运作特色小镇，也有从“产城人”融合发展角度来谈论特色小镇建设的理念、路径、形态等方面的创新，还有将特色小镇建设视作城镇化道路的重要环节和突破点，等等，主要是基于如何加快推进特色小镇这一重大政策举措的落实，但对特色小镇这一经济现象的内涵、特征及其在区域产业转型升级的地位作用很少论及。其实，特色小镇在发达国家甚为常见，尤其是在欧美，特色小镇更是以其独特的产业及其深厚的历史人文底蕴显示出强大的生命力及其对整个区域经济的支撑意义。纵观许多闻名全球且以其强劲的持续发展能力而获得关注的特色小镇发展轨迹，我们可以发现，构成以产业为核心的特色小镇的重要基础是良好的产业生态系统，或者说，嵌入特定区域及其历史人文背景下的“产业生态位”是这些特色小镇核心竞争力得以持续提升的关键。产业生态位是包括产业生存、发展和演变的生态环境，它为产业演变发展提供了各种所需要的资源，进而决定了产业的成长机制、组织形式、核心竞争力和可持续发展能力。产业生态位决定了资源要素甚至产业性质的差异，是产业间共生互补或竞争关系的基础前提。即正是产业生态位决定了特色小镇的产业“特色”，欧美国家的特色小镇无一不与其相应的“产业生态位”紧密相关。浙江特色小镇建设，是基于推动产业转型升级、增强区域发展新动能、引领经济新常态的战略选择，但从本质上说，则是顺应浙江区域经济发展阶段演变、重构产业生态位、优化区域产业生态系统的内在要求。

如果我们将改革开放初期浙江各地以传统特色产业为基础形成的块状经济视作区域产业集聚的1.0，将传统特色产业在区域范围内按市场机制分工协作后形成的传统产业集群视作产业集聚的2.0，那么，以特色小镇为代表的特色产业发展平台，则是在原有传统产业集群模式基础上的创新和升级，是区域产业集聚的3.0。浙江区域产业集聚1.0和2.0都是以传统劳动密集型产业为主体，其中1.0主要是同类产品生产工厂集聚的生产基地，分工协作主要局限在生产环节之间；2.0不仅是特色产业的生产基地，也是特色产业的专业市场，即是同类产品“生产＋市场”的集合体，产业集群内部既有产业内分工，也有产业间分工，融产业有序整合和空间集聚于一体，是传统经济增长模式下重要的产业空间组织形式。

而特色小镇则是集特色产业的创新、生产、销售、服务于一体的新兴产业空间组织形式，将创新、绿色、开放、人文等理念嵌入其中，通过集聚高端要素提升创新能力孕育提升特色产业，通过集聚相关企业提升产品竞争力增强有效供给能力，通过整合历史人文因素提升产业内涵优化区域发展动能，通过产业链、创新链、服务链、要素链有机融合优化产业生态位完善产业创新提升内外环境。可以说，作为一种新兴产业空间组织形式，特色小镇是块状经济、产业集群演进发展的必然结果，也是区域经济从投资驱动向创新驱动的内在要求。

值得强调的是，与传统产业集聚模式1.0和2.0相比较，特色小镇建设同样离不开市场、要素、技术等内外因素，但创新则是其核心要素。作为产业集聚模式的3.0，就是要在特色产业支撑下的小镇形成一个融文化创意、研发创新、成果转换、体验应用于一体的立体化特色产业系统，进而在小镇范围内构建起由市场主体共同参与的知识或技术的共享、共创、共进机制，进而形成企业间知识外溢、技术扩散、收益共享的创新网络，实现创新资源在小镇范围的持续循环滚动配置，进而推动小镇范围内产业的集聚发展。

金融机构介入特色小镇开发

金融机构介入特色小镇开发，除了作为资金供给方，还可根据自身特点通过以下方式盈利：

1. 产业循环收益

金融机构通过基金的方式介入相关产业的发展、项目的开发等，通过企业自身产业与小镇产业的互动，既促进小镇产业的蓬勃发展，又反哺其自身产业的进一步提升，互利互惠，共同获得溢价价值。

以中国人寿为例，中国人寿旗下的基金管理公司国寿安保基金管理有限公司与其他公司共同成立国际健康特色小镇产业基金，进行健康养老特色小镇的开发，引导健康医疗相关产业、机构入驻，从而介入健康养老产业链，把健康医疗产业投资、健康养老服务和保险结合起来推动保险主业发展，如提出通过购买年金、两全等保险产品，客户可获得养老社区入住权或优先入住权、组织保险 VIP 客户进行小镇游等，将小镇的运营与保险业务相结合，保险为小镇提供客源，而小镇给客户带来的福利增加保险业务量，同时健康医疗等相关产业在资金和客源的充分支持下良性发展，给基金投资带来良好回报。由此，因保险公司基金的导入，而打通了健康医疗产业、保险业务和小镇运营的整个环节，实现了产业循环互补。

2. 消费信托收益

消费信托从小镇开发的终端介入，将地产、酒店等的使用权、购买权、服务消费权等包装成消费信托产品出售，通过预付方式，形成由大量小额预付金构成的资金池，并获得其固定年限内的无偿使用权，再利用资金池进行投资获得收益。同时，也营销了小镇产品，促进了小镇的发展。

政府、开发商、金融机构因其介入角色的不同，在特色小镇的开发中形成了不同的盈利点和盈利模式，但只有互相携手共进，才能让特色小镇真正焕发生机，长久发展。

第九章　特色小镇的融资模式

第一节　特色小镇建设盈利模式分析

2015 年，固安产业新城作为区域整体开发的成功案例，入选国家发改委 PPP 项目库，由此大量社会资本开始超越单体项目开发，深入投入进新城新区的开发、运营、招商乃至公共服务和社会治理中，在特色小镇的开发和建设中扮演了更为重要的角色。当今，众多企业扎堆进入特色小镇开发，但许多人却对特色小镇如何盈利不甚清晰。因此，弄清特色小镇的盈利模式至关重要。特色小镇开发涉及多方，笔者将从政府、开发商、金融机构三个角度对特色小镇的盈利模式进行解析。

一、特色小镇的盈利模式

盈利模式有：①门票模式；②综合收益模式，即主要有餐饮收入、住宿收入、租金收入、演艺收入以及其他消费收入等，比如丽江古城；③产业收入模式。比如中国首个云计算产业生态小镇——西湖云栖小镇；④地产收入模式。包括度假、养老主题的公寓、别墅，以及旅游商业等；⑤资本运作模式。此种模式是最大化的降低前期投资压力、快速推进项目的方式，但首先必须做好整体策划，在此基础上引进战略投资者，最终实现上市，或者通过资本运作，实现融资和资本退出管道。比如，乌镇到 2006 年引入上市公司“中青旅”开发古镇旅游，是资本运作比较成功案例之一。

很多小镇都是上述几种盈利模式的组合，因为单一的盈利模式根本无法支撑小镇的发展。

政府是特色小镇发展的最主要推动者，特色小镇的发展不仅可以推动地方经济的快速发展升级和就业人口的聚集，也给政府带来了巨大收益。

（1）税收收入。特色产业作为特色小镇的核心，以特色产业为核心而发展聚集的产业链上下游企业将给政府带来巨大的税收收益和就业人口，从而带动地方的发展。

（2）土地溢价。特色小镇的发展成熟必将带来周边土地的溢价，政府通过土地财政可以获得大量收入。

除了这些财政收益以外，特色小镇将为地方带来更多无形的收益，如城市环境的优化、民生的改善、城市影响力的提升、产业生态圈的形成、就业增加和更多高素质人才的聚集等，这些难以用金钱衡量的社会经济环境改善，是政府大力推动特色小镇开发的重要动力。

开发商是特色小镇的开发主体，涉及小镇开发的前中后全链条，从土地整理就开始介入，往往一直延伸到小镇运营。对于开发商来说，可以从以下几点收益：

（1）政策性资金。对于旧工业区、旧城改造，政府往往有一定的政策性资金补贴和土地优惠政策，这将大大降低企业的前期投入成本。而企业在引入相关产业和项目落地小镇时，往往政府也有相应的招商奖励补贴。

（2）基础建设收益。这里主要是指土地整理和公共基础设施的工程建设收益。如华夏幸福受政府委托对小镇范围内的土地进行统一的征地、拆迁、安置、补偿，并进行适当的市政配套设施建设，变毛地为熟地后，通过政府回购，获得盈利。

（3）项目运营收益。对于开发商来说，门票、交通、租金、经营性物业的营业收入和部分产权物业的销售收入以及关联产业的收益都是其长久运营小镇的收入来源。

（4）地产收益。通过特色小镇政策获得土地是不少房地产等开发商进入特色小镇开发的原动力。通过一定程度的地产开发用地和产业用地的配比，开发商可以以短平快的地产收益平衡见效慢的产业开发支出，长短相济，长远发展。

二、特色小镇投融资发展

1. 创新特色小镇建设投融资机制

建立特色小镇产业投资基金来吸引民间投资。①对小镇产业投资资金实行统一调度、有偿使用、保值增值。这样能在一定程度上缓解小镇建设资金压力。②发行特色小镇企业债券、项目收益债券、专项债券或集合债券等各类债权融资工具用于特色小镇公用设施项目建设。③银行信贷融资。加强银政、银建合作，积极开展城建金融创新。银行提供小城镇专项贷款产品，根据小城镇建设投资主体和项目特点，因地制宜提供债券融资、股权投资、基金、信托、融资租赁、保险资金等综合融资服务。④政府应该加大金融政策倾斜力度，鼓励金融机构积极支持小城镇建设。小镇建设要积极创造适合贷款要求的条件，采取多种形式和途径，主动配合金融机构特别是国有商业银行，以获取金融机构对小镇建设的贷款支持。⑤在特色小镇建设过程中采用 PPP 模式，政府和社会资本通过相应的合同，对投资、建设过程中的相关责任进行明确划分，这有利降低和分散风险，提高特色小镇建设的效率和效益。

2. 改善投融资制度环境

地方政府要完善担保体系，建立风险补偿机制，改善当地金融生态环境。同时，政府要通过制定政策，进行制度创新，积极引导建设资金；转变观念，科学管理用活资金；转变思想，树立经营城市的观念，充分认识城镇投融资体制改革创新的现实作用和长远意义，克服狭隘思想、部门利益的局限，树立大局意识，自觉服从和服务于城市资源的有效整合和合理流动，为城镇建设营造良好的融资环境。完善配套政策，在基础设施和公共服务配套设施建设上，发挥政府财政资金“四两拨千斤”的优势，吸引社会资本参与；加快形成产权明晰、符合市场规律、具备产业特征的特色小镇商业模式，让社会资本进得来、留得住、能受益；加快 PPP 立法，把特色小镇作为政府和社会资本合作模式创新的承载平台。

3. 坚持政府引导、企业主体、市场化运作

特色小镇建设不能由政府大包大揽，而必须在政府的引导下，充分发挥企业的主体作用，坚持市场化运作。一方面要厘清政府与市场的边界。特色小镇建设过程中，政府和市场是有清晰边界的，要实行企业自我管理服务、多方协同参与的治理格局。企业在特色小镇建设的主体地位要真正落实，包括产业发展、人才引进、效益创造等都主要靠企业来完成，让企业自主决策、自主经营、自主管理、自担风险；另一方面要想方设法鼓励企业参与小镇建设，吸引这些企业以特色小镇理念建设新项目，发展新产业。

4. 突出产业特色

特色小镇要瞄准高端产业和产业高端，引进行业领军型团队、成长型企业，以及以高校毕业生、大企业高管、科技人员、留学归国人员创业者为主的“新四军”到小镇来创业创新，培育行业“单打冠军”，构筑集产业链、投资链、创新链、人才链、服务链于一体的产业创新高地。特色小镇建设要遵循创新、协调、绿色、开放、共享的发展理念，结合自身特征，找准产业定位，科学规划，挖掘产业特色、人文底蕴和生态禀赋。同时，要摸索建设适应本地特点、符合发展大趋势的新业态新模式，借助知名企业提高本地产业水平，注重通过理念创新、产品创新、服务创新打造持久性的小镇品牌。

三、推进特色小镇建设的融资举措

（1）应尽快完善相关的法律法规。譬如特许经营权、景区门票收费权、知识产权、碳排放质押权等新型贷款抵押方式。进一步完善私募股权投资相关配套法律法规，完善不仅仅以现金流量等作为信贷抵押的途径和方式，建立多层次的信用担保机构及第三方评估机构，解决社会资本投入小镇建设解决法律瓶颈问题。

（2）创新投融资模式。创新金融体系，鼓励政府利用财政资金撬动社会资金，共同发起设立特色小镇建设资金。立足实际，建立完善“乡村银行”，实施完善农户联保制度，村委会担保及监管等，既可行，又风险可控。尤其对一些老、少、边、穷地区的特色小镇，建设资金方面应给予更多金融政策方面倾斜，譬如开辟办贷绿色通道，优先给予贷款支持，提供长期、低成本的信贷资金。

（3）加强项目资金的实时监控。特色小镇建设投入大，回收期比较长，因此要强化事前、事中、事后的监控与评估投融资项目“5E”审计。从事后监督到事前监督和事中监督，从项目的可行性分析到立项，到具体投融资做好事前的规划预算。

（4）建立“互联网＋金融”投融资模式。建立和完善新型融资平台如P2P、VC/PE、众筹等新型投融资平台，从单一的政府投资转化成政府主导，社会金融资本为辅，借力风险投资基金这样一个新的投融资模式。

第二节　特色小镇建设主要融资流程与融资模式

特色小镇的建设和落地，必须走产融结合的创新之路。在特色小镇的顶层设计中，要以特色产业为引擎、为核心，以金融为动力、为先导，再好的产业模式也必须依托于有效的投融资才能落地，才能变成现实，产业规划与投融资规划必须并行。

主要构建以项目为核心，以特色小镇投资及旅游投资为支撑，多种投资平台相互协调，特色小镇投融资平台为互相支撑的投融资框架结构。

笔者在系统梳理特色小镇十大投融资模式，分别是 PPP 融资、基金（专项、产业基金等）管理、股权众筹、信托计划、政策性（商业性）银行（银团）贷款、债券计划、融资租赁、证券资管、供应链金融等模式。

一、产业基金及母基金模式

特色小镇在导入产业时，往往需要产业基金做支撑，这种模式根据融资结构的主导地位分三种类型。

第一种是政府主导，一般由政府（通常是财政部门）发起，政府委托政府出资平台与银行、保险等金融机构以及其他出资人共同出资，合作成立产业基金的母基金，政府作为劣后级出资人，承担主要风险，金融机构与其他出资人作为优先级出资人，杠杆比例一般是 1∶4，特色小镇具体项目需金融机构审核，还要经过政府的审批，基金的管理人可以由基金公司（公司制）或 PPP 基金合伙企业（有限合伙制）自任，也可另行委托基金管理人管理基金资产。这种模式下政府对金融机构有稳定的担保。

第二种是金融机构主导，由金融机构联合地方国企成立基金专注于投资特色小镇。一般由金融机构做 LP，做优先级，地方国企做 LP 的次级，金融机构委派指定的股权投资基金作 GP，也就是基金管理公司。

第三种是由社会企业主导的 PPP 产业基金。由企业作为重要发起人，多数是大型实业类企业主导，这类模式中基金出资方往往没有政府，资信度和风险企业承担都在企业身上，但是企业投资项目仍然是政企合作的 PPP 项目，政府授予企业特许经营权，企业的运营灵活性大。

二、PPP模式

以特色小镇项目为合作载体，让实力较强的企业参与到项目建设中，从而实现政府建设特色小镇的目的，与此同时为社会资本带来一定的投资回报率。通过这种合作过程，确保特色小镇建设效率和质量的前提下，适当满足社会资本的投资营利要求。目前大多数的特色小镇的建设多采用的是这种模式。

在特色小镇的开发过程中，政府与选定的社会资本签署《PPP合作协议》，按出资比例组建SPV（特殊目的公司），并制定《公司章程》，政府指定实施机构授予SPV特许经营权，SPV负责提供特色小镇建设运营一体化服务方案。PPP合作模式具有强融资属性，金融机构与社会资本在PPP项目的合同约定范围内，参与PPP的投资运作，最终通过股权转让的方式，在特色小镇建成后，退出股权实现收益。社会资本与金融机构参与PPP项目的方式也可以是直接对PPP项目提供资金，最后获得资金的收益。

特色小镇的PPP模式国际上，PPP模式被认为是解决公共资源配置资金问题的最有效的途径之一。在国内，近几年来，PPP在相关政策激励下发展势头强劲。社会资本参与到公共服务中，既为社会资本提供了投资机会，又使政府解决了财力不足的问题，同时可以借鉴私营企业的现代化管理模式，提高自身的公共管理能力。所以，将特色小镇项目引入PPP模式，能有效解决其资金难题，提高特色小镇建设效率，PPP模式将成为特色小镇战略落地的操作工具。西方发达国家建设特色小镇有着丰富的经验，并形成了大量世界著名的小镇。国外的特色小镇多以某个优势为主攻方向，形成影响全球的实力，如美国好时巧克力小镇（Hershey），依据当地优越的生态环境和良好的牧场资源，充分挖掘巧克力特色，成为“世界上最甜蜜的地方”。在国内，特色小镇还处于初创期，各方面的理论与实践都不成熟。近两年国内展开了对特色小镇的广泛研究，但大多为规划、设计等方面的研究，针对采用PPP模式进行特色小镇开发建设的研究还比较缺乏。因此，探讨采用PPP模式建设特色小镇项目具有一定理论和实践意义。从特色小镇PPP项目可行性分析入手，进而构建PPP模式下的特色小镇项目运作模式，根据其运作的关键问题给出合理化建议，以期为我国特色小镇建设提供一定的参考。

三、股权投资基金模式

参与特色小镇建设的企业除了上市公司外，还有处于种子期、初创期、发展期、扩展期的企业，对应的股权投资基金基本可分为天使基金、创业投资基金、并购基金、夹层资本等。

除天使和创投之外，并购基金和夹层资本也是很重要的参与者。

并购基金是专注于对目标企业进行并购的基金，其投资手法是，通过收购目标企业股权，获得对目标企业的控制权，然后对其进行一定的重组改造，持有一定时期后再出售。

夹层资本，是指在风险和回报方面，介于优先债权投资（如债券和贷款）和股本投资之间的一种投资资本形式，通常提供形式非常灵活的较长期融资，并能根据特殊需求作出调整。而夹层融资的付款事宜也可以根据公司的现金流状况确定。

普惠金融强调的是机会均等，针对的是“弱势群体”，一类是财务状况较差的群体，一类是居住地区较偏远的群体。有些特色小镇由于地理条件限制，很多金融机构在偏远地区设立网点人力、物力成本比较高，所以往往会放弃偏远地区的金融覆盖。

四、股权或产品众筹模式

特色小镇运营阶段的创新项目可以用众筹模式获得一定的融资，众筹的标的既可以是股份，也可以是特色小镇的产品或服务，比如特色小镇三日游。众筹具有低门槛、多样性、依靠大众力量、注重创意的特征，是一种向群众募资，以支持发起的个人或组织的行为。股权众筹是指公司出让一定比例的股份，平分成很多份，面向普通投资者，投资者通过出资认购入股公司，获得未来收益。

特色小镇运营阶段的创新项目是可以用众筹模式获得的一定的融资，众筹的标的可以是产品、服务，也可以是股份。股权众筹是指公司出让一定比例的股份给普通投资者。目前在一些经济基础较好地区的特色小镇，通过天使基金、京东股权众筹平台、pre—A 轮融资等方式融资，效果比较显著。

五、收益信托模式

特色小镇项目公司委托信托公司向社会发行信托计划，募集信托资金，然后统一投资于特定的项目，以项目的运营收益、政府补贴、收费等形成委托人收益。金融机构由于对项目提供资金而获得资金收益。

六、发行债券模式

特色小镇项目公司在满足发行条件的前提下，可以在交易商协会注册后发行项目收益票据，可以在银行间交易市场发行永（可）续票据、中期票据、短期融资债券等债券融资，也可以经国家发改委核准发行企业债和项目收益债，还可以在证券交易所公开或非公开发行公司债。根据现行债券规则，满足发行条件的项目公司可以在银行间交易市场发行永（可）续票据、中期票据、短期融资债券等债券融资，可以在交易商协会注册后发行项目收益票据，也可以经国家发改委核准发行企业债和项目收益债模式。

七、贷款模式

利用已有资产进行抵押贷款是最常见的融资模式，但特色小镇项目公司可以努力使得所运营项目成为纳入政府采购目录的项目，则可能获得政府采购融资模式获得项目贷款，而延长贷款期限及可分期、分段还款，则是对现金流稳定的项目有明显利好，如果进入贷款审批“绿色通道”，也能够提升获得贷款的速度。国家的专项基金是国家发改委通过国开行，农发行，向邮储银行定向发行的长期债券，特色小镇专项建设基金是一种长期的贴息贷款，也将成为优秀的特色小镇的融资渠道。

八、融资租赁模式

融资租赁是指实质上转移与资产所有权有关的全部或绝大部分风险和报酬的租赁，有三种主要方式：（1）直接融资租赁，可以大幅度缓解特色小镇建设期的资金压力；（2）设备融资租赁，可以解决购置高成本大型设备的融资难题；（3）售后回租，即购买“有可预见的稳定收益的设施资产”并回租，这样可以盘活存量资产，改善企业财务状况。可以尝试在特色小镇这个领域提供优质的金融服务。

九、资本证券化（ABS）

资产证券化是指以特定基础资产或资产组合所产生的现金流为偿付支持，通过结构化方式进行信用增级，在此基础上发行资产支持证券（ABS）的业务活动。特色小镇建设涉及大量的基础设施、公用事业建设等，基于我国现行法律框架，资产证券化存在资产权属问题，但在“基础资产”权属清晰的部分，可以尝试使用这种金融创新工具，对特色小镇融资模式也是一个有益的补充。

十、供应链融资模式

供应链融资是把供应链上的核心企业及其相关的上下游配套企业作为一个整体，根据供应链中企业的交易关系和行业特点制定基于货权及现金流控制的整体金融解决方案的一种融资模式。供应链融资解决了上下游企业融资难、担保难的问题，而且通过打通上下游融资瓶颈，还可以降低供应链条融资成本，提高核心企业及配套企业的竞争力。

在特色小镇融资中，可以运用供应链融资模式的主要是应收账款质押、核心企业担保、票据融资、保理业务等。实际操作中，上述十种融资模式往往是前两种为主，根据小镇建设不同阶段和产业发展不同阶段，结合其他融资模式组合使用。

第三节　PPP 模式在特色小镇建设上的应用

特色小镇是一个集产业、文化、旅游和社区于一体的新型聚落单位，是以产业为核心、项目为载体、生产生活生态相互融合的一个特定区域。采用 PPP 模式引入社会资本、专业的城市投资建设运营商，符合特色小镇开发建设发展规划。本节根据我国特色小镇特点及 PPP 模式适用性，探讨采用 PPP 模式进行特色小镇开发建设的可行性。

现阶段国家大力推广 PPP 模式，在进行公共服务领域供给侧结构性改革的同时，进一步加大 PPP 模式推广应用力度。2016 年 10 月国家发改委《关于推进政策性金融支持小城镇建设的通知》中提出将 PPP 模式引入特色小镇建设中，鼓励政府利用社会资本，并共同设立基金，鼓励银行等金融机构加大金融力度。为鼓励社会资本投入公共服务事业和基础设计建设中，政府对采用 PPP 模式的项目给予相关税收优惠政策。因此，采用 PPP 模式建设特色小镇，符合政策导向，前景看好。

建设特色小镇需要大量的资金投入，地方政府资金不足，需要社会资本参与。房地产业的黄金时代已经过去，随着融资难、拿地贵的多重压力，开发商开始谋求新的发展方向，通过 PPP 模式参与开发建设特色小镇便是一条新的道路。采用 PPP 模式，开发商可以省去传统模式下土地前期购置成本，将原本土地费用用于园区建设，可以在相对较短时期内快速开发建设，使公司业务发展规模、品牌市场影响力、业务产业链布局更加完善。

一、特色小镇 PPP 融资模式

PPP 模式是指政府与私人组织之间，为了合作建设城市基础设施项目，或是为了提供某种公共物品和服务，以特许权协议为基础，彼此之间形成一种伙伴式的合作关系，并通过签署合同来明确双方的权利和义务，以确保合作的顺利完成，终使合作各方达到比预期单独行动更为有利的结果。PPP 模式不仅是一种投融资模式，也是一种全新的项目管理理念，可以将政府力量和市场机制有效结合，让非公有部门参与到公共服务和基础设施建设中，帮助政府实现公共管理职能。特色小镇建设属于 PPP 模式的基础设施建设的范畴，适合于“政府主导、企业运作、合作共赢”的 PPP 市场化运作模式。采用 PPP 模式建设特色小镇，政府和私营部门各自承担相对具有优势方面的风险，有利于整个项目风险最小，从而达到合作共赢。

PPP 模式的特征

（1）合作是前提。PPP 模式指出是公共部门与私营部门的合作，在中国的特色可以说是政府和企业的合作，和社会资本的合作。

（2）利益共享是核心。特色小镇的项目资产在特许经营结束后终归属于政府，在特许经营期间，市场主体投资收益回报应给予保障，政府适当收取一定的特许经营费或适度的补偿，以平衡特色小镇发展建设的投资性和公益性关系。

（3）风险共担是原则。财务管理中强调利益与风险的匹配性，利益共享的原则必须是在项目双方共享利益的同时承担相应风险。在面对特色小镇融资风险时，PPP 各参与方均需承担各自风险。

（4）提供产品和服务是落脚点。特色小镇的建设终是要落实“聚力创新、聚焦富民”的，作为一个个产业创新升级的发动机，这里既聚集了人才、资本、技术等高端要素，又能终转化为具体的产品和服务，释放创新动能。

二、PPP 产业基金的形式

1. 政府主导的 PPP 产业基金

一般来讲，此产业基金是由省级政府层面出资成立的引导基金，再以此吸收金融机构的出资，合作成立产业基金的母基金。风险由地方政府来接，母基金做优先，杠杆比例 般是 比四，地方政府作为劣后，承担主要风险，项目需要经过省政府的审批，这种模式政府对金融机构还是有稳定的担保。政府通过产业基金引导创业投资行为，相比于其他创业孵化器的建设，该基金运作的基本原则是发挥财政资金杠杆放大效应，通过“有形之手”和“无形之手”的配合，克服单纯创投资本的市场失灵问题。

2. 金融机构联合地方国企成立的基金

金融机构联合地方政府成立的，有一些是合伙式基金，一般由金融机构做 LP，做优先级，地方国企做 LP 的次级，金融机构委派指定的股权投资基金作 GP，也就是基金管理公司。这种模式下，整个融资结构是金融机构为主导，而大的风险也来源于此。

3. 社会企业主导的 PPP 产业基金

社会企业主导的 PPP 产业基金是由企业作为重要发起人，多数是大型实业类企业主导，这类模式中基金出资方往往没有政府，资信度和风险企业承担都在企业身上，但是企业投资项目仍然是政企合作的 PPP 项目，政府授予企业特许经营权。相比以上两种模式，对主体社会企业的要求较高，但是在市场化经济运营机制里，这类企业的灵活性也给予 PPP 产业基金更多的机会和可能性。

以上三种产业基金形式中，政府主导的 PPP 基金通常是由省政府和地方政府以子母基金模式进行操作，政府资信高，能吸引更多银行等金融机构的参与；金融主导的 PPP 产业基金通常由负责建设的公司作为劣后方，不仅负责项目的建设运营，还作为基金风险的第一承担人。从国内已运作的项目看，这类基金建设公司多为大型集团企业，具备风险承担能力。社会主导的 PPP 产业基金，市场化程度高，但是对企业要求也高，相应企业承受的风险也较大。

三、PPP 融资在特色小镇发展中的作用

在特色小镇飞速发展的这几年，中央和各级政府不断出台各种政策支持特色小镇发展 PPP 模式，有以下几方面的原因。

首先，PPP 模式鼓励社会资本与政府合作，能缓释财政风险、平滑政府债务。PPP 模式已逐渐成为规范地方政府债务融资的重要举措。在推动特色小镇的建设时，政府以较少的财政资金得以撬动大量的社会资本，改变政府的收入支出现金流，平滑政府债务，降低财政风险。

其次，PPP 模式是一种资源配置机制和政府理念的创新与转变，能集聚资源要素，扩大社会资本投资领域。特色小镇是未来扩大内需动力，促进传统产业转型升级的新动能与新载体。PPP 模式的运用使得社会资本能进入基础设施、公共产品与服务供给领域，扩大了社会资本的投资领域。政府通过公开招投标的方式引进综合实力强、管理经验成熟的社会资本参与特色小镇建设，不仅可以扩大社会资本的投资领域，而且还可以借助社会资本成熟的管理运营模式，提高特色小镇建设的成效，更好地实践“创新、绿色、协调、开放、共享”五大发展理念，提高小城镇的集聚能力，吸引要素与资源流向小城镇，扭转目前各类资源向大城市、中心城市过于集中的局面，合理配置市场资源。

再次，PPP 模式不仅注重政府部门与社会私人部门的利益组合，同时也注重共担双方的风险。在风险共担、利益共享的机制下，PPP 能使得特色小镇建设项目的社会效益合理化，同时也有利于分散和降低参与各方的投资风险。比如说特色小镇建设前期，政府发挥引导作用，提供政策优惠，项目风险多由政府来承担；项目后期，社会资本利用其丰富的风险管理经验，发挥自身优势管理运营建成的项目，社会资本则可以承担较多的风险。这样，政府部门与社会资本在不同的阶段分担不同的风险，有利于降低和分散风险，在风险控制方面，实现一加一大于二的效果。最后，PPP 的特性与建设特色小镇的内涵切合相容，国内一般提倡的 PPP 模式的期限为 1030 年。而一个好的特色小镇的建成，不会是一蹴而就，而是需要按规划、按计划一步一步成长起来的。在特色小镇建设成长的过程

中，两者是相匹配的。而且解决特色小镇的融资问题，政府不能唱独角戏，需要更多的社会资本与民营资本参与进来，以市场化的手段来进行建设，通过“政府引导、社会投资、企业运作”的方式，来建设和运营特色小镇。

四、特色小镇 PPP 融资的运作

特色小镇发展的重点在于特色产业的培育，这是一个长期专业的工作，政府往往只能起到最初的引导作用，而后续的运作培育应当交给专业的社会资本来完成。特色小镇 PPP 融资的运作要把握 PPP 融资的运作原理，根据不同特色小镇的不同情况，采取相应的融资方式。各个主体之间要明确职责、互相配合。

从融资来源来看，特色小镇 PPP 整个项目主体融资有三大渠道。一是政府主体财政、现金注资；二是各类投资主体社会资本现金注资。这两种方式筹得的资金只是项目资金需求的小部分。大部分的资金来源则是通过金融机构融资。金融机构参与融资主要有两种方式。第一种是直接对特色小镇 PPP 项目提供信贷支持；第二种方式则是单独或者与其他社会资本组成联合体作为项目的投资主体出资成立特色小镇 PPP 项目公司，持有部分股权，之后将股权转让给政府或者其他投资者，退出项目。由四大项目合作主体相互配合成立项目实施主体 PPP 项目公司（SPV），实现项目的运作与资金的融通。在创新融资方式上可通过 PPP 项目产业基金以及私募股权投资基金融资。PPP 融资的运作模式是特色小镇 PPP 融资的基础，要明确各大主体的职责，把握收益与风险的来源，根据每一个特色小镇的具体情况，具体项目，设计具体的方案，引入具体的 PPP 基金。在此基础上进行交易，签订合同，实现“政府引导、社会投资、企业运作”，有效解决特色小镇的融资与运营问题。

五、特色小镇推进 PPP 融资面临的问题

目前，我国采用 PPP 模式的特色小镇建设项目主要分布在内蒙古、宁夏、黑龙江等北方以及浙江、福建等沿海地区，而且采用 PPP 模式的特色小镇项目大部分总投资达到 10 亿～50 亿，极少数能达到 200 亿元规模。可以说，特色小镇 PPP 融资尚未有合理运用的典范，并没有在全国得到很好

的推广。考察PPP融资在特色小镇建设的作用和运作机制以及各地推进特色小镇PPP融资的具体实践，目前各地在特色小镇推动PPP融资的过程中，主要面临以下问题：

（1）制度体系不健全。虽然PPP模式运用于区域开发已经有很多成功的案例，但是如何将这些领域行业成功的PPP经验运用到特色小镇的建设中，目前尚未形成一个清晰明确的规划体系。推进特色小镇PPP模式管理涉及项目识别、模式选择、运营管理等，是一项长期的系统性的复杂工程，需要加强制度层面的设计，形成完善的制度政策体系，更好地为特色小镇的建设提供支持与服务。

（2）人才缺口较大。从目前各地的统计和实地考察来看，PPP专业人才缺口依然较大。特色小镇推进PPP融资的人才缺口主要体现在两个方面，一方面是政府，很多主管特色小镇建设工作的部门领导并不具备PPP专业知识，很多领导对PPP模式一知半解，还不清楚PPP模式的运作原理，工作推进受阻；另一方面，将PPP运用于特色小镇的建设中是一种新的实践，新的实践就需要新的人才，需要熟悉掌握PPP项目运作与融资模式的专业性人才。目前在特色小镇PPP项目的整体规划、设计、运营以及各阶段的投融资等环节都缺乏相应的专业人才。

（3）金融配套支持力度不够。首先专项政策支持力度不够。目前部分地方政府出现了财政赤字较高、专项配套措施薄弱、政策支持引导力度不够等现象，导致社会资本对参与特色小镇建设热情不高。同时，专业的金融支持体系不健全。各地配套特色小镇PPP项目的金融体系刚刚起步，银行等金融机构处于风控等方面的要求，对参与特色小镇PPP项目认识度、关注度、热情度不够高，相关商业银行的贷款力度不强，导致项目很难落地。另外，地方政府契约意识不够。目前我国尚未建成全社会的信用管理体系，信用约束机制不健全，缺乏有效的失信惩罚制度。个别地方政府不守契约，降低了社会资本参与积极性。

（4）民营资本投资意愿不强。目前大部分PPP项目不是政府与私人企业合作，而是政府与国有企业、国有银行等合作，公私合作较少，主要问题就是大部分特色小镇缺乏合理的商业模式，没有足够的盈利能力，导致很多民营资本落地的意愿不强。

六、特色小镇推进 PPP 融资的突破点与对策建议

目前，各级地方政府积极响应中央号召，利用自身文化或产业特色，推出了一批特色小镇。但是考虑到地方政府的财政能力，未来资金约束仍然是特色小镇建设的最大瓶颈，而引入 PPP 模式是解决资金问题的最佳选择。一方面能够让特色小镇 PPP 项目获得较为充足的社会资金，以缓解政府的财政压力；另一方面，利用民营企业先进的管理手段和技术能够使特色小镇的经营更加优质高效。但是目前，特色小镇 PPP 融资的应用仍存在着缺规划、缺人才、缺配套措施等问题，尚未得到广泛的应用，需要从政策支持、税收减免、金融支持、健全法律等方面寻找解决途径。

（1）加强制度层面的设计，形成完善的制度政策体系。特色小镇推进 PPP 模式是一项长期的系统性的复杂工程，要加强制度设计，形成完善的制度政策体系。国家应出台相关政策文件，从政策层面为特色小镇 PPP 模式的建设提供支持与服务。加大政策支持力度，引导社会资本积极进入特色小镇建设。比如在特色小镇建设的不同阶段实施不同的税收减免政策，降低社会资本的投资成本。

（2）加强培育专业对口储备人才。政府应该在负责特色小镇建设的各部门组织专门的 PPP 专业培训，让相关政府工作人员具备专业的知识；完善人才引进政策，鼓励专业人才进入特色小镇 PPP 项目，参与特色小镇 PPP 项目的整体规划、设计、运营以及各阶段的投融资等；积极培养特色小镇 PPP 融资的专业对口储备人才，为今后特色小镇 PPP 融资的发展提供坚实的后备力量。

（3）构建适合特色小镇 PPP 发展的金融支持体系要加大商业银行的信贷支持，创新金融支持模式，撬动民间资本。运用商业银行贷款、信托、基金、项目收益债券、资产证券化等金融工具，建立多元化的项目融资渠道，并根据项目建设内容匹配相适应的融资方式，降低融资成本，提升资本运作效率，发挥 PPP 模式的优势。一方面，要大力发展直接融资，重点领域项目可以发展债券市场融资。政府要发挥引导作用，鼓励地方成立 PPP 产业引导基金，吸引民间资本参与进来。鼓励金融机构在依法合规、风险可控的前提下，创新金融工具，积极参与。另一方面，要把资产证券化和 PPP 模式相结合，让风险收益相匹配的资金在资本市场上

完成对接。

（4）加强培育地方政府的契约精神。目前我国尚未建成全社会的信用管理体系，信用约束机制不健全，缺乏有效的失信惩罚制度。个别地方政府不守契约，打击了社会资本参与的积极性。因此，有必要将地方政府的履约能力纳入政绩考核中，建立健全政府失信责任追究制度及责任倒查机制，对违约的地方政府暂停实行 PPP 项目申报等惩罚措施。

第四节　特色小镇 PPP 资产证券化

基于特色小镇运作过程中，其融资模式以 PPP 资产证券化为主导，可以对其在我国当前的法律基础与现存的法律实际环境予以审视。随着我国相关法律的完善及现阶段一系列有关促进资产证券化发展的相关政策与法规接连不断的出台，当前 PPP 项目资产证券化的发展态势已走出了原始阶段“法律空白”期以及“摸索式前进”的试探性发展模式，法律障碍已经在很大程度上被涤净。PPP 项目资产证券化从宏观分析的视角来看，其本身是属于国家当前聚焦性政策重点支持与扶持的业务，由中国银监会、国家发改委联合颁发的《关于银行业支持重点领域重大工程建设的指导意见》（银监发〔2015〕43 号）中已直接明文指出：“扩大信贷资产证券化基础资产范围，加快信贷资产流转，盘活信贷存量。”两部门 2014 年的一则管理规定则将“基础设施、商业物业等不动产财产或不动产收益权”列为资产证券化基础资产。由此可见，在实际的法律体系中，资产证券化早已不是新生物，在实际的法律运行框架里其已成为不可或缺的构成元素。

一、资产证券化简介

资产证券化（asset—backed securitization）是指以缺乏流动性，但具有未来稳定现金流的财产或财产权作为基础财产，通过结构化金融技术，将其转变为可以在资本市场上流通与转变的证券。相应地，我们可以认为资产支持证券（asset—backed securities）意指由上述具备自动清偿能力的资产所组成的资产池所支持的证券。溯源资产证券化的演变史，美国是资产证券化的滥觞之地，其也是全球最大、最发达的证券化市场。资产证券化在美国固定收益市场中占据重要的地位，2014 年美国资产证券化产品发行量为15731亿美元，在固定收益产品发行总量中所占的比例达26.46%，超过了公司债券的发行量（14409亿美元），仅次于美国国债的发行量（22154亿美元）；2015年美国资产证券化产品发行量达19090亿美元，同比增长了21.35%，占固定收益产品发行总量的比例达29.64%，其超过了公司债券的发行量（14932亿美元），略低于美国国债的发行量（21225亿美元）。回望我国，当前我国正在开展的资产证券化业务主要可以分为两大类：其一是由证监会主管的企业资产证券化；其二是由银监会主管的信贷资产证券化，此两种类型都需要特殊目的载体（special purpose vehicle，SPV）作为管理人实现破产隔离。信贷资产证券化的最基础资产是信贷资产和金融租赁资产，其是基于商业银行作为原始权益人发起的，反观PPP模式下的原始权益人是项目公司而并非商业银行机构，其资产证券化的模式主要是企业资产证券化。据悉，2017年4月央行和财政部也正在草拟PPP项目资产证券化新规。此举意味着，PPP项目资产证券化产品，进入以金融机构为投资者主体的银行间债券市场指日可待。根据《关于推进传统基础设施领域政府和社会资本合作（PPP）项目资产证券化相关工作的通知》，国家发改委负责项目推荐，证监会负责打通资本市场。首创股份、华夏幸福两单获得受理，标志着PPP资产证券化已经进入实际操作阶段。据相关测算，在未来10年内，纳入政府预算管理的优质PPP投资规模约为17.6万亿。无疑，这是一个极具吸引力的数字，也将会是一头引发众豪杰“逐鹿中原”的麋鹿。

二、特色小镇建设中PPP资产证券化突出问题

上文所述，特色小镇建设过程中以PPP资产证券化的模式进行融资会衍生出诸多问题与情况，诸如，发行成本过高，期限短但是发行流程长，收益率较低。据统计，目前证券化产品实际存在的优先档发行利率浮动在4%左右，其明显远远低于AAA级企业的债券等“难言之隐”性的困境特性。此类问题本身各具特色，其解决难度也是参差不齐，所以是需要予以进行细致合理分析的，此处笔者将于下文选取重点问题予以解析。

（1）优质存量的PPP项目在开展资产证券化的动力方面严重不足，具有优质的增量项目可以选择的替代性融资途径泛滥。其与资产证券化具有

极大的相似性，优质的存量资产基于不缺乏资金，或者收费收益权在大多时候已经质押给了金融机构，如果进行开展资产证券化，欠缺的是再融资的动力。当然，对于增量项目而言，如果资质已经十分好了，那么我们可以选择的替代融资工具或途径则就很多了。银行贷款、产业基金、债券发行、保险资金，等等。基于当前资产证券化的条件较高，那么期限如果达到 10 年以上则存在较大的难度，发行利率明显处于弱势等，而非常优质的 PPP 项目并不具有强烈的开展 PPP 项目的意愿，同时质量一般的 PPP 项目在当前现状下开展起来的难度较大。

（2）具有稳定性的中长期机构投资群体数量较少。当前的国内投资资产证券化的主体集中于商业银行、券商、公募或私募资金、财务公司，等等，依据相关的资料分析，这些机构多青睐于中短期的固定收益产品（一般限于 5 年内）。依据现行状况，保险公司对资产证券化产品的投资设限较严，另外，企业年金、社保基金等大型机构投资者在资产证券化产品的投资准入方面还进行了明确限制。PPP 项目本身的特点是周期较长，一般为 10—30 年，如果缩短周期，则很难充分利用将来的基础资金现金流，其会使得优质的 PPP 项目很难顺利开展资产证券化。

（3）特许经营权很难转让，其增加了破产隔离的风险。当前的 PPP 项目公司向资产证券化的 SPV 转让特许经营权具有很大的难度系数。鉴于当前的国内的法律体系尚不健全，如果单单将收费收益权当作基础资产来进行开展资产证券化，这种方式是很难实现破产隔离与资产出表的目的。细究此类 PPP 项目发行的资产证券化产品，其在本质上来讲是“抵押债券”，PPP 项目的公司资产服务能力与产品的正常运行息息相关，如果 PPP 项目公司的资产规模不大，那么投资者通常会要求提供较强的外部信用增级。

（4）当前的交易与发行机制十分不健全，融资成本欠缺优势。PPP 项目对于融资成本的要求十分高，结合当前具体的市场情况来看，非金融企业发行的资产证券化产品的利率与信托融资、融资租赁等等方式来看，其差距甚大，其远远低于后者，但是其又通常高于公募债券的发行。挖掘其背后的原因在于资产证券化产品的二级市场交易机制还不健全，标准券质押式回购不能正常开展，市商交易机制同时也处于空缺状态，另外，企业资产证券化产品在当前并不能公开化的发行，其产品的流动性是很弱的，正是如此，使得其相比标准化的公募债券产品的融资成本要高出很多。综述，特色小镇如果采用的PPP模式进行资产证券化操作，需要将其可能出现的问题进行逐一剥离出来，进行细致化的研析并在此基础上给出相应的建议和政策来进行解决。

三、特色小镇资产证券化运行

风口上的特色小镇，或许是今年市场的一抹亮色。无论是地方政府还是投资机构，都投来好奇而热切的目光。但是，回款周期长、融资硬约束，给当前特色小镇的审批和建设带来了较大障碍。特别是对一些财政比较薄弱的地区而言，大批量、长周期的资金投入，构成了特色小镇战略的瓶颈。

金融工具对于特色小镇有重要意义。当前，形形色色的金融工具已开始被镶嵌到特色小镇的建设中。比如PPP模式可以帮助较少的财政资金撬动庞大的社会资金。其中BOT（build－operate－transfer，建设—经营—转让）模式可以将小镇的公共服务、基础设施的建设、经营和收费交给私人运营方，在若干年后再“T”（transfer，转让）回政府。又比如，一些大型设施的建设可交给一些融资租赁公司，由其采买设备和服务，小镇运营方只需要向其支付租金。通过这种方式，有效地降低前期的投资成本和运营风险。同时，可以通过资本市场实现投资的退出，也是特色小镇利用金融工具的一大亮点。一般来说，特色小镇建成后体现为模块化的各类经营性项目。这些项目都有一定的收益性。这些收益是投资方给予巨额投资的合理回报，但其特点是回款周期长，有些需要十年、二十年等，而政府资金和社会资金大多很难等待这么长的回款期。因此，就要通过“项目公司IPO或被收购”的方式实现退出。可先将特色小镇的各个项目装进治理规范、股权明晰的项目公司里，再将这些公司送上资本市场在新三板挂牌、IPO或被上市公司收购，实现投资的提前退出。但这些退出途径均要求项目公司有多年的盈利作为前提。

众所周知，IPO的标准很高，其中要求持续盈利能力，不但要求过去3年（创业板是2年）内盈利至少3000万～4000万元，还要求未来有持续盈利的可能。而资产证券化（ABS）可实现回款快，既是融资工具又是退出途径，可以在小镇建设初具规模、刚刚产生一定现金流时，以某个项目未来的收益权为基础资产发行资产支持证券，来实现基于A项目的融资，投到B项目；或者实现基于未来收益的融资，来投资于当前的项目。而在退出途径的角度，这种产品也有助于巨额投入资金的提前解套，解放投资者的流动性之锁。

小镇上有哪些值钱的基础资产？资产证券化产品要想卖得好，三个核心要素不可少。一是能够产生持续、稳定现金流的基础资产；二是确保回款能够安全回到投资人手中的交易结构安排；三是内部分级、外部担保的增信措施。简单而言，第一，特色小镇上的经营项目确实能够赚钱；第二，赚来的钱能够安全地收集起来，及时交给投资人；第三，如果这些项目不赚钱了，还能找到人兜底、负责。这个人可以是特色小镇的项目运营方自己，也可以是其母公司（甚至是政府出资平台）。因此，要设计一款面向特色小镇的资产支持证券，首先要找到这个小镇上能够值钱的基础资产。

从当前特色小镇的发展战略来看，基础资产可能有以下几类：

第一，公用事业收费的收益权。小镇上往往原来就有居民，也有水、电、污水处理、燃气、网络宽带、有线电视、垃圾清理等公用事业。这些公用事业在小镇建设过程中将升级完善。因此，公用事业的收费合同受益权可以作为基础资产来发行资产支持证券。例如，小镇居民每天的污水处理工作，由某项目公司承担并收费，从而形成了稳定的现金流。以此为基础，发行资产支持证券，获得融资。另外，目前有一些以旅游为主的特色小镇，不论是游客还是居民，都会产生大量的垃圾。以垃圾处理费收益权为基础资产发行资产支持证券也可以为特色小镇带来融资。不过，由于目前城乡生活垃圾处理费一般系行政事业性收费，还缺乏一个收费主体来发行资产支持证券，因此垃圾处理费收益权为基础资产的资产支持证券，产生了一些变种。例如，2015 年泰达环保垃圾焚烧发电收费收益权资产支持专项计划、嘉实节能 1 号资产支持专项计划等，其基础资产不再是简单的垃圾处理费的收益权，而变成了因焚烧生活垃圾发电而享有的电力收费收益权。

第二，道路、桥梁通行费的收益权。这就是俗称的“买路钱”。将未来的买路钱先卖出去，将投资收回来，是这类资产支持证券的设计理念。中国的道路可以分为两类，一类是政府还贷公路，这类公路的收费要先用来还贷，不适合再打包卖出去；另一类是经营性收费公路，其收费权可以打个包，以之为基础资产发行资产支持证券。但这类产品的发行过程中，投资者经常存在着这样的质疑：如何确定这条道路、这座桥梁以后确保有收入，特色小镇不会成为空城。这个问题就问到了特色小镇一切金融产品的关键：金融工具只是辅助，如果不能确保特色小镇本身充满吸引力和发展空间，并且能够持续发展，其他的外在帮助都不能解决根本问题。

第三，景区门票收费的收益权。以门票收费的收益权作为基础资产发行资产支持证券的典型代表是某主题公园入园凭证专项资产管理计划。该主题公园对于未来五年北京、上海、深圳三地主题公园的门票收入进行了测算，得出了以下数据，详见表 9—1。

表 9—1 某主题公园 2013—2017 年每年特定期间入园凭证销售现金流预测表

单位：万元、万张

公园	科目	2013 年 5—10 月	2014 年 5—10 月	2015 年 5—10 月	2016 年 5—10 月	2017 年 5—10 月
深圳欢乐谷	销售现金流 销售数量	20349 143.91	20756 146.8	20964 148.27	21175 149.75	21385 151.25
北京欢乐谷	销售现金流 销售数量	26542 193.89	27767 202.05	28581 207.68	29416 213.48	30279 219.45
上海欢乐谷	销售现金流 销售数量	22297 144.92	22909 148.74	22366 144.97	22295 144.95	22685 147.23
现金流总计 资产基础预计	—	69188	71432	71911	82886	74349
现金流入	—	59472	61663	61731	63096	63839

以该主题公园的深圳园区为例，预计每年的 5—10 月可以卖出 140 余万张票，获得销售现金收入 2.0 亿～2.1 亿元。以此为基础来发行资产支持证券，认购了资产支持证券的投资者将从门票的现金收入中分期收回本息。而他们认购资产支持证券的款项，则通过资产管理计划这个 SPV，回到原始权益人（也就是最初修建该主题公园的投资人）手中，助其实现了回款。这类产品对于特色小镇开发分外有益。当前许多开发中的小镇都以主题公园、特色景区、文化旅游为特色，且很多小镇都计划以公园、景区门票收益作为回款的来源。除了门票收入外，一些景点收费也可以作为基础资产，如自然景区内的索道及其他游览设施的收费等。

第四，物业租用/管理费用的收益权（REITs）。无论是政府资金还是社会资金，最大的资金投入可能都在于地产。对文旅小镇而言，这些地产的功能或是开门向旅客做生意，或是直接租给酒店提供住宿；对产业小镇而言，地产的功能则更多是提供办公场所和参观体验中心，以及供产业工人/创业者落脚租住。无论是办公、商用还是租住，这些自持物业一方面都将产生稳定的物业收入，另一方面又将造成巨额重资产的沉淀。因此，如果想尽快进行轻重资产的转换，轻装上阵，将这些资产进行证券化，REITs将是一个不错的选择。这种商业模式的核心，在于将自持的重资产变成固定期限的信托投资基金，然后将这些基金在市场上进行销售以实现资金迅速回笼。特别是在只租不售的模式下，商业地产开发资金的回收周期会大大延长，形成巨大资金压力。因此将成熟物业的收入打包为信托投资基金（REITs），再将基金份额在海内外资本市场发售，是一个较好的选择。以中信启航项目为例，融资人即是以两座楼的物业收入的收益权为基础资产，发行了专项资管计划。值得一提的是，这类资产证券化产品一般需要两类管理人，一类是基金的管理人；另一类是项目物业的管理人，这个管理人可以是物业的所有人（如特色小镇内商业地产的开发商），也可以是有物业管理能力的独立第三方。可以预计，随着特色小镇商业模式的完善，此类能够较好地对接REITs的物业管理人将会越来越多地出现。

四、特色小镇+PPP+资产证券化

一个找对了商业模式的特色小镇可谓“全身都是宝”，从公用事业到道路桥梁，从文化演出到主题公园，从地产租金到物业收入，都可以“化零为整”，通过发行资产支持证券，尽快实现回款，以解燃眉之急。当然，无论是融资租赁、发行上市还是资产证券化等金融手段都只是工具，风口上的那些特色小镇唯有明确自身竞争优势，结合好本土资源，梳理出商业模式才可能脱颖而出。在这个意义上，资本工具才会发挥最大的功效。

目前而言，“特色小镇+资产证券化”模式还未有产品问世。但已经出现了类似的产品，如2017年3月10日取得交易所无异议函的“华夏幸福固安工业园区新型城镇化PPP项目供热收费收益权资产支持专项计划”。这亦是国家发改委和中国证监会首批推荐项目中，唯一园区PPP项目的资产证券化产品。在产品结构方面，优先级规模为6.7亿元，分为1年至6年期6档，均获中诚信证券评估有限公司（以下简称“中诚信证评”）给予的AAA评级；次级资产支持证券规模0.36亿元，期限为6年，由九通基业投资有限公司（华夏幸福全资子公司、原始权益人固安九通基业公用事业有限公司控股股东）全额认购。华夏幸福作为本交易差额支付承诺人和保证人，还提供了不可撤销的差额补足承诺。尽管是“园区”而非“小镇”，但其实道理相通。其基础资产是供热收费收益权，一方面体现了“园区”需要公用事业，并且能够产生持续收益的特征——供热属于刚性需求，项目盈利模式较为成熟，无论是计算收益还是在还款保障上，都有一套成熟可行的标准。另一方面，这一项目的落地也体现了PPP结构下，投资方获取稳定现金流的需求和能力。特色小镇的基础设施建设和公用事业服务，之所以大多采取PPP模式，正是因其建设期长、投资额大，既不能全靠民间资金，也不能全用政府投资；同时，由于PPP项目具备运营期收益和现金流稳定的特点，正适合以资产证券化的方式，帮助投资人迅速收回资金。

总而言之，“PPP＋资产证券化”作为一种结构性融资方式，对于特色小镇来说具有独特的魅力。特别是在发行时只需关注被证券化的那部分资产，而非企业的整体信用，因此企业可以发行比自身信用等级更高的证券化产品，来降低融资成本，加速特色小镇项目资金流转。通俗地说，小镇上的生意很多，成熟一块，证券化一块；拿回资金来，再发展另一块。这个流程如果能够运行得当，也将鼓励PPP中的私人一方，更有动力参与到小镇建设中来，从而用有限的资金，建设更多的项目，推进更多特色小镇的成熟和壮大。

五、特色小镇基础设施建设融资现状及存在的主要问题

（1）投融资渠道较少，政府财政压力较大。目前，我国基础设施建设一般采取以地方为主、国家补助的办法，依靠政府自身掌握的财政性资金投入基础设施的建设，其他投资渠道尚未完善。尽管国家采取了积极的财政政策支持基础设施项目建设，但在基础设施投资需求迅速扩张的形势下，国家预算内投资对基础设施资金的满足率却逐年下降。如和合小镇总投资56.1亿元，主要用于非营利性基础设施及服务设施和重点工程项目，其中非营利性基础及服务设施投入约16.4亿元；平阳宠物小镇总投资52.2亿元，主要用于非营利性基础设施及服务设施和重点工程项目，其中非营利性基础及服务设施投入约22.7亿元。从投资来源看，2016年37个特色小镇民间投资占比比较低，民资占固定资产比重仅为51.28％，与全省民间资本占固定资产投资比重相比低11.51个百分点。投融资结构的不合理，必

然造成基础设施建设资金可持续补偿的机制缺乏，资金严重短缺。这也制约了基础设施建设资金总量的扩张。

（2）投融资制度环境建设缓慢，阻碍投融资模式创新。随着市场化改革的深入，社会资本开始逐步进入城市基础设施领域，但我国的投融资制度环境建设缓慢，严重影响了城市基础设施投融资体制改革。特别是国家关于投融资的法律约束方面，虽然很多制度都在朝着放松对民间资本的约束发展，但是相关的鼓励和保护措施依然匮乏，政府更倾向于利用行政权力和自己的资源配置能力，缺乏考虑重新安排制度以激活民间资本的动力。总体来说，我国的投融资制度完善和环境搭设方面还是欠缺的。这最终也就制约了城市基础设施建设投融资体制的创新性。

（3）政府管理角色的缺失。政府监管可以为维护投资者两方面的利益提供较为可信的承诺，对于吸引长期私人资本对基础设施的投资，满足其对基础设施服务的需求是十分重要的。政府在监管上的薄弱是造成发展中国家基础设施投融资改革和私有化失败的主要原因之一。在特色小镇创建的过程中，由于政府监管上的薄弱，导致有些小镇规划质量层次不高，有些建设进度差距较大，有些产业层次有待提高，有些形象特征不够明显。部分地方政府在规划建设特色小镇时，易按照自己的主观思维方式去创造市场，导致运营主体错位，违背市场规律。地方政府要想长期稳定地吸引社会资本投资基础设施建设与管理，就要采取如特许权经营制度的多种办法，通过行政监管与市场监督的有机结合，提高监管效率。

（4）产业特色不够鲜明，对领军企业缺乏吸引力。目前，部分特色小镇产业特色不够鲜明。有的小镇产业定位模糊，有的小镇虽然有主攻产业，但引进的项目又不属于这个产业，产业特色不鲜明、不突出。特色小镇的运营要求以市场为主体，由一两个实力雄厚的领军企业作为核心，紧密围绕其优势产业开展相关产业链招商、公共配套等活动。在实践过程中，由于特色小镇建设投资额大且成效显现快，对投资主体实力要求很高。但一些小镇由于产业基础薄弱或核心产业不突出，对行业领军人才或核心团队吸引能力严重不足，不易在短时间内引进资质较深的市场主体。同时，做强产业特色理念不强，在特色产业招商引资上守株待兔多，深入谋划、大力度主动出击不够，导致特色产业有效投资不足，小镇特色产业投资偏低。37 个省级特色小镇特色产业投资占比仅为 60.25％。

（1）相关的法律法规不完善。由于传统观念，民营企业、外资企业与国有企业没有处于一个平等的地位，创业性的投融资与资本扩张受限，民间资本缺乏进入渠道与吸收机制，制约了非国有主体投融资的积极性；制约投融资主体的多元化，影响了特色小镇的快速发展。除此之外还涉及土地流转法律瓶颈问题；如特色小镇主要抵押资产是村集体土地，其流转处置受到诸多限制，开发难度大。

（2）投融资渠道单一。小镇建设有明确投资要求，要求具有一定投资规模，按规定原则上要求市级小镇三年完成固定资产投资投入 5 亿元左右，省级要完成固定资产投资 10 亿元，国家级要完成固定资产 20 亿元，旅游小镇可适当放宽条件，如此大规模的资金投入需要强大的财政能力和资金能力作后盾。目前我国特色小镇建设资金主要是靠政府的投资，除政府以外，很少有其他投资主体进行投资，政府和社会资本合作的 PPP 模式较少，投资主体比较单一。虽然政府不断地放松对民间资本限制，但是民间资本一方面受到传统的观念的影响，另一方面受投资高风险性的影响，投资特色小镇建设的热情不高。

（3）融资渠道不畅。由于历史与自然的原因，有些特色小镇地处老、少、边、穷的地区，交通不便，信息闭塞，基础设施相对比较落后，导致与金融资本、社会资本对接比较困难，资金缺口大，截至 2016 年大部分的大多数小镇固定资产投资 1 亿元左右。

（4）投融资效率低。现有投入的资产有相当一部分未能产生经济效益，利用率较低。资产在管理、流转、出让、交易等方面还没有形成一套完整的体系。

（5）缺乏专业化的投融资人才。特色小镇建设需要一批既懂投融资知识熟悉资本市场，又有运营能力的专业人才，目前国内这类复合型高端人才极度缺乏。

六、特色小镇建设中 PPP 资产证券化相关建议与政策

借鉴国外的发展经验，我们以纳西入中的视角进行分析，可以知道特色小镇资产证券化的成功存在三个必要的条件：其一，技术层面要达标，阐释之，其就是金融技术和理念，比如资产证券化中的现金流模型等；其二，供需双方的需求；其三，法律法规与监管的具体要求层面。梳理当前

的发展情形，国内的PPP项目如果要开展资产证券化也同样需要具备前列所示的三个条件，其实PPP项目资产证券化的政策建议诸多方面与一般类型化的资产证券化具有相同点，当然也存在部分独特的方面，对此，我们可以提出相应的政策与建议：

（1）“软环境”的构建与完善：法律制度环境为PPP项目资产证券化保驾护航。

资产证券化法律体系需要进一步构建，对于市场基础配套建设进行完善。只有将信贷资产证券化与企业资产证券化纳入新《证券法》的范畴进行明确其定位，才有可能取得长期发展。对此，应推动全国人大或国务院制定专门化、统一化的资产证券化方面的专项法律。比如，对资产证券化的现行立法阻碍证券化发展的规定进行合理调整与突破，对资产证券化发行、上市与交易进行规则化，为业务的发展提供规范、合理的法律调整框架。

对资产证券化交易中的SPV、真实出售与破产隔离等各个环节存在的法律问题进行明确性的规定，从而为降低发起人的交易成本与提升投资者的认可度做好准备。当然，其间也应完善资产证券化中的债权让与通知制度，以及资产证券化中的抵质押变更登记制度。

（2）公募发行的放开化：为做大市场规模做好准备。我国资产证券化市场资本形成的效率其实相对而言比较低，同时考虑到机构间高利率的同业与非标资产的盛行，风险从实际上来讲并没有降低，如果有提高市场效率的计划，那么就要为未来资产证券化走向公募做好准备，真正让市场成熟起来。PPP项目资产证券化进行公募发行是极为关键的，因为其单笔规模一般而言都是很大的、融资期限也较长，只有以公募发行的方式进行，才能从根本上进行解决资金来源问题，同时也能进行低成本的发行，以提高性价比。

（3）低门槛制：广纳中长期机构的投资者基于PPP项目与基础设施的密切度，其本身就具有周期长、规模大、收益稳定等特征，这也正契合了中长期投资者的需求。所以，应尽快出台配套措施，引入中长期的机构投资者，诸如保险资金、社保基金、养老金、境外投资者等机构投资者参与进资产证券化产品进行投资，进而支持PPP项目的建设。

（4）引入境外低成本资金：离岸发行或自贸区发行模式的尝试以美国

为发展的借鉴模式，我们可知离岸发行是其重要的模式之一，其主要是通过在避税岛设立特殊目的公司（SPC）来发行资产支持证券降低融资成本。据相关信息表明，我国相关机关极有可能考虑允许上海自由贸易等自贸区发行境外投资者可以投资的资产支持证券。上述的相关举措，有利于引进资金源充足的国际投资者或者境外低成本的人民币资金，进而降低资产证券化产品的发行成本，其对长期限的 PPP 项目开展资产证券化是极为有意义的。

贯穿于特色小镇建设中 PPP 资产证券化的风险疏释与防控特色小镇在发展过程中极为关键也是备受关注的便是项目融资问题，而项目在融资过程中会存在诸多风险问题，如何进行事前的预防是极为重要的。基于对 PPP 融资新规的理解以及参与基础设施融资的相关实务的积淀，在此对特色小镇 PPP 项目融资风险提出相应的对策。多元化融资渠道，降低与规避项目融资风险。前文已提及 PPP 项目本身具有资金投资量大，社会资本应积极拓宽融资渠道，进而降低融资风险。项目多会面临资金缺口的问题，社会资本应灵活借助基金、信托等多元化的融资工具以降低项目融资风险。社会资本应充分利用现行较为优越的 PPP 项目融资政策，设法取得与当前项目投资周期期限更加匹配、利率更加优惠、实际的担保要求更加宽松的符合法律要求的债务融资资金。社会资本还要结合区域性发展现实充分了解层出不穷的新型融资工具特点与其相应的发行条件，通过具有多元化特性的融资工具的合理运用及有效组合匹配，竭尽全力降低实际操作中产生的融资风险与融资成本。

社会资本应尽早邀请金融机构进入项目，规划设计相关方案。对于社会资本，PPP 项目的资金来源应被作为其做出决策前的重点，金融机构的具体要求从另一个观察视角来看又关系到社会资本与政府的 PPP 具体合作方案的制订、研讨与最后的实行，故此，金融机构尽早介入是十分重要与必要的。当然，如果金融机构需要的附加担保与真正的支持函件若是需要政府方协助，社会资本方应在第一时间里向政府提出要求，及时落实到 PPP 项目协议及相关协议文件中，通过政府提供的协助及增信措施降低项目融资风险与成本。交易模式与建设手续应置于合法性框架中，进而规避融资风险。比如，中国农业发展银行决心要将小城镇建设作为未来在一定可预见期间内信贷支持的重点领域，统一安排调配信贷规模，从全方位保障融资需求。这一系列的资金调度都需要具备合法手续，否则会出现法律程序的问题，进而出现融资风险。将注意力聚焦于项目收益权审批层面，另外，对于证明文件需要设法通过项目本身具有的收益权进行实际操作层面的质押融资。需要赘述一言的是需要力争中央与地方财政在融资的重要领域进行全面的基金扶持与协助，进而达到降低融资风险的目的。

当然，对于重点领域项目而言，政府可以使用包括中央预算投资在内的全部可支配性财政性资金，通过认购基金份额等多元化方式予以支持。比如，笔者查阅江苏等地 PPP 指导性的文件，其中便已明确载有相关规定，对于具备省级规格的 PPP 试点项目需要从开展宣传为起点，其次进行配合搭建平台，然后引入相应的投资方和国内外金融资金，进而通过融资支持增信以及利用前期开发费用补贴等方面进行支持，最后“兜底性”地从中筛选出合适的合规性项目报送到财政部，将其中能够达到审核标准者列入明文规定的国家示范项目库中，争取实现国家 PPP 融资支持基金弥补部分支出的目标，利于后续工作的进一步开展。积极拓宽融资渠道，多元化融资降低成本与风险。当前的金融市场发展水平较为滞后，债务融资的主要渠道仍旧是银行贷款，同时受制于公用部门的资本金制度，使得项目公司使用的杠杆比率普遍偏低、灵活度低。

第十章 特色小镇建设前景与趋势展望

住建部、发改委、财政部《关于开展特色小镇培育工作的通知》，提出到2020年全国培育1000个各具特色、富有活力的特色小镇，再考虑各地方政府出台的特色小镇规划，至2020年特色小镇总计约1900个。同时，各地几乎都已出台相应的特色小镇指导意见或实施方案，一旦进入国家示范名单省级创建试点的项目，在土地用地指标、投融资、项目补贴、奖励等方面都能受益。从各地出台的“十三五”规划和相关的特色小镇规划可以看出，不少中西部地区都已出台了较大规模的特色小镇规划数量和投资金额。

未来特色小镇发展空间巨大，发展前景一片光明。尤其是与中心城市拥挤背景下，位于城郊或农村的特色小镇因其政策宽松和宜居宜业将会迎来新的发展高潮。

第一节 “十三五”期间特色小镇建设

一、特色小镇建设利好

改革开放以来，我国特色小镇经历了三个发展阶段：第一阶段即探索阶段，2014年时任浙江省长李强首提“特色小镇”；第二阶段为成型阶段，习近平在《浙江特色小镇调研报告》上做了重要批示；第三阶段为全面推广阶段，这个阶段特点为国家发布引导政策，随后地方政策密集出台，全国各地特色小镇建设如火如荼。

近两年来，我国特色小镇迅速崛起，从中央各部委到地方政府，从传统产业到新兴产业，从实体企业到金融机构（银行、基金公司、信托公司、证券公司、保险公司等），从投资者到中介机构……几乎个个言必称“特色小镇”。

探索阶段	成型阶段	全面推广阶段	
2014年10月，时任浙江省长李强首提“特色小镇” 2014年11月，召开乌镇互联网大会	2015年12月，中央经济工作会议，习近平主席讲述特色小镇，其中梦想小镇、云栖小镇等被提及 2015年12月，习近平在《浙江特色小镇调研报告》上作重要批示	2016年5月，国家发改委称“今年将引导扶持发展近1000个特色小镇” 2016年10月，住建部公布第一批127个特色小镇。随后，浙江、上海、江苏、福建、重庆、广东、河北、天津、四川、北京等地方政策密集出台	2017年7月，住建部公布全国第二批276个特色小镇名单 2017年8月，体育总局公布了首批96个体育特色小镇试点名单
2014年	2015年	2016年	2017年
2015年1月，浙江省两会提出“特色小镇”概念，作为重点工作 2015年4月，浙江省出台《关于加快特色小镇规划建设的指导意见》，3年重点培育和规划建设100个左右特色小镇	2015年6月，第一批浙江省级37个“特色小镇”创建名单公布 2016年1月，第二批浙江省级42个“特色小镇”名单公布	2016年10月，发改委发布《关于加快美丽特色小(城)镇建设的指导意见》 2017年1月，发改委、国开行指出要充分发挥开发性金融在特色小镇建设中的作用	2017年5月，体育总局印发《关于推动运动休闲特色小镇建设工作的通知》 2017年12月，四部委印发《关于规范推进特色小镇和特色小城镇建设的若干意见》

图 10—1　中国特色小镇发展历程

总体来看，特色小镇建设正成为当下我国的经济新热点，迅速崛起。热潮之下，特色小镇已经不再是一个普通的经济学概念或者行政学概念，而是一个实实在在的集产业、文化、旅游和社区功能于一体的经济发展引擎。

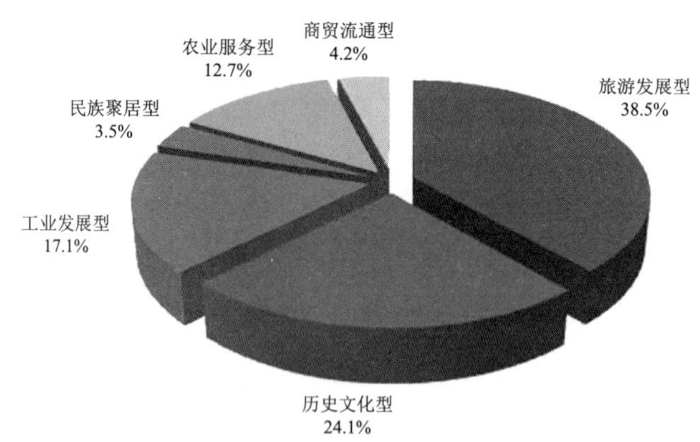

图 10—2　第一批、第二批特色小镇类型分布

中国特色小镇建设规模

前瞻产业研究院发的《2018—2023 年中国特色小镇行业战略规划和企

业战略咨询报告》统计，截至目前全国特色小镇一共403个，其中第一批127个，第二批276个。从人口规模来看，人口数量超100万的特色小镇有32个，人口数量超20万的特色小镇有6个。

从各区域的特色小镇数量来看，华东地区的数量是最多的，有117个，其中浙江省数量最多，为23个。浙江省从2014年开始全面启动特色小镇培育工作，目前已经取得了瞩目的成绩。小镇数量并列第二的是江苏和山东，拥有22个特色小镇。

结合住建部推荐工作的通知，特色小镇的类型主要有工业发展型、历史文化型、旅游发展型、民族聚居型、农业服务型和商贸流通型，经过整理分析，旅游发展型的特色小镇数量最多，为155个，占总数的38.5%；其次为历史文化型特色小镇，数量为97个，占比为24.1%。

从这些数据来看，国家可能更支持旅游发展型和历史文化型的特色小镇，一方面习近平总书记说过青山绿水就是金山银山，而旅游发展型能更大限度地合理开发利用当地丰富的旅游资源，提升当地人民的生活水平，保持可持续发展；另一方面，中华上下五千年，具有深厚的文化底蕴，但是很多地方并未注重保护、合理开发，历史文化型的特色小镇建设，能够深入挖掘中国文化，有利于保护我们的文化使其更好地传承下去。同时，对于全国各地申报的特色小镇能够更容易上榜也具有一定的指导作用，从这些数据可以看出，申报旅游发展型和历史文化型可能更容易申报成功。

“十三五”中国特色小镇发展

根据已经初步建成，企业已进驻运营的部分小镇统计来看，平均一个特色小镇投资额约为50亿～60亿元，规模较小的约为10亿元，而较大可达到百亿元。按照住建部总规划1000个特色小镇将产生5万亿～6万亿元投资额，占全国总GDP的7%；如果按31个省市的规划总和，2400多个特色小镇将产生12万亿～15万亿元投资额，可为经济增长提供强大推力。

另外，从对国内已建成小镇的样本统计来看，总投资中基建设施投资约占30%～50%，估算全国1000个小镇基建投资将有1.5万亿～3万亿元。

表 10—1　部分有代表性的特色小镇投资情况

特色小镇名称	总投资（亿元）	特色小镇名称	总投资（亿元）
碧桂园科技小镇（5个）	1000	南浔善琏湖笔小镇	52
沃尔沃小镇	153.5	江苏药镇	51.5
酷玩小镇	110	西湖龙坞茶镇	51
泗河源头幸福健康特色小镇	93	妙笔小镇	50
临安云制造小镇	85	余杭梦想小镇	50
瓯海时尚制造小镇	80	梅山海洋金融小镇	50
长乐东湖VR小镇	80	靖江生祠苑艺小镇	50
上城玉皇山南基金小镇	72	美溪白桦特色小镇	50
富阳硅谷小镇	70	都京丝绸特色小镇	50
中山古镇镇	62.7	余杭艺尚小镇	45
苍南台商小镇	60	南康家居小镇	39.04
海宁皮革时尚小镇	60	盱眙县秦汉文化特色小镇	30.42
天台山和合小镇	56.1	龙泉青瓷小镇	30
桐乡毛衫时尚小镇	55	智能模具小镇	21.6
嘉善巧克力甜蜜小镇	55	永乐光辉特色小镇	20
远洋渔业小镇	52.58	黄集街道“乡村乡愁”特色小镇	19
平阳宠物小镇	52.2	阿里巴巴云栖小镇	12

资料来源：前瞻产业研究院整理。

二、特色小镇发展机会

前车之鉴，后事之师。特色小镇的提出源于世界主要发达国家的发展经验。因此，我们主要以欧美发达国家为基础，筛选了100多个国外知名特色小镇案例，探究特色小镇到底有多大的发展机遇？发展机会在哪里？以及房地产企业应如何跳出传统思路，有效把握机遇？

小镇作为国外经济、产业、人口主要载体，也将成为中国新时期经济发展的增长极。

19世纪60年代，工业化和城镇化的高速发展导致大城市人口过度集聚、拥堵不堪，但乡村出现空心化，为分流大城市人口，发达国家启动小城镇建设。其中，英、美、日三国启动小城镇建设时的城镇化率均达到70%，而韩国起步时间较晚，城镇化率在40%～50%之间，与我国较为接近。截至目前，英、美、韩、日等经济发达体均已经完成了对小城镇的开发培育工作，小城镇已成为这些国家经济、人口和产业的主要发展载体。

首先，小镇聚集了这些发达国家六成以上的人口。其中，美、德等发达国家六成以上的居民都生活在10万人以下的小城镇。根据美国最近的人口普查数据显示，2010年美国总人口3.09亿，63.0%的人口居住在5万以下的小城镇；根据2016年德国统计年鉴数据显示，截至2014年底德国总人口8119.75万人，其中80%的人口居住在人口10万以下的小城镇。

其次，国外小城镇已成为当地产业集约化发展的聚集地。如美国金融行业有格林尼治对冲基金小镇和门罗帕克风险投资基金小镇，而硅谷更是库比蒂诺、山景、帕罗奥图、森尼韦尔等高科技产业小城镇的集合；德国高斯海姆小镇的机床制造业、英国Sinfin小镇飞机发动机制造业和西班牙阿尔特索小镇的服装制造业均在国际上具有绝对竞争力。

作为人口及产业的核心载体，小城镇已成为发达国家城乡均衡发展的重要经济活力点。例如，美国高科技小镇集聚的硅谷人口不到美国的1%但GDP占比却高达4%～5%，纳帕谷综合性乡村休闲文旅小镇集群每年接待国内外游客500万人次，仅旅游经济收益就达6亿美元，提供17000多个工作机会，税收达到2.21亿美元；法国格拉斯小镇每年仅香水业就创造6亿欧元财富。

与国外相比，我国自1978年以来，城镇化经历了快速发展阶段和加速发展阶段，2016年达到57.35%，较1978年大幅提升39.45%。与此同时，大城市人口膨胀、交通拥堵、房价飞涨的问题已不利于企业、人才发展，华为、中兴等企业已经选择搬离一线城市，而乡村则面临土地大量流失、宅地废弃、人口大规模转移等诸多问题，高速城市化导致的“大城市病”和“乡村病”日益加剧。在此背景下，发展特色小镇、统筹城乡发展已经成为国内城镇化建设的关键一环。

国家政策层面的直接推动为特色小镇提供了巨大发展契机。《国家新型城镇化规划（2014—2020年）》指出，目前，中国正面临着产业的升级与转移，资本与劳动力在城市间的流动更加频繁，在经历了大城市的不断扩张后，中国城市的发展真正进入以城市圈为主体的形态的阶段。2016年2月，国务院颁发《关于深入推进新型城镇化建设的若干意见》，明确提出加快培育具有特色优势的小城镇，带动农业现代化和农民就近城镇化，7月

《关于做好2016年特色小镇推荐工作的通知》的下发，又将特色小镇建设提升到国家高度，不同层面的政策优势也相应出台，这些均为特色小镇的发展创造了可遇而不可求的发展契机。

参照国外发展经验来看，以“产业”为灵魂的特色小镇是解决大中城市发展差距过大、稳步推进城镇化建设的重要途径和有利抓手，作为人口、产业、经济的重要载体，未来的发展机遇无可限量。在足够大、足具诱惑力的蛋糕面前，房企更需要解决的是怎么吃的问题。

第二节　特色小镇建设发展趋势

特色小镇建设的主流方向应该是高端产业小镇。特色小镇是世界主要发达国家产业竞争力的一种重要载体，也应该成为中国新时期产业升级的主要载体之一。

有些人不太认可这个结论，认为把特色小镇的定位抬得太高。因为一想到特色小镇，大部分还是想到的欧陆风情或者江南水乡。但特色景观只是特色小镇“特”的一个方面，而且是次要方面，真正重要的还是产业。

发达国家，他们的很多具有国际竞争力的产业，就是聚集在小镇而不是中心城市的。比如美国，大家都知道，它最有竞争力的产业主要是两个：一是金融；二是高科技。金融方面，有格林尼治的对冲基金小镇，一个镇上就聚集了五百多家对冲基金，对冲基金规模就占了全美国的三分之一；加州的门罗帕克小镇，这个镇是美国风险投资基金聚集地，纳斯达克一半以上的高科技公司都是这个镇上的风险投资基金投资的。

至于高科技方面，美国的硅谷，其实就是一连串小镇聚集而成的。斯坦福大学附近的帕罗奥图，除去大学校区也就几个平方公里，是硅谷的孵化中心；苹果公司所在的库比蒂诺人口五万多；英特尔总部所在的山景城也就七万多人口。

在欧洲，英国的剑桥大学就在剑桥镇，距离伦敦80公里，人口不到十万，骑车十五分钟即可横穿主镇区，这里是英国教育和科技创新中心。英国目前最先进的产业是它的航空发动机制造，世界著名的航空发动机公司罗伊斯·罗尔斯总部就在距离德比市中心大约4千米的Sinfin小镇上。

而德比市也不过是一个总人口二十来万的小城，距离伦敦180千米。

罗伊斯·罗尔斯总部所在的Sinfin小镇，中间是办公和核心工厂，周边是绿地和低密度住宅区。德国的汽车制造业领先全球，著名的高端汽车品牌——奥迪的全球总部和欧洲工厂都集中在一个叫英戈尔斯塔特的小镇，距离慕尼黑60千米，这个小镇也因此被叫做“奥迪之城”。该地区总人口也不过12万，其中奥迪总部所在的英戈尔斯塔特的传统镇区人口则只有两三万人。

目前来看，中国的高级人才和高端产业主要都集中在大中城市，鲜有集中到小镇的。但这种情况一定会很快改变。发达国家的实践表明，高端产业并不一定要集中在大城市，高端产业发展所需的人才，也并不是全都喜欢居住在大城市。人才对居住环境的需求是多元化的。

他们有的喜欢居住在繁华的大都市，有的则喜欢安逸宁静、风光宜人同时生活也足够便利的小镇。这是经济水平和城镇化发展到一定程度之后的必然结果。以前高端产业和高级人才都往中心城市聚集，是因为小城镇交通条件和服务配套不够好。经过几十年发展，小城镇的生活设施和交通便利程度有了极大改善，特别是网络通信和购物体系的完善，使得居住在小城镇完全可以享受到跟大城市差不多的生活便利性；而中心城市经过集聚发展，房价高企、交通拥堵、空气污染等“大城市病”日渐突出，原本优越的公共品质量大打折扣。

小城镇的生活确实还有一些劣势，诸如参加一些大型活动诸如演唱会、学术研讨等不如中心城市方便等，但它的优势同样显而易见，包括房价便宜、环境舒适、空气宜人等。这个优劣势的偏好是因人而异的，值得权衡选择，不像以前那样如果不住在中心城市就很难谋求自身的发展。

总之，高端产业在大中城市和特色小镇共同发展，是一个成熟大国的必然选择。这种城镇化与产业的多元结合方式，既为经济的发展提供了多种模式，也为人的发展提供了更多个性化的选择方案。

站在2018年的起点，回顾过去特色小镇的发展历程和行业现状，中商产业研究院对2018年中国特色小镇的发展做出了几大方面的趋势预测。

一、市场化主导

特色小镇建设坚持“政府引导、企业主体、市场化运作”的原则，根本立足点在市场化运作。市场化是特色小镇良性运行的成功之路。

一是要通过市场化竞争，发挥市场在资源配置中的决定性作用。党的十九大报告明确指出“着力构建有效市场机制，发挥市场在资源配置中的决定性作用和更好地发挥政府作用，推进市场化的改革”。特色小镇建设也应该摒弃行政化的思维定势、路径依赖和体制束缚，转变政府主导的习惯性思维，正确处理好政府与市场的关系。特色小镇特色产业的产生和形成，要顺应时代和经济发展的要求，从“大浪淘沙”的市场化竞争中产生，不是靠政府的“指点江山”，也不是靠官员的“慧眼独具”。而要发挥市场在资源配置中的决定性作用。

二是要通过市场化运作，由企业主体打造“产城”融合新平台。四部委《关于规范推进特色小镇和特色小城镇建设的若干意见》中指出“各地区要以企业为特色小镇和小城镇建设主力军，引导企业有效投资、对标一流、扩大高端供给，激发企业家创造力和人民消费需求。鼓励大中型企业独立或牵头打造特色小镇，培育特色小镇投资运营商，避免项目简单堆砌和碎片化开发”。近年来，以华夏幸福、万科、碧桂园、恒大等上市企业为首的众多企业先后加入特色小镇投资阵营，大量资金以及成熟产业链的注入，使得特色小镇真正走上了产城融合之路。

二、产业化支撑

产业是小城镇发展的生命力，特色是产业发展的竞争力。要立足资源禀赋、区位环境、历史文化、产业集聚等特色，加快发展特色优势主导产业，延伸产业链、提升价值链，促进产业跨界融合发展，在差异定位和领域细分中构建小镇大产业，扩大就业，集聚人口，实现特色产业立镇、强镇、富镇。

特色小镇在产业发展上要立足于本身的特色产业基础，遵循“特色牵引、市场主导、产业支撑”为原则的发展模式，结合自身的特点和优势并加以整合，确立特色鲜明的产业定位。

首先，产业类型多样化。2016 年以来，特色小镇上升到国家层面，成为重要的市场化主导的创新创业发展的新模式。我国特色小镇在不同省份的发展模式不同，产业类型十分丰富，既包括了历史文化产业等传统产业，还包括信息经济、健康、环保、金融等新兴产业类型，具有多种产业属性，产业层次丰富，发挥出了最大发展推力。

近年来，我国各地特色小镇纷纷涌现，呈现多样化、特色化发展趋势。以传统产业为依托的文化旅游型小镇占据绝大多数，占比为51%。但以信息、健康等产业为依托的新型小镇正在迅速崛起，数量呈现增多趋势。浙江省作为我国特色小镇发展最为成功的省份之一，其特色小镇产业类型丰富。未来产业特色明显集中、专业化强、富有特色产业集群将逐渐成为主流。

其次，产业链深度化。我国许多小镇建立了包括“主题产业园＋孵化基地＋核心平台＋产业基金＋服务中心＋龙头及重点企业”的产业体系和模式。如此既有产业平台，又有孵化功能，还有金融支持，以及服务配套，形成了完整的系统链条。产业类型的增多以及产业链条的全业态发展将成为未来特色小镇的重要发展模式。

以杭州云栖小镇为例，2016年，云栖小镇已累计引进包括阿里云、富士康科技、Intel、中航工业、银杏谷资本、华通云数据、数梦工场、洛可可设计集团在内的各类企业433家，其中涉云企业321家。产业覆盖大数据、App开发、游戏、互联网金融、移动互联网等各个领域，已初步形成较为完善的云计算产业生态。云栖小镇在产业规划上引入了产业生态链的发展模式，提出了由“云服务区”“就业创业区”“就业创业服务区”“创业成功发展区”四区组成的一个云计算产业完成生态体系，构建了从想创业、始创业、创业中、创成时、创成后的完整的创业服务生态链，形成“易就业易创业的生态体系”。成为全国最具代表性的全产业链小镇之一。

最后，产业业态丰富化。中国经济动能的转换以及人们日益增长的对美好生活的迫切需求，加快了大健康、大旅游以及体育、教育及高科技产业的发展。新经济带动的新产业主要包括：以乡村旅游、特色农业、生态农业、特色养殖等为主的乡村旅游农业产业；以特色居住、个性体验为主的民宿产业；以古镇旅游、特色景点、传统民俗文化为主的文化旅游产业；以生态休闲、康养度假、养生养老为主的大健康产业；以竞技运动、大众运动、特种运动、运动旅游为主的体育产业；以基础教育、国际教育、职业教育为主的教育产业；以纳米科技、智能机器人、大数据、网络科技等为主的高科技产业。这些都将成为特色小镇未来的重要的产业内容。恒大足球小镇、香河机器人小镇等一批新业态新产业小镇引领风潮，成为行业标杆。

以中国领先的产业新城运营商华夏幸福为例，其新经济形态的特色小镇——香河机器人小镇已取得较好的整体效应。2017年，香河机器人小镇摘得了“2017中国特色小镇”桂冠。香河机器人小镇处于京津冀核心区域，作为以机器人产业为主导的产业小镇，香河机器人小镇通过对接、整合多种功能于一体，逐步形成了拥有产业研发、核心零部件制造、系统集成以及机器人本体制造的完整产业链条，来打造全国智能科技特色小镇标杆，成为全国机器人应用示范小镇。

截至目前，小镇已经聚集了美国ATI、德国尼玛克、韩国安川都林等70余家机器人企业，此外还通过逐步建成、完善智慧城市指挥中心、机器人运动公园、商业娱乐中心、小镇文化创意馆等在内的配套服务设施，来构建产业高度集聚、生态环境优美、人文气息浓郁、城镇智慧运营、旅游与生活魅力兼具的创新型、智慧型产业集群和特色小镇，助力区域转型升级，加速新型城镇化步伐。

三、项目化运作

特色化怎么落地？市场化主导什么？说到底，全在于项目及其运作。特色小镇之特色的培育发展必须具体化到一个一个的项目中去体现与实现，项目就是支撑特色小镇建设发展的一个一个核心细胞。

建设特色小镇，特别是在可行性论证之后进入培育发展的实质性阶段起，项目化运作就是特色小镇培育发展的重点领域、主攻方向与关键环节。特色小镇建设发展进程中应当努力借鉴招商引资中的各种成熟且有益的经验与理念，比如内引与外引相结合，质量与效益相一致，经济与生态相并重等。

与此同时，必须发展与超越招商引资的模式，因为招商引资远远不是项目化运作的全部。项目化运作是一个环节流程多的工作，包括项目确立、项目论证、项目落地、项目实施、项目跟踪、项目评估、项目推广等，远远大于招商引资的工作范畴，必须具有“一条龙”式的工作及相应服务的指导精神与实际操作。

就项目运作的实际成效来说，建议确立四条简便易行的标准，“选得准、立得住、长得大、撒得开”。选得准，就是指做到项目选准，从而扣好项目化运作的“第一粒扣子”；立得住，就是指项目要在小镇扎根，即本土化经营；长得大，就是指项目成长性要优，必须具有良好的可持续发展的经济社会文化等综合效益；撒得开，就是指项目带动性要强，能够辐射小镇整体经济、引领示范同业发展。

四、对接互联网

以“互联网＋”为新战略重点的信息经济具有更强更广更深的集成性、渗透性与带动性，通过全方位、立体式的“互联网＋”应用与推广，对特色小镇建设发展而言，可以实现历史与现代的互联互通，实现古朴与时尚的互联互通，实现原生态与新技术的互联互通，实现老产业与新业态的互联互通。

在特色小镇建设发展的实际中，“互联网＋”不仅仅是作为一种技术手段或者高技术形态，还应当作为一种理念认识、一种思维方式、一种媒介介入手段跨界，有机融入契合到特色小镇建设发展的方方面面中去。把“互联网＋”具体而有针对地应用到各个主题不同、特色鲜明的小镇中去。

比如，“旅游风情小镇”类型的可以应用“互联网＋”更好打造旅游品牌以及开创便捷式一条龙旅游服务。“文化创意小镇”类型的可以应用“互联网＋”更好提升文化创意的共享共赢水平以及软实力与正能量的传播及作用效果。

未来，随着城镇化建设的不断深入，对于大部分特色小镇而言，融入网络化、智能化、信息化等新一代科技的智慧化改造，将是一种可预见的趋势。而在当前新型城镇化加速的情况下，特色小镇的智慧化建设，也被认为是智慧城市建设的探索。新型智慧小镇是新型智慧城市理念的延伸和拓展，也是未来特色小镇建设的重要发展形式。

一是产业链的智慧化。智慧化特色小镇建设要深化云计算、大数据、物联网、移动互联网、人工智能等新一代信息技术与特色小镇管理、产业、旅游、社区、文化等功能融合和迭代升级，提供智慧化的基础设施服务，推动实现特色小镇全域管理系统化、精细化，产业发展生态化、高端化，应用服务普惠化、便捷化。打造软硬件兼具、全方位、全产业链的智慧产业小镇。

二是功能上的智慧化。特色小镇“智慧化”的另一个路径，是在已经具备某种特色的基础上，疏通特色小镇数据汇聚与流动渠道，通过全面采集数据、深度融合数据、专业挖掘数据、广泛应用数据，拓展特色小镇治理方式，拓展产业发展格局，形成特色小镇新兴发展动能。做好顶层设计才能做到特色小镇产业智慧化、社区服务智慧化、文化服务智慧化。将小镇的某些功能进行智慧化的升级。功能上的智慧化将进一步加大特色小镇的整体发展推力。

以乌镇智慧小镇建设为例，乌镇互联网小镇是指按照走集约、智能、绿色、低碳的新型城镇化道路的总体要求，以打造浙江省互联网经济特色小镇为目标，以世界互联网大会永久落户乌镇为契机，充分利用云计算、移动互联网、物联网和大数据等新一代信息技术的“互联网会务会展小镇、互联感知体验小镇、智慧应用示范小镇、互联网产业特色小镇”。小镇重点项目包括智慧会展综合服务平台、互联网新品首发平台、智慧旅游营销平台等，主要服务于打造互联网会务会展小镇、互联感知体验小镇、智慧应用示范小镇、互联网产业特色小镇等乌镇智慧小镇是我国特色小镇智慧化发展的重要范例，也为未来特色小镇的智慧化提供了重要方向。

特色小镇产业协同创新服务平台包括了研发服务、技术服务、咨询服务、设计服务、知识产权、金融服务、检测服务、创业服务、信息服务等众多内容，这些都是特色小镇平台化的重要内涵。特色小镇平台建设应以服务为导向，搭建一个有机融合政策、资本、商业的创新创业平台。

特色小镇平台化路径众多，作为其中重要形式之一，IP 聚集因其巨大的凝聚力及影响力，成为当前特色小镇平台化的主流选择。当前我国特色小镇 IP 建设已经进入新纪元，强强联合，融合创新，优势互补的 IP 协同发展生态平台发展势在必行。特色小镇的 IP 代表着个性和稀缺，也是小镇独特属性的标签。小镇拥有了 IP 必然具备独特的核心吸引力，如果可以与自身产业特色完美契合，必然能对市场形成一定的激活效用，也有利于提升产业引入能力和客户黏性。强大的 IP 资源对于主题乐园来说司空见惯，如上海迪士尼、北京环球影城等，但在特色小镇中并不多见。如何将特色 IP 资源与特色小镇模式有机结合，必然会产生巨大的集聚作用，发挥特色小镇的平台化功能。

随着特色小镇逐渐以市场化发展为导向，单一的产业特色小镇，已无法满足当前的消费需求及市场竞争，聚集超级 IP 的大平台特色小镇方能发挥最大的市场威力，未来特色小镇平台化运营必然成为重要的发展趋势。

五、特色小镇的生态化

绿水青山已经成为宝贵的资源，借助互联网等现代科技手段，生态优势也能转变为产业优势和经济优势。休闲旅游、特色农产、传统文化等在特色小镇经济发展中起着越来越大的作用，而保护好生态，可以进一步放大特色小镇在上述领域的发展潜力，也符合我国绿色经济的发展战略之路。

2017 年 12 月，四部委发文规范推进特色小镇建设，对在特色小镇推进过程中各种问题再次纠偏，特色小镇进入规范时间。自第二批国家级特色小镇名单尘埃落定之后，第三批特色小镇的申报准备工作已提上日程。环境问题作为特色小镇的通病，在评审中受到高度重视，生态环境保护成为评审成功的基础条件，“整治环境——生态保护”这组词在总计 906 个评审意见标签中共被提及 146 次，提及次数位列第一。在国家大政策的加持下，可以预见未来特色小镇的环保化生态化将成为重要趋势。

以绿城成都多利桃花源为例，成都的绿城多利桃花源位于郫县小镇。项目由田园、林木、院落、水系组成的川西林盘原生结构，使生活、生产与生态三者相互交融。大地生长的原生态聚落，点状散落式布局。该小镇以生态和谐，走进自然为出发点，切实走出了小镇的生态化发展之路。

六、法治化保障

必须把治理体系和治理能力现代化建设具体而实在地贯穿于打造特色小镇建设发展的全过程。在日常工作中推进治理体系现代化。治理体系和治理能力现代化很顶层，很宏大，但同时又很基础、很具体、很微观，蕴藏在日常工作中。无论是落实上级要求，还是推动工作部署，如健全制度、创新机制、合理化建议、改进工作思路措施、改良工作方式方法等，这些都是建立健全治理体系的具体工作，都是在为国家治理体系的现代化作出很积极而且很有益的贡献。

在提高个人工作能力与业务水平中推进治理能力现代化。依法治理特色小镇，强化特色小镇建设发展的法治化、制度化保障与推动，着力点就在推进特色小镇的治理体系和治理能力现代化上，把这样一个宏大战略目标具体化到特色小镇建设发展的各项实际工作中，特色小镇建设发展的动力、活力、生命力、可持续力将更加强大。

第三节　中国特色小镇的发展展望

特色小镇的成功发展必将成为新型城镇化进程中比较亮丽的一笔，成为中国城镇化进程中不可或缺的丰富内涵、扩大外延的一次创新和探索。

每个小镇功能各异、特点有别、路径不同，其功能、特色、路径既有交叉，也有侧重，既有相同或相似的地方，也有差别非常大的方面，决不能生搬硬套某种模式和路径，而应该结合自身的资源禀赋、历史传统、外在条件和国家政策，因地制宜谋划发展。因此，各地要结合新型城镇化的新特点和新要求，突破传统建制镇的羁绊，准确把握特色小镇发展的功能定位，分析其合适的发展路径，才能较好地建设好中国的特色小镇，也才能更好地促进中国的城镇化、城乡一体化和经济社会的协调发展。各地各级政府应深入调查研究，提前谋划，准确把握当地不同小镇的功能定位，选择适合的发展路径，才有可能较好地发展当地的特色小镇，切不可盲目规划、盲目投资。

一、特色小镇发展展望

特色小镇建设发展趋势

1. 优秀经验进一步继承

特色小镇 PPP 项目在既有模式和现有发展的基础上，其特点将会有一段时间的惯性维持，原先的有益经验会被保留及进一步的改进。从而会使目前特色小镇 PPP 项目实践中的特点，尤其是优点，在一段时间内将继续得以维持和局。

2. 参与模式越发多元

随着特色小镇名单一批又一批地公布，特色小镇的多元化趋势明显，PPP 模式在特色小镇的应用上也会呈现更多的特点。因不同特色小镇的特色产业不同，PPP 模式会与不同产业在特色小镇的建设中融合，PPP 模式的适用范围会呈现多样化的趋势。

3. 外部环境日益规范

各级政府响应中央的号召，为推动新型城镇化和特色小镇的建设与发展，制定了更全面、更细化的政策文件，特色小镇 PPP 项目的政策环境日益规范。同时，为配合特色小镇 PPP 项目融资的顺利实施，政府将利用自身优势，培养和引进一批熟悉 PPP 项目和投融资的专业性人才，并加强特色小镇 PPP 方向人才储备。此外，政府会重点提供税收优惠政策和金融支持以降低社会资本的投资成本，逐步构建对应特色小镇 PPP 项目的金融体系，扩大银行的贷款力度，增加贷款利息补贴。

特色小镇建设发展趋势预测

1. 政府引导，企业主导

特色小镇建设，政府要在规划编制、宣传推介等方面发挥积极作用，鼓励和支持企业参与特色小镇建设和发展，充分发挥市场在资源配置中的决定性作用，使一些区位条件好、发展潜力大、资源环境承载力高的小城镇得到更好更快发展。

2. 借助互联网，促进产业融合发展

很多小城镇有自己特色的产业和产品，而且品质很好，但是量不大，借助互联网，可以促进农业、加工、销售、贸易、售后等相关产业的融合发展，促进小城镇做得更专、更精、更强。

3. 注重引入战略投资者，吸引多元主体参与小镇建设和发展

目前，特色突出、发展潜力大的特色小镇越来越受到战略投资者的青睐。战略投资者对小镇进行统筹规划和建设，可以有效防止小镇建设过程中的碎片化，因此，要尽可能地吸引战略投资者对小镇进行统一规划和开发。同时也积极吸引多元主体参与小镇建设，发挥多元主体参与小镇建设的积极性。

特色小镇是世界主要发达国家产业竞争力的一种重要载体，也应该成为中国新时期产业升级的主要载体之一。未来特色小镇的建设不是成果的展示，而是更高的起点。

二、特色小镇前景展望

在城市化建设向城镇化建设转变的大背景下，未来城市格局将由摊大饼式的巨无霸城市过渡为矩阵式、网状性的城市群落，而特色小镇建设将是这些城市群落的有机、基础细胞，同时也是推进中国新型城镇化建设的重要组成部分。

未来的特色小镇，将成为改变城乡二元结构的重要推手，从而建立更和谐的社会群落关系，而且它也将成为推动供给侧改革和新经济增长的重要抓手。

特色小镇不是一种很大、很遥远的课题，大城市有大城市的功能转移，小城市有小城市的特色产业。在微观的层面上，特色小镇就在我们身边。

追逐国家特色小镇的战略，寻找开发企业的机遇，首先，我们就要分析，当下各方对特色小镇的几个观点。

国家层面产生特色小镇的基础定义：上下倡导、破解城乡、驱动升级；

产业建设者如幸福基业、产业中国的项目等：特色突出、规模集聚、产业引擎；

开发商拓荒者如桃李春风、越剧小镇等：文化旅游、第二居所、养老地产；

西方国家如美国格林尼治基金小镇、英国剑桥镇等：特色引领、活力绽放、未来趋势；

原生态开发如我国贵州仁怀市的茅台小镇等：独特风貌、历史底蕴、城市本质。

特色小镇的灵魂是什么？有人说产业是灵魂，有人说人才是灵魂。如果思考者站在自己的角度去考虑这个问题，那么得到的答案无疑是片面的。实质上，特色小镇这个名字本身并不重要，叫不叫特色小镇也无所谓。包含生产、生活、生态的“三生融合”的开发理念和代表城镇化的发展趋势才是最重要的，只要按照这个理念开发的区域，都可以叫特色小镇。

任何问题，真正解决的方法都是在它的上一个层面。走出地产，走出小镇，只有“细分”，才会在大系统中找到特别的机遇。

方向一，以产业为驱动。就是以产业园为核心动力区，定位准确产业功能式、升级式聚集，加进人的居住、生活、商业等，然后形成产城一体化的特色小镇。此方向中开发商机会：产业驱动地产开发，依托稳定人群，衍生出相应的居住、商业等需求。

方向二，以人群为核心。就是只有房地产原始需求，然后是根据人群进行配套的特色小镇。如桃李春风，以第二居所、同城养老为基础，配合生态农业、医疗教育、老年大学、社群经济等。此方向中开发商机会：先去开发、培育人群，然后专业团队去做，依托社群形成核心动能。

方向三，特殊的方向。主要是文旅类特色小镇，依附于具有开发价值的自然或人文景观，产业和人群互为依托，同时开发；文旅一方面可当成一大支撑产业，另一方面又可以当成自己的人群去配套。此方向中开发商机会：在文旅产业、人群配套方面开发商都有可以深度参与的内容。

方向四，商贸小镇方向。这是我们这两年大量运作的，依托资源配套（基础设施、交通、配套），以物流、商贸、电商为主，加入居住、休闲、体验、生活服务等配套，产业和人群也是互为依托，两者同步开发。此方向中开发商机会：市场广泛，在商贸物流产业、人群居住配套上开发商都大有可为。

后　记

做特色小镇已多年，从学院派到实战派，千头万绪，十分不易，既是体力活，更是脑力活。每每夜深人静，我总在问自己，我是谁？我属哪一类？每个人都有自己的理想，可是生活当中又有多少人可以坚持下去呢？

对特色小镇而言亦是同理。有没有想法是“谋”的问题，能不能实现是“能”的问题。所以围绕“谋”能否聚足“能”是确保项目成功的第二个关键因素。这个成事的“能”不仅是资金，还包括机制、专才、团队、模式以及一切与谋相关的资源要素的集合。

对建一个物理概念的小镇是十分简单的，有钱即可，但要建一个有特色有影响力的小镇就没有那么容易了，凭一个企业的能量是远远不够的，好小镇必定是由若干第一构成，你就必须做到聚若干可以打造第一的资源。换句话说聚什么能成什么事，做大事需大能，做小事小能即可，总之要匹配，合适就好。知道自己需要什么“能”是关键，此乃明心是也；知道这些能在哪里，是眼界和学识；如何找齐是能力和代价的问题；怎样组合更优则是跨界的本事和超融的艺术。

“谋事在人”解决的是想法与格局（即以问题为导向重点解决政府的痛点和市场的卖点两大难题）；“成事在能”解决的是资源匹配与运用（其中机制创新是关键）。一个是核心，一个是保障，两者相辅相成，缺一不可，前快则后慢，前慢则后顺。这就是我对做好特色小镇在方法论上肤浅的认识。

纸上得来终觉浅，绝知此事要躬行。参与特色小镇的实践，千姿百态，各有其妙，让我受益良多。